之 Balancing 间

平 衡 你 自 己

人之初

现代蒙学四十六课

（修订版）

王尚文
郭初阳　编选
颜炼军

SPM 南方传媒 | 广东人民出版社
·广州·

推荐序

我国是文明古国，蒙学教育源远流长，蒙学读物代有兴替。“三、百、千”（《三字经》《百家姓》《千字文》）和《弟子规》等，曾经是历史上最受欢迎的启蒙读物，历来评价最高，却不是当今的少年儿童合适的启蒙读物。道理十分简单，时代变了！就是出现最晚的《弟子规》，距今也有两百多年的历史。而就在这两百多年里，人类社会经历了天翻地覆的变化，我们不能让我们的孩子“不知有汉，无论魏晋”。从前受“三、百、千”和《弟子规》启蒙的人们，如果只囿于“三、百、千”和《弟子规》的水平，今天也必然会成为启蒙的对象。现在，不断有人热心提倡少年儿童学习“三、百、千”和《弟子规》，用心可嘉，但万难达到启蒙的目的。当今世界正经历前所未有之大变革，面对不断涌现的新的价值观念和知识领域，我们必须为青少年探索新的人文启蒙路径。

尚文先生和他的两位年轻朋友有鉴于此，筚路蓝缕，孜孜矻矻，编写了这本《人之初：现代蒙学四十六课》。其理念的现代性，内容的经典性，结构的新颖性，让人耳目一新，应该说是一次较为成功的尝试，值得向广大家长、教师和青少年推荐。但由于是初次尝试，或有不完善之处，亦在所难免。我由衷希望他们博采各方面的意见和建议，争取百尺竿头更进一步。也希望有更多的有识之士，支持、参与这项有意义的事业。

是为序。

周有光

序言 / 王尚文

意大利哲学家艾柯说，我们的时代，是一个由植物记忆向矿物记忆转变的时代。植物造的纸，近两千年来一直是我们文化记忆和保存的主要载体，如今它正渐渐被以硅为核心材料的电脑替代。这一转换，编织出一个全新的记忆神话：方寸之内，包容无限。信息、知识、海量的数据，让我们陷入了另一种深渊，就像小说家博尔赫斯笔下的记忆奇人富内斯，陷入个体无限的记忆而不能自拔。与这一记忆神话惊人地对称，我们也生活在一个价值多元而混乱的时代。

面对海量的知识、信息，弱水三千，如何独取一瓢，以作为基础人文教育的源头活水？有人主张回归《三字经》《千字文》《弟子规》等古代蒙学读本，但它们的内容有时代的局限；也有不少人摸索新的途径，但筚路蓝缕，开拓为难。面对如此纠结的境地，真诚的行动和实验，自然多多益善。编者也按捺不住尝试的诱惑，以瓶管之识，编辑此书，为读者提供一种新的选择。

为青少年读者提供基础人文选本，自应“收百世之阙文，采千载之遗韵”（陆机《文赋》）。而全球化时代文明经典的采集，显然不再受限于民族和地域的差异。按古人所言，应该是“天下”的文明经典。本书遴选了四十六个关键词，作为全书四十六课的骨架。每课由“经典论述”“故事”“诗歌”三部分结构而成。我们希望，这三部分内容能够围绕着关键词，相互阐释、相互补充、相互激荡，庶几形成一个有机的整体。一流的故事与诗歌，当然绝不可能仅仅是某一观念或道理的呈现；相反，它们往往是对观念或道理的碰撞、质疑、解构。所幸，矛盾中自有生机。我们的希望，正是在这种碰撞、质疑、解构之中，使那些看似明晰的观念，在读者那里变成切身的追问和回答，而不再只是印在书本上的冰冷知识。就像优美的琴声，诞生于弓与弦相反的作用力，读者的快乐，也应该来自道理、故事与诗歌之间的张力。读者在其中获得的省悟、陶冶和洗礼，即古人所谓“人文以化成天下”的具体开始。这一切，当然只是编者一己之愿，它需要广大读者朋友在阅读中验证。

本书之编始于 2013 年年初，其间多次易稿。关键词的取舍，固耗心力，而在书山文海寻觅合适的经典论述、故事、诗歌，更有非亲历者所不知的艰辛；但我们三人总以为青少年编书理应尽心竭力而后已，相互勉励，不敢稍怠。在编选过程中，我们得到了周有光先生的指点、鼓励，以及其他许多朋友的帮助，在此一并致以诚挚的谢意！由于编者见识所限，书中种种不足，恳请读者朋友批评指教！

目 录

第一 自爱

经典论述

爱己者，仁之端也，可推以爱人也。

——王安石[1]

对于宇宙而言，我是微不足道的，而对我自己，却是一切。

——乌纳穆诺[2]

1 （北宋）王安石：《临川先生文集》，中华书局 1959 年版，第 722 页。

2 ［西班牙］乌纳穆诺：《生命的悲剧意识》，段继承译，花城出版社 2007 年版，第 15 页。

故事

“宁作我”[1]

桓公少与殷侯齐名，常有竞心。桓问殷：“卿何如我？”殷云：“我与我周旋久，宁作我。”

编者注：

1 桓公（312—373）：指桓温，东晋杰出军事家，东征北伐，战功累累，位高权重，威名赫赫。

2 殷侯：指殷浩，“侯”是对他的尊称。东晋时人，官至扬州刺史、中军将军。

译解：

桓温年少时和（名望很大的）殷浩（几乎）齐名，他常有要胜过殷浩的念头。后来（趾高气扬的）桓温（非常得意地）问殷浩：“（现在）你怎么能和我相比？”殷浩（淡淡地）说：“我和我自己相处久了，宁愿做我自己。”

从表面上看，桓温问殷浩时是何等得意，但实际上殷浩的内心世界却远比桓温从容淡定，精神境界要高出许多。

---

1 徐震堮：《世说新语校笺》，中华书局 1984 年版，第 284 页。

与所亲书[1]

近者涉道，昼夜接宾，不得宁息，人自敬丞相长史，男子张君嗣附之，疲倦欲死。

编者注：

1 丞相长史：官名，协助丞相管理文书等事务的高级官吏。

2 张君嗣：名裔，三国时人，曾得到诸葛亮的任用。诸葛亮北伐时，他作为留守的丞相长史北上汇报工作，回来后给他亲近的人写了这封信。

译解：

近来远道跋涉，每天不分白天黑夜地接见宾客，不得安静和休息。我深知，他们是敬重"丞相长史"这顶官帽，可我这个男子汉张君嗣却托付在长史的职位上，因而累得要死。

自古至今，有多少做官的人在或大或小的官帽下忘记了自己还是一个普普通通的人，甚至忘记了自己这个"我"之所在。张裔没有凭着这顶只是戴在自己头上的官帽而得意忘形，始终清醒地意识到自己是"男子张君嗣"，没有失去自我并且怜而惜之。

1 （西晋）陈寿：《三国志》卷 41《张裔传》，中华书局 1959 年版，第 1012 页。

"我何在"[1]

一里尹管解一罪僧赴戍，晚宿旅店，尹嗜酒沉醉，酣睡不醒。僧潜取剃刀削其发，遂脱己缚羁尹项而逃。侵晨，尹酒醒，不见僧人。自摸其首，光油油已成不毛之物；视其项，系彖彖已作阶下之囚。乃抚首大诧曰："僧故在是。而我何在焉？"

译解：

从前一个里弄的主事人押着一个犯了罪的和尚到边地充军，晚上宿在旅店里。他嗜好喝酒，当晚喝得酩酊大醉，睡得死死的。和尚一见如此，就偷偷取出剃刀把押他的醉鬼剃成光头，还解开绑在自己身上的绳子把醉鬼给绑起来了。次日凌晨，醉鬼终于醒了，发现和尚不在了，摸摸自己的头，光光的没有一根头发，脖子已经被捆，俨然变成了一个犯人。他一边摸着自己的光头，一边惊异地说："和尚仍旧在这里，而我在什么地方呢？"

这当然只是一则笑话，但人在现实生活里失去自我的现象却并不罕见。

1 （清）游戏主人、程世爵:《笑林广记二种》，齐鲁书社 1996 年版，第 85 页，有删节。

诗歌

爱复爱[1]

[圣卢西亚]德瑞克 · 沃尔科特[2]

傅浩 译

有朝一日，
你会心情振奋，
欢迎自己来到
自己门前，进入自己的镜子，
彼此报以微笑，

说：坐这儿。吃吧。
你将再度爱上那曾是你自己的陌生人。
给酒。给面包。把你的心还给

1 德瑞克 · 沃尔科特：《德瑞克 · 沃尔科特诗选》，傅浩译，河北教育出版社 2004 年版，第 162—163 页。

2 德瑞克 · 沃尔科特（1930— ），圣卢西亚诗人，1992 年诺贝尔文学奖获得者。

它自己，还给那爱了你一辈子的

陌生人；你忽视了他，
而去注意别人；他深知你。

从书架上取下情书、
照片、绝望的笔记来，
从镜子上剥下你自己的影像。
坐，饱餐你的生命吧！

1976

第二

自知

经典论述

认识你自己。

——古希腊德尔斐神庙铭文

诸君啊，唯有神真有智慧。神的谶语是说，人的智慧渺小，不算什么；并不是说苏格拉底最有智慧，不过借我的名字，以我为例，提醒世人，仿佛是说："世人啊，你们之中，唯有如苏格拉底这样的人最有智慧，因他自知其智实在不算什么。"

——柏拉图[1]

1 ［古希腊］柏拉图:《游叙弗伦 苏格拉底的申辩 克力同》，严群译，商务印书馆1983年版，第57页。

故事

达不到目的的巫师[1]

[阿根廷]博尔赫斯[2]

王央乐 译

圣地亚哥城里有一位副主教，非常渴望学会魔法。他听说托莱多的堂伊列昂精通此道，而且无与伦比，就到托莱多来找他。

到达的当天上午，他就直接到了堂伊列昂的家里，发现那人正在屋子后面的房间里读书。堂伊列昂真诚地接待了副主教，叫他先不要说出来意，且等吃了饭以后。他把客人让进舒适的房间，说：副主教的来访，使他感到十分快乐。吃完饭之后，副主教对堂伊列昂说明了来意，请求他传授魔法。堂伊列昂说，他已经知道来客是一位副主教，一个有地位有前程的人，是来向他求教各种各样学问的，而且总有一天，副主教会忘记酬答他的效劳——这是那种高官厚禄的人往往干得出来的。副主教发誓说，他决不会忘记堂伊列昂的恩惠，随时会满足他的要求。他们一旦达成了协议，堂伊列昂就解释说，魔法只能在一个十分秘密的地方才学得会，因而就拉住副主教的手，把他带进另一间房间，里面的地板上有一个大铁环。然而，在这之前，他吩咐女仆准备松鸡做晚饭，不过，在他没有下命令前，先不要烤。

1 博尔赫斯:《博尔赫斯短篇小说集》，王央乐译，上海译文出版社 1983 年版，第 13—16 页。

2 博尔赫斯（1899—1986），阿根廷作家、诗人。

堂伊列昂跟他的客人拉起铁环，沿着一道磨损的旋梯往下走去。两人下得那么深，以至副主教觉得好像塔霍河的河床准是到了他们的头顶上。旋梯脚下是一间斗室，里面满架书籍，还有一只柜子，装着魔法器械。他们正在翻阅这些书籍时，忽然出现了两个人，给副主教送来一封信。信是主教，就是副主教的叔父写来的，信里说，他得了重病，要是副主教还想见他一面，就不得延迟立刻回去。这个消息使副主教大为烦恼——一个理由是，因为叔父病了；另一个理由是，不得不中断学道。最后，他还是宁可留下，写了封道歉的信，带回给主教。

三天之后，来了好几个人，身穿丧服，又给副主教带来了信，告诉他说，主教已经去世，正要选择一个继任人，他们希望，凭着上帝的恩惠，副主教能够当选。信里劝告他说，他可以留在原地，选举时他不在场似乎更好一些。

十天过去了。两名穿着考究的侍从到来，跪在副主教脚前，吻他的手，祝贺他当选为主教。堂伊列昂看见这个情况，十分高兴地转身对着新任主教说，他感谢上帝让这样美好的消息竟然降临到他的家里。然后，他要求把现在副主教的空缺赏给他的儿子。主教答复说，他已经把副主教的空缺留给自己的兄弟了，不过他会给他儿子在教会里另外找个什么差使的。他邀请他们父子同他一起到圣地亚哥去。

他们到了圣地亚哥城，受到了隆重的接待。六个月过去了，有一天，教皇的使者来见主教，任命他为图卢兹的大主教，遗缺由他指定一个继任人。堂伊列昂知道了，提醒大主教原来的允诺，请求把空缺给他儿子。大主教告诉他说，这个空缺已经留给自己的叔父，也就是他父亲的兄弟了，不过他既然已经答应报答堂伊列昂，他们父子应该跟他一起到图卢兹去。堂伊列昂没有别的办法，只好同意。

他们三人到了图卢兹，受到隆重的接待，还为此做了弥撒。两年过去了。教皇又派了使臣来见大主教，晋升他为红衣主教，随他自己指定一个遗缺的继任人。堂伊列昂听说了，便提醒红衣主教他原先答应的话，恳求把空缺给他儿子。红衣主教对他说，空缺已经留给自己的舅父，就是他母亲的兄弟——一个善良的长者了，不过要是堂伊列昂父子跟他一起到罗马去，肯定会有好机会可以碰到的。堂伊列昂提出抗议，但是最后还是不得不同意了。

于是他们三个到了罗马，受到隆重的接待，还做了弥撒，举行了游行。四年过去了。教皇去世。我们的红衣主教被所有其他红衣主教选举为教皇。堂伊列昂得知了这个消息，前去跪下吻了教皇陛下的脚，提醒他原来的许诺，要求把红衣主教的空缺给他儿子。教皇对堂伊列昂说，这种连续不断的请求，现在已经使他厌烦，如果堂伊列昂再这样强求下去，就要将其送进监狱，因为他知道得很清楚，堂伊列昂不过是一个巫师，曾经在托莱多教授魔法。

可怜的堂伊列昂无话可说，只好回答道，他要回西班牙去，要求教皇赏赐一点食物，供他在漫长的海程中吃。教皇又一次拒绝了他，于是堂伊列昂（他的脸变成了一种奇怪的模样）以毫不犹豫的声调说：“既然如此，我就只得吃我吩咐留作晚饭的松鸡了。”

女仆走了进来，堂伊列昂命令赶快烤松鸡。教皇立刻发现自己仍然是在托莱多的地下斗室里，仍然只不过是圣地亚哥的副主教。他羞愧得无地自容，不知说什么才好。堂伊列昂说，这样的考验已经足够；连松鸡也没有给副主教吃，就把他送出门口，以郑重其事的礼貌，祝他一路平安地回家。

选自胡安·马努埃尔著《卢卡诺尔伯爵与帕特罗尼奥的劝世书》（1335 年），底本为阿拉伯著作《十四个早晨和四十个夜晚》。

诗歌

从精神世界上我得到这一秘密[1]

[波斯]奥玛·海亚姆[2]

鹤西 译

从精神世界上我得到这一秘密，
人啊，造物把一切都集中于你；
是天使，是魔鬼，是人也是禽兽，
是呀，就看你在怎样表现自己！

1 奥玛·海亚姆:《鲁拜集》，鹤西译，世界图书出版公司 2010 年版，第 150 页。题目为编者所加。

2 奥玛·海亚姆（1048—1122），古代波斯诗人、哲学家。

第三 自信

经典论述

勇于自信故英绝，胜彼优孟俯仰为。

——龚自珍[1]

我们相信自己的力量，然而不夸耀；我们也尊重别人的力量，然而不畏惧。

——托马斯·杰斐逊[2]

1 （清）龚自珍:《己亥杂诗》之二十九，载刘逸生注:《龚自珍己亥杂诗注》，中华书局 1980 年版，第 34 页。

2 选自［美］托马斯·杰斐逊 1793 年 6 月 30 日致威廉·卡迈克尔、威廉·肖特的信，系编者据原文所译。

故事

卷心菜的诞生[1]

[尼加拉瓜]鲁文·达里奥[2]

范晔 译

在地上的伊甸园，在百花受造的灿烂一日，夏娃被蛇诱惑之前，那邪恶的灵走近最美丽的一朵玫瑰，此时她正迎着阳光的爱抚，展露红艳纯真的嘴唇。

——你很美。

——我的确美。——玫瑰回答。

——美丽又幸福。——魔鬼说下去，——你拥有颜色、姿态和香气。不过……

——不过？

——你没有用。你没看见那些硕果累累的大树么？它们不仅枝叶繁茂，还能为许多树下驻足的生灵提供食物。玫瑰啊，美丽是不够的……

于是玫瑰——像此后的女人一样受了诱惑——一心想要变得有用，鲜红中平添了一抹苍白。

次日拂晓，良善的上帝走过。

——天父，——花中的公主问道，颤抖在她芬芳的美艳中——您能

1 范晔主编:《镜中的孤独迷宫》，中国华侨出版社 2008 年版，第 126 页。

2 鲁文·达里奥（1867—1916），尼加拉瓜诗人。

把我变得有用么?

——如你所愿，我的孩子。——上帝回答，微笑着。

就这样，世界上有了第一棵卷心菜。

诗歌

心，我的心，你不要忧郁[1]

［德］海涅[2]

杨武能　译

心，我的心，你不要忧郁，
快接受命运的安排，
寒冬从你那儿夺走的一切，
新春将重新给你带来。

为你留下的如此之多，
世界仍然这般美丽！
一切一切，只要你喜欢，
我的心，你都可以去爱！

1　选自《海涅诗选》，杨武能译，译林出版社 2012 年版，第 110 页。
2　海涅（1797—1856），德国诗人。

第四 自省

经典论述

为什么看见你弟兄眼中有刺，却不想自己眼中有梁木呢？

——《路加福音 7：42》

人世间，能领会到、预见到、认识到，并预言别人的不幸，这并没有什么稀奇，这是件平凡的事。可是，能预言、预见、认识、领会自己的不幸，那就太少了！伊索在他的《寓言》里说道，人生在世，每个人的脖子上都扛着一个褡子，前面装的是别人的过错和恶事，所以经常摆在自己眼前，看得清清楚楚；背后装的是自己的过错和恶事，所以从来看不见，也不理会，除去少数得天独厚的人。

——拉伯雷[1]

1 ［法］拉伯雷：《巨人传》，成钰亭译，上海译文出版社 1994 年版，第 496 页。

故事

我曾是党卫军[1]

[德]君特 · 格拉斯

魏育青、王滨滨、吴裕康 译

编者按：君特·格拉斯（1927—2015）是德国著名作家，出版有《铁皮鼓》等作品，1999年获诺贝尔文学奖，曾被誉为“德国人的当代良心”。他在声誉最隆的晚年出版的自传《剥洋葱》中，袒露了压在心头数十年的秘密往事：他17岁的时候，曾经参加德国纳粹的武装党卫军。本文题目系编者所加。

爱看电影的我迄今为止只在《每周新闻》中见过几个短暂的废墟镜头，废墟不得不充当背景，衬托那些写着顽固口号的横幅标语：“我们决不低头！”“我们的墙可碎，我们的心不碎！”或者诸如此类的无稽之谈。

不久之前，在市里托比斯影城的银幕上还能看到帝国宣传部部长戈培尔活蹦乱跳的自我表演，他站在瓦砾堆前给那些被炸得无家可归的男男女女鼓劲打气，和被烟熏得乌黑的空防人员握手，抚摸着满脸苦笑的孩子。

---

1 君特·格拉斯：《剥洋葱》，魏育青、王滨滨、吴裕康译，译林出版社2008年版，第103—106页。

在入伍通知出现在桌上前不久，我去看在托比斯影城当领座员的表舅。多年来，我能观摩《在打谷场上洗澡》之类“少儿不宜”的影片全是托他的福。或许当时，在报道戈培尔和幸存者在废墟边上闲聊的《每周新闻》之后，我马上就能通过放映机旁的观察孔看到海因里希·格奥尔格主演的宣扬咬牙坚持的影片《科尔贝格》[1]？

后来，不知是谁在私下议论，一些在拍摄过程中穿着合时的服装与强大的拿破仑勇敢抗争的小伙子，次年被派去参加国民突击队[2]，成了没有龙套簇拥的科尔贝格。不过，这次他们真的陷入了俄国人和波兰人的包围。不少小伙子丢了性命，却没人用胶片记录下他们英勇捐躯的事迹。

火车站里，大家对视野之内的熊熊大火漠不关心。这里熙熙攘攘一切照常：你来我往地拥挤，咒骂声，还有突如其来的哄堂大笑声。有人度完假要回前线，有人从前线来要去度假。德意志女青年团的丫头们向大家分发热饮料，被当兵的摸了一把也只是咯咯咯一笑了事。

是什么如此刺鼻？是屋顶只是微损而已的车站大厅里蒸汽机车哼哧哼哧喷出的烟雾，还是着火的地方飘来的焦味？

集合点，报名处，指挥部，无数指示牌让人眼花缭乱，不知所措。幸好有两个战地宪兵给我指路，他们胸口挂着带链子的金属身份牌，所以人称“铁链警犬”，警告大家小心。在火车站——究竟在柏林的哪个火车站呢？——的售票大厅里，我这个年龄的新兵排着队。等了没多久就有人把一张行军命令塞到我手里：下一站德累斯顿。

现在我看见队伍中的小伙子们谈笑风生，大家心里充满了好奇，好

1　纳粹失败前用于鼓舞士气的影片，讲述保卫波莫瑞地区的城市科尔贝格的故事。

2　国民突击队建立于 1944 年 9 月，成员为十六岁至六十岁的还能打仗的男人，纳粹以此垂死挣扎。

像恩准我们去冒险似的，兴高采烈，轻松愉快。我听见自己在朗声大笑，也不知道在笑什么。行军给养发下来了，包括香烟，连我这个不吸烟的也有份。不过，我的香烟转眼被瓜分一空。作为交换，有个小伙子给了我一点通常过圣诞节时才有的东西：在可可糖浆中滚过的杏仁马铃薯。现实如此扑面而来，我以为自己是在梦中。

接着，空袭警报把我们赶到了火车站宽敞的地下大厅，这里被用作防空洞。转眼就有各式人等聚集在此：士兵、平民，包括不少孩子，还有躺在担架上或者拄着拐杖的伤员。人群中有一帮艺人，其中有不少侏儒，都还穿着戏服，他们是演出到一半时听到空袭警报跑到这儿来的。

外面，高射炮砰砰地开火，远方近处都有炸弹呼啸而下。尽管如此，他们的演出这会儿在地下大厅里继续进行：一个侏儒上场玩杂耍，圆锥、圆球、彩环在空中上下飞舞，我们看得目瞪口呆。还有几个侏儒表演杂技，其中有一位身材娇小的女士，她懂得如何风度优雅地扭曲身子把自己打成个结，同时分发飞吻，赢得无数掌声。这帮艺人是巡回演出的战地剧团，领头的矮老头在场上演小丑。他把从空的到装满水的玻璃杯一字排开，用手指抚摩杯壁，神奇地奏出凄美的音乐来。他上妆的脸上露出微笑，这画面你一辈子都忘不了。[1]

警报一解除，我立刻乘电车来到另一个火车站。在这儿，又看见住宅区里的窗口火光冲天，又看见整条整条的街道在昨夜的空袭中被炸得只剩下断垣残壁。远处的一间厂房烈焰翻腾，好像正在举办灯火辉煌的盛宴。天刚拂晓，开往德累斯顿的火车准备就绪了。

去那儿的路上没啥可说。不谈行军干粮中的夹心面包，也没有什么

1　这些艺人后来出现在格拉斯的小说《铁皮鼓》中。

超前或后续的思想可供解码。可以断言，因而也就可以怀疑的只有一点：我在这儿，在这座战火尚未波及的城市，确切地说是在新城附近，而且是在位于白鹿区的一户豪门的楼上，才知道自己将去哪支部队。给我的第二道行军命令上写得清清楚楚，叫我这个名字的新入伍者将在党卫军的练兵场受训，成为坦克兵，练兵场在遥远的波西米亚森林中的某个地方……

问题是：我当时是否害怕了？即使在六十多年后的今天，我看见这些文字中的两个“S”[1]还是感到心惊肉跳，当时在征兵办公室里不可能不看见这些，我当时是否同样感到心惊肉跳？

洋葱皮上没有刻下任何可以解读为害怕甚至震惊的痕迹。与其说是害怕，不如说我当时把党卫军视为一支精锐部队。要堵截突破我方战线的敌军，要撕开德米扬斯克等地的包围圈，要重新夺回查尔科夫，都得由党卫军上去冲锋陷阵。军装领子上那两个古日耳曼字母“S”并不让我感到厌恶。对自以为已是堂堂大丈夫的男孩来说，关键的是加入哪个兵种。即便不能去特别报道中已很少提及的潜艇部队，那么也要去“约尔格·冯·弗伦茨贝格”[2]装甲师当坦克兵。我在白鹿区指挥部得知，这是一支新建的部队。

我知道弗伦茨贝格是谁：他是农民战争时期施瓦本联盟[3]的首领，人称“雇佣军之父”，以争取自由和解放而闻名。再说，党卫军也不无放眼欧洲的风范：在各个师团里协同作战的志愿兵中有法国人、瓦龙

1 “Schutzstaffel”（党卫军）的缩写。
2 亦名格奥尔格·冯·弗伦茨贝格，德国和奥地利贵族，军队统帅。
3 1488 年成立。

人[1]，佛兰德人[2]和荷兰人，还有不少挪威人、丹麦人，甚至还有中立的瑞典人，他们都在东部前线参加一场据说要在布尔什维克洪流滚滚而来时拯救欧洲的保卫战。

要找借口的话，唾手可得。然而几十年来，我始终拒绝承认自己和“党卫军”这个词，和那两个“S”字母有关。战后我心中始终羞愧难当，对少不更事时引以为豪的事情避而不谈，保持沉默。但是，负担依然还在，谁也无法减轻。

我接受坦克兵的训练，秋去冬来，麻木不仁。虽然在那年秋天和冬天，我没有听说过那些后来才曝光的战争罪行，但是自称当初无知并不能掩盖我的认识：我曾被纳入一个体制，而这个体制策划、组织、实施了对千百万人的屠杀。即使能以没动手干坏事为自己辩白，但还是留下了一点世人习惯称为“共同负责”的东西，至今挥之不去，在我有生之年肯定是难脱干系了。

---

1 比利时南部罗马化了的克尔特族和日耳曼人的后裔。

2 比利时外部的日耳曼人。

诗歌

人生是一面镜子[1]

[德]尼采

钱春绮 译

人生乃是一面镜子。
在镜子里认识自己，
我要称之为头等大事，
哪怕随后就离开人世。

1 《尼采诗选》，钱春绮译，漓江出版社 1986 年版，第 3 页。尼采在十四岁时曾写过一篇自传性回忆录，批评他自己十一岁以后所写的诗，在文章的末尾以本诗作为结束语。

第五 自胜

经典论述

知人者智，自知者明。胜人者有力，自胜者强。

——《道德经·三十三章》

一个人得到的首要的和最大的胜利就是战胜他自己。反之，可以想象得到，败在自己手里那是最坏和最糟糕的事情。这一说法指的是我们每个人身上自我反对的一种战争。

——柏拉图[1]

如果我们并不认识自己充满着高傲、野心、欲念、脆弱、可悲与不义，那么我们就的确是瞎子。但如果我们虽认识它却并不想要得救，那

1 ［古希腊］柏拉图:《法律篇》，张智仁、何勤华译，上海人民出版社 2001 年版，第 4 页。

么我们又该说一个人……什么呢？

——帕斯卡尔[1]

1 ［法］帕斯卡尔：《帕斯卡尔思想录》，何兆武译，天津人民出版社 2007 年版，第 190 页。

故事

大风[1]

莫言

我家房后有一条弯弯曲曲的胶河，沿着高高的河堤向东北方向走七里左右路，就到了一片方圆数千亩的荒草甸子。每年夏天，爷爷都去那儿割草。离我们村二十里有军队一个马场，每年冬季都收购干青草喂马，价钱视草的质量而定。我爷爷的镰刀磨得快，割草技术高，割下来的草干净，不拖泥带水。晒草时摊得薄，翻得勤，干草都是新鲜的淡绿色，像植物标本一样。爷爷的干草向来卖最高的价钱。我至今还留恋在干草堆里打滚的乐趣——尤其是秋天，夜晚凉凉爽爽，天的颜色是墨绿，星星像宝石一样闪闪烁烁，松软的干草堆暖暖和和，干青草散发出沁人心脾的甜香味……

最早跟爷爷去荒草甸子割草，是刚过了七岁生日不久的一天。我们动身很早，河堤上没有行人。堤顶是一条灰白的小路，路的两边长满野草，行人的脚压迫得它们很瑟缩，但依然生气勃勃的。河上有雾，很重，但不均匀，一块白，一块灰，有时像炊烟，有时又像落下来的云朵。看不见河水，河水在雾下无声无息地流淌，间或有泼剌的响声，也许是鱼

1　叶开编著:《这才是中国最好的语文书（综合分册）》，江苏文艺出版社 2014 年版，第 317—324 页。读者可进一步参阅莫言《不被大风吹倒》一文。见《不被大风吹倒》，北京日报出版社 2024 年版。

儿跃出水面吧。爷爷和我都不说话。爷爷的步子轻悄悄的，走得不紧不慢，听不到脚步声。小车轮子沙沙地响。有时候，车上没收拾干净的一根草梗会落在辐条之间，草梗轻轻地拨弄着车辐条，发出很细微的“劈劈劈劈，叮叮叮叮”的响声。我有时把脸朝着前方（爷爷用小车推着我），看着河堤两边的景致。高粱田、玉米田、谷子田。雾淡了些，仍然高高低低地缠绕着田野和田野里的庄稼。丝线流苏般的玉米缨儿，刀剑般的玉米叶儿，刚秀出的高粱穗儿，很结实的谷子尾巴，都在雾中时隐时现。很远，很近。清楚又模糊。河堤上的绿草叶儿上挂着亮晶晶的露水珠儿，微微颤抖着，对我打着招呼。车子过去，露珠便落下来，河堤上留下很明显的痕迹，草的颜色也加深了。

雾越来越淡薄。河水露出了脸儿，是银白色的，仿佛不流动。灰蓝的天空也慢慢地明亮起来，东方渐渐发红，云彩边儿是粉红色的。太阳从挂满露珠的田野边缘上升起来，一点一点的。先是血一样红，没有光线，不耀眼。云彩也红得像鸡冠子。

天变得像水一样，无色，透明。后来太阳一下子弹出来，还是没有光线，也不耀眼，很大的椭圆形。这时候能看到它很快地往上爬，爬着爬着，像拉了一下开关似的，万道红光突然射出来，照亮了天，照亮了地，天地间顿时十分辉煌，草叶上的露珠像珍珠一样闪烁着。河面上躺着一根金色的光柱，一个拉长了的太阳。我们走到哪儿，光柱就退到哪儿。田野里还是很寂静，爷爷漫不经心地哼起歌子来：

一匹马踏破了铁甲连环
一杆枪杀败了天下好汉

曲调很古老。节拍很缓慢。歌声悲壮苍凉。坦荡荡的旷野上缓慢地爬行着爷爷的歌声，空气因歌声而起伏，没散尽的雾也在动。

一碗酒消解了三代冤情

一文钱难住了盖世英雄

从爷爷唱出第一个音节时，我就把头拧回来，面对着爷爷，双眼紧盯着他。他的头秃了，秃顶的地方又光滑又亮，连一丝皱纹也没有。瘦得没有腮的脸是木木的，没有表情。眼睛是茫然的，但茫然的眼睛中间还有两个很亮的光点，我紧盯着这两个光点，似乎感到温暖。我想，他大概把我、把他自己、把车子、把这还没苏醒的田野全忘却了吧？他的走路、推车、歌唱都与他无关吧？我听到了自己的心跳声，“咚咚咚咚”，像很远很远的树上有一只啄木鸟在凿树洞……

一声笑颠倒了满朝文武

一句话失去了半壁江山

爷爷唱的是什么，我不知道。但我从爷爷的歌唱中感受到一种很新奇很惶惑的情绪，很幸福又很痛苦。我感到陡然间长大了不少，童年时代像是消逝在这条灰白的镶着野草的河堤上。爷爷用他的手臂推着我的肉体，用他的歌声推着我的灵魂，一直向前走。

“爷爷，你唱的什么？”我捕捉着爷爷唱出的最后一个尾音，一直等到它变成一种感觉消逝在茵茵绿草叶梢上时，才迷惘地问。

“瞎唱呗，谁知道它是什么……”爷爷说。

夜宿的鸟儿从草丛中飞起来，在半空中嘹亮地叫着。田野顷刻变得生气勃勃。十几只百灵在草甸子上空盘旋着鸣啭。秃尾巴鹌鹑在草丛中

“哞——哞——”地鸣叫着。爷爷停下车子，说：“下来吧。”

“到了吗爷爷？”

“嗅。”

爷爷把车子推到草地上，竖起来，脱下褂子蒙在车轱辘上，带着我向草甸子深处走去，爷爷带着我去找老茅草，老茅草含水少，干得快，牲口也爱吃。爷爷提着一把大镰刀，我提着一柄小镰刀，在一片茅草前蹲下来。“看我怎么割。”爷爷示范给我看。他并不认真教我，比画了几下子就低头割他的草去了。他割草的姿势很美，动作富有节奏。我试着割了几下，很累，厌烦了，扔下镰刀，追鸟捉蚂蚱去了。草甸子里蚂蚱很多，我割草没成绩，捉蚂蚱很有成绩。中午，爷爷点起一把火，把干粮烤了烤，又烧熟了我捉的蚂蚱，蚂蚱满肚子籽儿，好香。

迷蒙中感到爷爷在推我，睁眼爬起来一看，已是半下午了。吃过蚂蚱后，爷爷支起一个凉棚让我钻进去，我睡了一大觉，草甸子里夹杂着野花香气的热风吹得我满身是汗。爷爷已经把草捆成四大捆，全背到河堤上，小车也推上了河堤。

“星儿，快起来，天不好，得快点儿回。”爷爷对我说。

不知何时——在我睡梦中茶色的天上布满了大块的黑云，太阳已挂到西半边，光线是桔红色，很短，好像射不到草甸子就没劲了。

“要下雨吗？爷爷。”

“灰云主雨，黑云主风。”

我帮着爷爷把草装上车，小车像座小山包一样。爷爷在车前横木上拴上一根绳子，说：“小驹，该抻抻你的懒筋了，拉车。”

爷爷弯腰上袢，把车子扶起来。我抻紧了拉绳，小车晃晃悠悠地前进了。河堤很高，坡也陡，我有点头晕。

“爷爷，您可要推好，别轱辘到河里去。”

“使劲儿拉吧，爷爷推了一辈子车，还没有翻过一回呢。”

我相信爷爷说的是实话。爷爷的腿好，村子里的人都叫他“蹦蹦”。

大堤弯弯曲曲，像条大蛇躺在地上，我们踩着蛇背走。绿色的光线照耀着我，我低头看着自己的膝盖，也可以看到自己的肚脐。我偶尔回过头，从草捆缝隙里望望爷爷。爷爷眼泪汪汪地盯着我，我赶紧回头，下死劲拉车。

走出里把路，黑云把太阳完全遮住了。天地之间没有了界限，一切都不发声，各种鸟儿贴着草梢飞，但不敢叫唤。我突然感到一种莫名的恐惧，回头看爷爷，爷爷的脸，还是木木的，一点表情也没有。

河堤下的庄稼叶子忽然动起来了，但没有声音。河里也有平滑的波浪涌起，同样没有声音。很高很远的地方似乎传来了世上没有的声音，跟着这声音而来的是天地之间变成紫色，还有扑鼻的干草气息、野蒿子的苦味和野菊花幽幽的香气。

我回头看爷爷，爷爷还是木木的，一点表情也没有。

我的小心儿缩得很紧，不敢说话，静静地等待着。一只长长的蚂蚱蹦到我的肚皮上，两只五色的复眼仇视地瞪着我。一只拳头大的野兔在堤下的谷子地里出没着。

“爷爷！”我惊叫了一声。

在我们的前方，出现了一个黑色的、顶天立地的圆柱，圆柱飞速旋转着，向我们逼过来。紧接着传来沉闷如雷鸣的呼噜声。

“爷爷，那是什么？”

“风。”爷爷淡淡地说，“使劲拉车吧，孩子。”说着，他弯下了腰。

我身体前倾，双脚蹬地，把细绳拽得紧紧的。

我们钻进了风里。我听不到什么声音，只感到有两个大巴掌在使劲扇着耳门子，鼓膜嗡嗡地响。风托着我的肚子，像要把我扔出去。堤下的庄稼像接到命令的士兵，一齐倒伏下去。河里的水飞起来，红翅膀的鲤鱼像一道道闪电在空中飘。

“爷爷——”我拼命地喊着。喊出的声音连我自己都没听到。肩头的绳子还是紧紧地绷着，这使我意识到爷爷的存在。爷爷在，我就不怕，我把身体尽量伏下去，一只胳膊低下去，连接着胳膊的手死死抓住路边草墩。我觉得自己没有体重，只要一松手，就会化成风消失掉。

爷爷让我拉车，本来是象征性的事儿。那根拉车绳很细，它一下子崩断了。我扑倒在堤上。风把我推得翻斤斗。翻到河堤半腰上，我伸出双手抓住草墩，把自己固定住了。我抬起头看爷爷和车子。车子还挺在河堤上，车子后边是爷爷。爷爷双手攥着车把，脊背绷得像一张弓。他的双腿像钉子一样钉在堤上，腿上的肌肉像树根一样条条棱棱地凸起来。风把车上半干不湿的茅草揪出来，扬起来，小车在哆嗦。

我揪着野草向着爷爷跟前爬。我看到爷爷的双腿开始颤抖了，汗水从他背上流下来。

“爷爷，把车子扔掉吧！”我趴在地上喊。

爷爷倒退了一步，小车猛然往后一冲，他的脚忙乱起来，连连倒退着。

“爷爷！”我惊叫着，急忙向前爬。小车倒推着爷爷从我面前滑过去。我灵机一动，耸身扑到小车上。借着这股劲，爷爷又把腰煞下去，双腿又像生了根似的定住了。我趴在车梁上，激动地望着爷爷。爷爷的脸还是木木的，一点表情也没有。

刮过去的是大风。风过后，天地间静了一小会儿。夕阳不动声色地露出来，河里通红通红，像流动着冷冷的铁水。庄稼慢慢地直腰。爷爷像一尊青铜塑像一样保持着用力的姿势。

我从车上跳下来，高呼着：“爷爷，风过去了。”

爷爷眼里突然盈出了泪水。他慢慢地放下车子，费劲地直起腰。我看到他的手指都蜷曲着不能伸直了。

“爷爷，你累了吧？”

“不累，孩子。”

“这风真大。”

“唔。”

风把我们车上的草全卷走了，不，还有一棵草夹在车梁的榫缝里。我把那棵草举着给爷爷看，一根普通的老茅草，也不知是红色还是绿色。

“爷爷，就剩下一棵草了。”我有点懊丧地说。

“天黑了，走吧。”爷爷说着，弯腰推起了小车。

我举着那棵草，跟着爷爷走了一会儿，就把它随手扔在堤下淡黄色的暮色中了。

诗歌

我在我自己心中蛇一样藏躲[1]

[俄]曼德尔施塔姆[2]

智量　译

我在我自己心中蛇一样藏躲，
我在我自己身上藤一样缠裹，
我飞出我自己，青云直上，——

我寻求我自己，飞向我自己，
我用两扇黑色的翅膀拍击，
我展翅飞翔在大海汪洋……

于是，我像只吓坏了的秃雕，
飞回来，再也找不到自己的巢，
它已被人捣毁，抛入深渊，——

我沐浴着闪电的火焰，

1　曼德尔施塔姆:《贝壳》，智量译，花城出版社 2012 年版，第 35 页。
2　曼德尔施塔姆（1891—1938），俄国诗人。

一边在把惊雷呼唤，
随即消失在凛冽的云端。

1911

第六 良知

经典论述

恻隐之心，仁之端也；羞恶之心，义之端也；辞让之心，礼之端也；是非之心，智之端也。

——《孟子・公孙丑上》

与人的爱的天性相对的是怯懦，然而怯懦恰恰会助长别人对自己的控制，人的良知和在良心规则之下的爱与交流是逐步减少怯懦的重要途径。

——雅斯贝尔斯[1]

1 [德]雅斯贝尔斯：《什么是教育》，邹进译，生活・读书・新知三联书店1991年版，第6页。

故事

小偷卢卡[1]

[意大利]马西莫·邦藤佩利[2]

蔡蓉 译

一个布满阴云的夜晚，一轮明月从云彩后面露出了四分之一的脸儿，少许的几颗星星在夜空闪烁着。对小偷卢卡来说，这样的天时已足以帮助他从天窗钻进一户人家，把上好的财物劫掠一空了。

现在，他提着塞满了赃物的沉甸甸的袋子，美滋滋地钻出天窗。约有片刻的工夫，他抬起头来，放眼眺望乌云浮动的夜空，然后，缓缓地环视着四周的屋顶。在这广大而空旷的世界，万籁俱寂，除了他卢卡站在接近天空的屋顶上，四周见不到一个人影儿。

他觉得腰部有点儿疲劳，但心里却舒爽坦然，因为没有什么事情能够再让他胆战心惊的了。他把袋子稳稳地扛上肩膀，一屁股坐在瓦片上，一只胳膊肘儿支靠着天窗的墙壁，就这样休息了足足五分钟的光景。

他的同伙中还没有一个人曾经窃得如此贵重的物品。

天窗开在从屋檐到屋脊的屋顶中间，斜面很宽阔。从天窗里往外钻出来的时候，卢卡仰起头来，只见天空变成了一条狭长的垂直线；探身朝前俯视，周围是望不到尽头的坡面，一直伸向大楼的另一端，被突

1 选自《外国短篇小说百年精华》(上)，人民文学出版社2003年版，第530页。

2 马西莫·邦藤佩利（1878—1960），意大利小说家、剧作家。

出屋脊的一只烟囱隔绝了；坡面朝下延伸，跟装饰精雅的飞檐连在一起了。

瞧见屋顶，他禁不住轻松地舒了一口气。他在屋顶上行走，犹如一只猫儿那样轻捷灵巧，简直如履平地，现在，他似乎觉得耳边响起了他的同伙们（盗窃刺绣、丝绸、金银器皿的能手）惊羡不已的赞叹声，他甚至恍若听到了头头对他的夸奖。

小偷卢卡压根儿用不着手表，便能极其精确地计算时间。五分钟过去了，卢卡把支靠在天窗墙壁上的胳膊伸回来，攥紧袋子的皮带，一只手支撑在地上，想猛地一使劲，让自己站立起来。这时，他向屋脊扫了一眼，不禁倒吸了一口冷气，顿时惊呆了。

屋脊后面伸出了一个肥大、黝黑的脑袋，两道熠熠闪亮的目光，透过黑暗，直向他射来。蓦地，那汉子一跃而起，站立在屋顶上，伸出手来，枪口对准卢卡，一声命令在寂静的夜空回荡：

“举起手！”

小偷卢卡战战兢兢地举起了双手。

“站住，不许动！”汉子又加了一句。

那人没有大声吆喝，但他的声音好像一声惊雷撕破夜空，在卢卡的耳边轰鸣，他觉得心在胸腔里七上八下地跳动，仿佛要碎裂似的，他恨不得放下一只手来，去按住剧跳的心，让它平静下来。他认出了这个汉子，此人是城里最精干和铁面无情的警察之一。

约莫有十秒钟的光景，他们面对面地互相瞅着。警察瞪大眼睛盯视着卢卡，卢卡跪在地上，抬头凝望警察，他的两只举起的胳膊不时滑落下来，但他很快地用力把胳膊重新举起来。

在这短短的十秒钟里，卢卡的眼前飞快地掠过一连串想象的画面：警察令人毛骨悚然的双手落到他的肩上，袋子中的赃物，手铐，然后，获悉这一切的同伙们和头头……在栗栗恐惧的一瞬间，所有这些画面都模糊地搅和在一起了。

警察站稳身子，朝着屋顶的顶端走去。

他朝前走了几步，处于惶恐状态中的小偷卢卡忽然瞥见，警察的双脚在瓦片上摇摇晃晃，兴许是由于这个原因，他赶紧止住了脚步，把两条又粗又短的腿叉开，支撑住身子。他仍然用手枪对准卢卡，说道：

“注意听着，你站起来，举起手，朝前走；如果你放下手来，或者掉转方向的话，我马上就开枪。快点，卢卡先生！”

警察这么命令的时候，小偷卢卡确实敏捷地思考了逃跑的可能性：朝右边装饰精雅的飞檐跳下去，但是子弹会追上他的；钻回到天窗里去，无疑是跳入陷阱。他只能乖乖地听从警察的命令。

卢卡不用手臂的帮助就站立起来。然后，他故意慢慢吞吞地——这是出于职业性的伪装本能，不让警察觉察他动作的敏捷，并尽可能地让那双威胁他的手落到他肩上的时刻来得晚些——朝着瞄准他的枪口摇摇晃晃地走去。他的双手颤抖着。

“快一点儿！”警察冷笑地说，“袋子太沉了，是吗？快点儿。”

卢卡本来想回答来着，但只是勉强蹦出了几个有气无力的音节，他这才发觉，他一句话也未说出来。他在瓦片接头的地方故意装作失足绊了一下。

“过来，卢卡先生，你干得蛮不错，看来该打发你去睡觉了。不然的话……啊，上帝！……”

卢卡的心立即惊喜交集地狂跳起来，因为警察由于一只脚跟没有站稳，身子摇晃了一下，径直从瓦房上滑溜下去。卢卡随即瞧见一个肥胖的身躯在屋顶的斜面上朝下滚动。于是他急忙拔脚朝屋脊奔跑。

警察惊慌失措，用左手狠命抓住一块瓦片，不料这瓦片吃不住他的劲，也随着他向下滑溜，他直觉得十指连心的一阵疼痛，禁不住发出一声绝望的喊叫。他想用另一只扔下了手枪的手来攥住屋顶上的什么东西，但无济于事，他的身子继续朝下滚动，脑袋砰的一声撞在屋顶的烟囱上，但滚动没有停止。

小偷卢卡奔到屋脊，转过身来，只见警察已滚到坡面的边缘，身子随即在空中消失了。

卢卡心中蓦然一喜，不禁心花怒放。他目迷神眩地注视着他的冤家对头消失的地方。他这样细细地凝望着，以至终于发现，警察并没有完全掉下去，他正发狂似地用两只手紧紧攥住飞檐的边缘。

卢卡在屋脊上坐下，盯着这两只粗大、黝黑、越来越剧烈地痉挛的手。他等待着，希望看到这双手的消失，然后才扬长而去。然而，这种幸灾乐祸的狂喜仅仅持续了一分钟的光景，现在已平静了下来。卢卡从容不迫地坐在那里，胸脯和脑袋略略向前探伸，就像置身于剧院里，观看舞台上的演出，剧情已达到令人不安的高潮时一样。他想象着警察的身躯悬吊在飞檐下的情景，不多一会儿，他的冤家对头的身子就要掉到石板砌的路面上，跌个粉身碎骨。他竖起耳朵，期待听到那庞然大物即将坠地的声响。

警察的一只手已经吃不住了，不由得松开了原先死死攥住的屋檐，整个人的重量和抽搐立即都集中到另一只手上，竭力挣扎着；不一会儿，松开的那只手又重新攀住屋檐，另一只手却又松开了。警察在空中摇晃飘荡。

蓦地，一种不可捉摸的感觉颤过卢卡的心头。这种感觉跟他开头那种幸灾乐祸的狂喜迥然不同。他紧紧地闭上双眼，尔后又很快地张开，他听到下面急促的喘息声，看来是用那两只手拼命挣扎时发出的。小偷卢卡自己也不知道是怎么回事，他不由自主地霍然立起身子，唰地把袋子从肩膀上卸下来，放在房瓦上；他又一次闭上眼睛，但又马上睁开，用手抚摸了一下前额，他不知道是什么缘故，也不明白自己正在干什么，便径直朝着那个方向跑去。他跑到屋檐跟前，立即扑倒，肚皮紧紧贴着房瓦，伸出一只铁一般坚实的手臂，勾住烟囱壁的棱角，向前探出身子，伸出另一只手臂，喊道：

“拉住！”

卢卡紧紧攥着正在挣扎中的警察伸过来的一只手。他感觉到那只手也紧紧握住他的手，他使出浑身力量往上拉，仿佛渔翁拉起沉甸甸的渔网一样。他瞧见了警察的脑袋、肩膀；他继续往上拽，警察顺着他的劲儿，终于露出了整个身子；卢卡给了他最后一把劲，然后帮助他在靠近屋顶角落的房瓦上坐下。

两个人默不作声，周围愈发显出夜的沉静。警察凝视着下面的深渊，当然他什么也看不见。小偷卢卡瞧着他的脊背，却又怯怯地不敢瞧他。现在卢卡真想离开这里，但他又木然不能动弹，似乎在等待什么，但他又不知道等待什么和为什么要等待。

终于，警察嗫嗫嚅嚅地说了什么，但没有把脑袋朝卢卡扭过来。

卢卡没有听明白，问道：

“你说什么？”

他仍然耷拉着脑袋，重复说：

“真冷。”

卢卡感到不大自在。警察把脑袋埋在两只手掌当中，开始呜呜咽咽地啜泣起来。

小偷卢卡在口袋里窸窸窣窣地摸索了一阵子，找出火柴和香烟；他点燃了一支烟，递给警察，说道：

“你抽吧。”

警察转过身来，卢卡瞧见，成串的眼泪从他的脸颊上淌下来，便重复了一声：

“你抽吧。”

他向前探出身子，把香烟夹在警察的两片嘴唇中间。

烟卷在警察的嘴里颤动。过了片刻，警察才结结巴巴地说：

“谢谢。”

烟卷从他的嘴唇中掉下来，滚到烟囱旁边。小偷卢卡敏捷地捡了起来，耸了耸肩膀，把香烟放在自己嘴里吸起来。他正抽着烟，警察却又双手捂住脸孔，重新扭过脑袋去。

卢卡站立起来，转过身去，不再理会他。他登上屋脊，那里放着他的袋子。他把袋子扛在肩上，不慌不忙地从屋顶的另一面斜坡走下去，然后顺着檐槽滑至地面。

月亮隐没了，天空中没有一丝云彩。小偷卢卡骄傲地想象着同伙们由于他窃得的赃物而啧啧赞叹的声音和头头对他的夸奖。在离开屋顶和抱住檐槽以前，他再次抬头望了望天空。卢卡黑夜行窃兴许已经上百次了，然而他从来不曾发现过，天空中竟有那么多灿烂的星星。

诗歌

在街垒上……[1]（节选）

［法］雨果[2]

闻家驷 译

在街垒上[3]，在污浊的血和清白的血
在那儿混合着流在一起的街心，
一个十二岁的孩子和成年人们一同就擒。
“你跟他们是一伙的？”孩子回答：“我们是伙伴。”
“好，”军官说，“你该枪毙了。一会儿
就轮到你。”孩子看见前面火光一闪，
就在墙根前倒了下来，他那些伙伴。
他向军官说：“你可允许我把这块表
送回家交给我的母亲？”
“你想溜了？”“我要回来的。”“这流氓
有点怕了！你住在哪儿？”“就在喷水池那边。
我立刻回来，队长先生。”“滚你的，坏蛋！”
孩子一溜烟似的走了。“这也算骗局，滑稽！”

1 闻家驷编：《雨果诗歌精选》，北岳文艺出版社 1993 年版，第 345 页。
2 雨果（1802—1885），法国作家、诗人。
3 指巴黎公社时期的街垒战斗。

这时士兵们和他们的军官同声一笑，
而这笑声和那断气声混合不分。
但笑声忽然中断，因为那个面色苍白的孩子，
出其不意地又出现了，他像维亚拉[1]一样慷慨，
走过来就往墙跟前一站，说道："我回来了，你看。"

于是死神感到羞愧，军官也发了善心。

孩子，我真不知道，在这暴风雨来临的时代，
一切都被混合起来，不管好人和坏人，英雄和盗匪，
而你，究竟为啥也卷入这场战斗，可是我得承认：
弱小的心灵，你真不愧为英雄好汉。
善良而勇敢，你在危险的边缘上向前跨进了
两步，一步走向母亲，一步走向死神。
孩子胸怀坦白，成年人心有内疚，
这责任原不需要你来承当；
然而孩子真是英勇豪迈，他宁愿把逃亡、
生命、春光、游戏和朝阳都抛弃掉，
坚定地走向朋友们在那儿就义的黑墙。
光荣吻着你的前额，而你却是这么年轻！

1871 年 6 月，巴黎

---

1 维亚拉，法国大革命时期一个十三岁的儿童，为了阻止保王党人渡过迪朗斯河，他毫无畏惧地去割断了大渡船的缆索，结果自己也牺牲了。

第七 仁义

经典论述

樊迟问仁。子曰："爱人。"问知。子曰："知人。"

——《论语·颜渊》

夫仁者，己欲立而立人，己欲达而达人。

——《论语·雍也》

子曰："饭疏食饮水，曲肱而枕之，乐亦在其中矣。不义而富且贵，于我如浮云。"

——《论语·述而》

故事

五爹爹[1]

丰子恺

五爹爹[2]是我的一个远房叔父，但因同住在一个老屋里，天天见面，所以很亲近。他姓丰，名铭，字云滨。子女甚多，但因无力抚养，送给别人的有三四个，家中只留二男二女。

五爹爹终身失意，而达观长寿，真是一个值得记录的人物。最初的失意是考秀才。科举时代，我们石门湾人，考秀才到嘉兴府，叫作小考，每年一次；考举人到杭州省城，叫作大考，三年一次。五爹爹从十来岁起，每年到嘉兴应小考，年年不第。直到三十多岁，方才考取，捞得一个秀才。闲人看见他年年考不取，便揶揄他。有一年深秋雨夜，有一个闲人来哄他："五伯，秀才出榜了，你的名字写在前头呢。"五爹爹信以为真，立刻穿上钉鞋，撑了雨伞，到东高桥头去看。结果垂头丧气而归。后来好容易考取了。但他有自知之明，不再去应大考，以秀才终其身。地方上人都叫他"五相公"，他已经满意了。但"秀才"两字不好当饭吃，他只得设塾授徒。坐冷板凳是清苦生涯，七八个学生，每年送点修敬，为数有限，难于糊口。他的五妈妈非常能干，烧饭时将米先炒一下，涨

1 丰陈宝、丰一吟编:《丰子恺文集》(文学卷二)，浙江文艺出版社、浙江教育出版社 1992 年版，第 681—683 页。

2 五爹爹，是按儿女们的称呼。作者家乡一带称爷爷为爹爹。——原作编者注

性好些。青黄不接之时，常来向我母亲掇一借二。但总是如期归还，从不失信。真所谓秀才方正也。

后来，地方上人照顾他，给他在接待寺楼上办一个初等小学，县政府请得相当的经费。他的进益就比设塾好得多了。然而学生多起来，一人教书来不及，势必另请人帮助，这就分了他的肥。物价年年上涨，经费决不增加。他的生活还是很清苦的。然而他很达观。每天散课后，在镇上闲步，东看西望，回家来与妻子评东说西，谈笑风生，自得其乐。上茶馆，出五个大钱泡一碗茶，吃了一会，叫茶博士"摆一摆"，等一会再来吃。第二次来时，带一把茶壶来，吃好之后将茶叶倒入壶中，回家去吃。

这时候我在杭州租了一间房子，在那里作寓公。五爹爹每逢寒假暑假，总是到我家来做客。他到杭州来住一两个月，只花一块银元，还用不了呢。因为他从石门湾步行到长安，从长安乘四等车到杭州，只需二角半，来回五角。到了杭州，当然不坐人力车，步行到我家。于是每天在杭州城里和西湖边上巡游，东看西望，回来向我们报告一天的见闻，花样自比石门湾丰富得多了。我欢迎他来，爱听他的报告。因为我不大出门，天天在家写作，晚上和他闲谈，作为消遣。他在杭州也上茶馆，也常"摆一摆"，但不带茶壶去，因为我家里有茶。有时他要远行，例如到六和塔、云栖等处去玩，不能回来吃中饭，他就买两只粽子，作为午饭。我叫人买几个烧饼，给他带去，于是连粽子钱也可以省了。

这样的生活，过了好几年。后来发生变化了。当小学教师收入太少，口食难度。亲友帮他起一个会，收得一笔钱，一部分安家，一部分带了到离乡数十里外的曲尺湾去跟一位名医潘申甫当学徒。医生收学徒是不取学费的，因为学生帮他工作。他只出些饭钱。学了两三年，回家挂招牌当医生。起初生意还好，颇有些收入。但此人太老实，不会做广告，以致后来生意日渐清淡，终于无人问津。他只得再当小学教师。幸而地方上人照顾他，仍请他办接待寺里初等小学。这是我父亲帮他忙。父亲是当地唯一的举人老爷，替他说话是有力的。

五爹爹家里有二男二女。大男在羊毛行学生意，染上了一种习气，满师以后出外经商，有钱尽情使用，……生意失败了，钱用光了，就回家来吃父亲的老米饭。在外吸上等香烟，回家后就吸父亲的水烟筒，可谓能屈能伸。大女嫁附近富绅，遇人不淑，打官司，离婚，也来吃父亲的老米饭。后来托人介绍到上海走单帮，终于溺水而死。次男和次女都很像人。次男由我带到上海入艺术师范，毕业后到宁波当教师，每月收入四十元，大半寄家。五爹爹庆幸无限。但是不到一年，生了重病，由宁波送回家，不久一命呜呼。次女在本地当小学教师，收入也尚佳，全部交与父亲。岂知不到一年，也一病不起了。真是天道无知啊！

五爹爹一生如此轗轲失意，全靠达观，竟得长寿，享年八十六岁。他长寿的原因，我看主要是达观。但有人说是全靠吃大黄。他从小有痔疮病，大便出血。这出血是由于大便坚硬，擦破肛门之故。倘每天吃三四分大黄，则大便稀烂，不会擦破肛门而流血。而大黄的副作用是清补。五爹爹一生茹苦含辛，粗衣糠食，而得享长年，恐是常年服食大黄之力。

忆子恺叔二三事[1]（节选）

丰蓉赓

恺叔待人诚恳，热情，且乐于帮助人。远在抗日战争时期，他扶老携幼，逃难去祖国西南，颠沛流离，收入有限，支出却加重。待抗战胜利归来，缘缘堂早已被毁，房屋、书籍、家具什么都没有，生活可以说十分艰苦，但他仍不忘帮助族中曾当过外科医生，后来长期从事小学教育工作的云滨叔（我们叫他“五爹爹”），那时他已七十多岁，旧社会对教师根本没有什么养老、退休等待遇，五爹爹虽有儿子、媳妇、孙女，但因儿子收入少，媳妇、孙女均要养，生活很困难。恺叔不顾自己缺这少那，主动帮他，按月寄钱去，逢年过节，则是三十、五十，如此一直帮到一九六一年。这期间五爹爹除拿一部分补助家庭伙食，一部分作为自己医药开支，一部分给孙女交学杂费外，尚有许多积蓄，为自己的后事作了准备。一九六一年，五爹爹八十七岁时去世了，他在去世前叮嘱儿子说：“我去世后，你们不要拍电报去上海子恺处，可以打开我床前桌上的小箱子，一切全会明白。”后来看到箱中有一部分办后事的钱，还有一封给恺叔的信，上面写着“子恺侄：我万分感谢你，有了你的帮助，使我晚年免以冻饿，现在写此信与你永别了，你不必再寄丧葬费来，因为我已在你历年寄来的钱中，作了后事安排……”

恺叔对亲友中有困难的人都帮助吗？不，他是善恶分明的，凡是勤吃懒做，不务正业的人，从来不予过问，相反，对一切正直、善良、认

1　钟桂松、叶瑜荪编:《写意丰子恺》，浙江文艺出版社 1998 年版，第 225—228 页。

真做人的人，有了困难，他总是尽力援助。记得他为了照顾我父亲减轻多子女的生活重担，介绍我大哥沧祥当年去上海开明书店任职。

在一些往事的回忆中，最使我难忘的是我的童年与少年时代，我与宝姐（陈宝）、先妹（宛音）、宁欣妹年龄相仿，同时长大，在老屋惇德堂时，恺叔买来了一架风琴，给大家学习，我记得自己初学的一支曲子是：

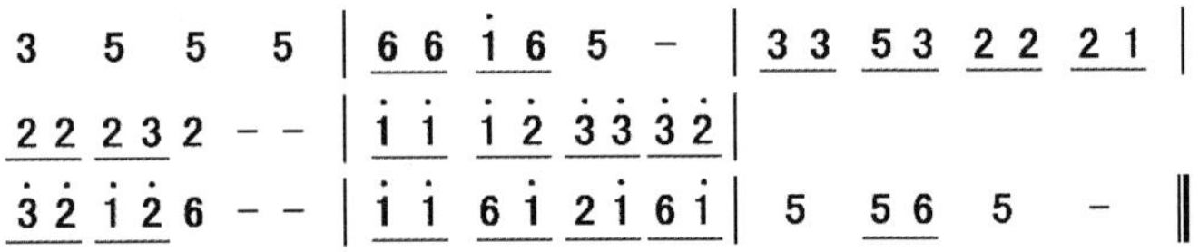

缘缘堂未建造以前，这地基上原有三间平屋，后面有一大块场地，恺叔为了让孩子们课外活动，就雇人建造了滑梯、跷跷板、秋千、跳高架子，还挖了沙坑，等等。这些设备，在现在看来，当然不值得一提，但在半个世纪以前，如我们这样的小镇上，不要说人家家中，就连小学中还没有，而我们课余却可以尽情地玩，既锻炼了身体，也享受了这无穷的乐趣。

一天，在门边，滑梯、秋千架等处的柱上，我看见挂上了一叠叠柔软而吸水的纸，下边摆一竹篓，“这是做什么的？”我问宝姐。“纸是爸爸给我们揩鼻涕与吐痰用的，用后丢在竹篓里。”恺叔关怀与爱护孩子，真是无微不至，大家既方便，又养成了卫生的习惯。

后来缘缘堂建成，瞻弟、草弟与一吟妹也逐渐长大，所以除了后院葡萄棚下仍有秋千架以外，另外新添了画有象棋、围棋棋盘的两只小方桌，供大家下棋用。记得有一次，恺叔出一作文题是“写一份下象棋的说明书”，并且说：“假如某一人，他不会下象棋，看了你写的说明书，他就会下了，你应该怎么写？望仔细考虑。”

缘缘堂有台留声机，还有许多唱片，如京剧《四郎探母》，歌曲《渔光曲》《迷途的羔羊》，等等，好的片子，大家不但学着唱，恺叔还要大家用笔把谱记下来，看谁记得正确，不但会唱词，还会看谱唱曲子。

有发条可自行开动的小火车，我们看得最稀奇。铁轨可装卸，恺叔要孩子们先装沪杭线、浙赣线，在铁轨上该线的全长、起点和终点，再是沿线各站，如此由近及远，如陇海线、平汉线、粤汉线（这两线即是现在的京广线）等。

今天回忆起来，恺叔真不愧为一个辛勤的园丁，他给孩子们玩玩具，不光是玩，而是在玩的同时，启迪大家的智慧，增长知识，其方法多好，其用心又何其深。

缘缘堂中还备有三轮、二轮脚踏车，木马，溜冰鞋，等等，大大小小的孩子，可自行选择去玩哪一样。至于画报杂志，邮递员每天送来一大捆，不但有国内出版的，且有国外的，可任你挑选阅览。

当时家乡一些年长者，认为恺叔用钱，大手大脚，且不花在刀口上，在他们心目中，买玩具，做运动器具等是浪费。其实他们哪里会想到这些钱的花去，有着更深处的意义。——对人的培养教育，这是最大的刀口。

敬爱的恺叔，我荣幸地出生在你的故乡，降生在你出生的惇德堂，我虽然不是你的儿女，然而我却在你身旁度过了童年和少年时代幸福的岁月，我和姐妹们一起上学，一起生活，一起参加课外活动，也一起分享了你的教育，使我得到了在我父母身边得不到的东西。我虽然不是你的儿女，但你一直关怀着我。记得在烽火连天的日子里，我在山区求学，你自遵义给我寄来了一幅彩色画，题字是“天涯静处无征战，兵气销为日月光，蓉赓侄女座右”，勉励我在动荡的环境里，仍要勤奋学习，好好做人。

敬爱的恺叔：你离开我们整整十五年了，然而你的音容笑貌，常出现在我的眼前。你的为人，你的学习精神，特别是你晚年的崇高境界，将激励我振奋精神，永远向前！

诗歌

没有人是与世隔绝的孤岛[1]（节选）

[英]约翰 · 多恩[2]

林和生 译

没有人是与世隔绝的孤岛，
每个人都是大地的一部分；
如果海流冲走一团泥土，
大陆就失去了一块，
如同失去一个海岬，
如同朋友或自己失去家园；
任何人的死都让我受损，
因为我与人类息息相关；
因此，别去打听钟声为谁鸣响，
它为你鸣响。

1 约翰 · 多恩：《丧钟为谁而鸣：生死边缘的沉思录》，林和生译，新星出版社 2009 年版，第 142 页。

2 约翰 · 多恩（1572—1631），英国诗人。题目为编者所加，亦据流行英文版本做了分行处理。

第八 尊严

经典论述

人必自侮，然后人侮之；家必自毁，而后人毁之；国必自伐，而后人伐之。

——《孟子·离娄上》

我们要心怀怜悯，但不能乞求怜悯。

——丘吉尔[1]

1 ［英］丘吉尔：《无名英雄的战争》。此文为丘吉尔 1940 年 7 月 14 日在伦敦 BBC 广播的讲话，编者译。

故事

培尔哈德·利菲斯[1]

[芬兰] 阿伊诺·卡拉斯[2]

任元华 译

这是波罗的海省联合讨伐队的一个青年军官讲述的故事：我们率领六十名水兵开进了爱沙尼亚沿海一个小镇。我们去的那个村庄是暴动闹得最凶的地方，几乎所有的庄园都成了废墟，因此我们采取了一切可能严厉的报复措施。说实在的，我们到后来，不论水兵还是军官，更不用说我，一见到血，心里便感到厌烦，时间越久，越加反感，除非酒喝多了，那就另当别论了。

我们事先谁也没有跟谁商量，也没有交换过意见，却不约而同地一致赞同，以后对暴动分子必须通过法庭进行从宽处理。所以做出这个决定，是因为在这个小镇上，除了一个庄园，其他所有的庄园全被烧成灰烬，而那唯一幸存的庄园也曾被外来的暴动分子包围过，至于其他轻微的不法行为，如封闭酒馆、长工举行罢工、威胁强迫庄园主签订新的劳资合同、举行暴动集会、发表演讲，等等，简直数不胜数。我们逮捕和审讯了十多个人，可主犯——暴动的煽动者和集会的主持人，已逃之夭夭，只抓住一个率领长工和庄园主进行谈判的自由农民。他不顾别人的

1　选自《芬兰现代小说集》，任元华译，人民文学出版社 2010 年版，第 91—96 页。

2　阿伊诺·卡拉斯（1878—1956），芬兰女作家。

劝告而留在家中，水兵就是从那里把他带到军事法庭的，他的名字叫培尔哈德·利菲斯。

我们事先曾同两个贵族以及镇上的牧师一起商量，如何惩处这些人。大家都赞成从轻发落，唯独男爵——长工代表曾找过他的麻烦——坚决要求判处培尔哈德·利菲斯死刑，以儆效尤。实际上，他同这个人素有宿怨。我听说，培尔哈德·利菲斯曾向法院告过男爵，要求法院丈量他家被男爵侵占的三叶草地。我们同他反复协商，最后他只同意改为两百鞭刑。这是我们在那个小镇采取的最重的处分。

我们下令将自由民培尔哈德·利菲斯带进法庭。他是个身材高大、魁梧的农民，四方大脸，颧骨略高，满面络腮胡子，有一双聪颖、能给人启迪的蔚蓝色眼睛，目光冷漠，脸上蒙着一层阴霾，但没有畏惧，也没有奢望，神情不卑不亢，在他身上找不到一丝因漫长的奴隶生活所形成的习性；相反，他身上有一股不可抗拒的慑人魅力。他那宽阔的双肩，好像天生就肩负重任似的。他是这样一个农民，其子女一般将成为第一代有文化教养的人。

如上所述，对他的处分事先已商定，对他的审讯只是装装样子而已。

“你号召长工罢工了吗？”

“是的。”

“那你为什么要这样做呢？”

“因为他们无法生活。”

“你召集长工开会并起草了新的合同，是不是？”

“是的。”

“那么，为什么这些事都由你出头领着干呢？”

“因为我幸运地读过两年书，我认为帮助那些没有读过书的人，是我自己的责任。”

“你在庄园里说过没有：假如你们现在不签字，一星期后你们就后悔莫及了？”

“没有，我从来没说过恫吓别人的话。”

“你有没有在市政厅撕毁圣像？”

“没有，我从没干过这种事！”

他对一切回答得干脆利落，显得无所谓的样子，没有一丝侥幸心理，似乎他已料到审判只是走走形式而已，他那阴郁而闪烁着智慧光芒的眼睛，对我们一眼也不瞧。

我们听取了证人的证词，他们异口同声地证明培尔哈德·利菲斯是个好人。他通过自赎成为自由农民，并偿还了大部分债务。这在爱沙尼亚是罕见的。他在镇上还担任过各种民意代表，深沉克制，聪明能干。

我的责任是向他宣读判决书。他重新被带了进来，站立在我的面前，身上穿着一件羊皮袄，纽扣敞开着。我第一次见到他将视线落在我身上。尽管我的眼睛始终没有离开手中的文件，但我感觉得到他那审视、聪颖的目光。我心想他大概不懂俄语，于是先用俄语将判决书念了一遍，接着又直接翻译成爱沙尼亚语，因为我出生在纳尔瓦，会讲一些爱沙尼亚话。

当我念到责打“两百鞭”的时候，耳中传来他牙齿咯咯作响的声音。我瞥了他一眼，他脸色苍白，充满激愤，平时的深沉和克制都不见了，但他一声未吭。

我命令将他带走，只见他出门时，又像发疟疾似的抽搐着。

罪行较轻的犯人先发落，我没有到刑场去，因为我的神经已经错乱了，唯一的希望是尽快结束这一切。

正当我一个人留在屋里收拾文件的时候，房门突然推开了。培尔哈德·利菲斯闯了进来，身后紧跟着两名水兵。我不由得大吃一惊，伸手拿起上了膛的左轮手枪。

他的样子可怕极了，帽子不见了，衣服撕破了好几个口子。仿佛刚进行了一场白刃战，脸上被刺刀划破的伤口淌着鲜血。某种农民文化熏陶出来的、坚强的自我克制力，彻底消失了。他仿佛倒退了几十代，恢复了部族的好斗本性，然而并未失去他的身份和尊严，依然保持着他那领袖的特征。他站在那里，使人想起他俨然像个异教部落的首领。我在宣布判决时，从他眼中见到的激愤已荡然无存，目光显得呆滞，神情像冰一样冷漠。

“你想干什么？”我问道。

“我不能任人鞭打！”他以威胁而镇定的口气说。

“你已经被判决了。”我说。

“尽管如此，这个判决对我不合适……我不是奴隶，怎么可以用鞭子抽打我呢？！”

“你差点被判处死刑，知道吗？！”我说道。

他听了一怔，默不作声地望着我。

“你得感谢长官的宽宏大量，打两百鞭就完事啦！”接着我对他说，“你可以走啦！”

我命令水兵把他拽走，可是他一个劲儿挣扎。

“你还要干什么？！”我再也控制不住自己，大声喝道。

“不许鞭打我！”他重复地喊叫道。

“小伙子，你好好想一想！”我严肃地对他说，“我们可以枪毙你！”

“假如你们没有别的本事，就枪毙我吧！”

我向长官作了报告。我心想，一条人命连个戈比[1]都不值，一股无名的空虚和惆怅扰乱着我的思绪。我极力遏制自己，迫使自己执行既定的、一贯的行动方针。然而，我感到浑身无力——我们有什么办法？我们彼此都无能为力。我真想大胆建议，干脆把他放了，但我知道，这样，我们将在人民中丧失一切价值，是行不通的。我们不能不进行惩罚。

长官处理问题毕竟比较沉着。

“让他自己选择，鞭刑抑或死刑，”他说道，“这样，你就会看到他会变软的。”

我遵令来到培尔哈德跟前，向他宣布了长官的决定。他听了一声未吭，我则千方百计想说服他，问道：

“你有妻子吗？”

“有，”他和审讯时一样，简短地回答说。

“那么，孩子呢？”

“五个。”他回答说。

“看在上帝分上……请你为他们想一想，小伙子！”

我为他担心，打心眼里希望能打动他的固执。我虽然不知道他为什么这样固执，但我相信其中一定有令我钦佩的原委。

他沉默不语，看来思想斗争很激烈。

“请你听我的话，”我说道，“放聪明点，我愿意为你治疗，反正你身体结实，完全能挺得住，病上一个星期，而后又健康啦！”

“这我倒不害怕。”他说。

“那你怕什么呢？你说说看！”

---

1 戈比，俄罗斯等国的辅助货币。

“我不能听任别人鞭打，这是一切的一切！苍天不允许，我也不能，我宁可死，也绝不能让人举着鞭子抽打我的身子。”

“你们经常挨鞭子，”我说，“你们当奴隶的时候，挨打是经常的，你的父亲挨过鞭子，你的祖父也同样如此。”

“这是事实，我们经常挨打，”他承认道，“但是我生下来就是自由的。”

现在他又恢复了镇静，颧骨高耸、轮廓分明的脸庞上，又露出我初次见到的农民特有的素养。

“你的孩子怎么办？小伙子，如果你被杀，你五个孩子将成为孤儿。”

“他们没有父亲，但将来长大了，毕竟不是奴隶的儿子，枪毙我吧！”

他完全满足了自己的愿望。当他被枪杀时，我没有在现场，我甚至都不愿看他的妻子和长子是怎样领取他的尸体的，他临终的情景怎样，我一句也没过问。

我认为，从这个农民——培尔哈德·利菲斯身上可以看到，当了七百年之久的奴隶，现在腰杆挺起来了！

原作编者按：这是一个真实的故事，文中的主人公真名是培尔哈德·拉伊勃玛。当时爱沙尼亚是沙俄的一个省，农奴为了反抗农奴主的压迫，爆发了大规模的暴动，焚烧了德国贵族的庄园。1905年沙俄政府派遣联合讨伐队，进行残酷的镇压。爱沙尼亚哈勃沙罗市至今仍保留着培尔哈德·拉伊勃玛的纪念碑。文中提到撕毁圣像，是因为沙俄强迫波罗的海沿岸省份的居民，放弃路德教，改信希腊东正教，撕毁圣像也是一大罪状。

诗歌

致生命[1]（节选）

[俄] 茨维塔耶娃[2]

苏杭 译

你夺不走我脸上的绯红——
它旺盛得一如江河泛滥。
你是猎人，可我不会落入陷阱，
你是追兵，可我是逃犯。

你夺不走我充满活力的心灵！
它有如一匹阿拉伯骏马——
把身子摵成一张弯弓，
咬紧牙关，在追捕下

奋蹄奔腾。

1 茨维塔耶娃:《致一百年以后的你》，苏杭译，外国文学出版社 1991 年版，第 90 页。
2 茨维塔耶娃（1892—1941），俄国女诗人。

第九 理性

经典论述

人，实则一切有理性者，所以存在，是由于自身是个目的，并不是只供这个或那个意志任意利用的工具。

——康德[1]

理性取向就是随时准备承认我可能是错的，你可能是对的，凭借这种共同努力的态度，让我们更接近真理。

——卡尔·波普尔[2]

1 ［德］康德:《道德形而上学探本》，唐钺译，商务印书馆 1957 年版，第 42 页。

2 ［奥地利］卡尔·波普尔:《二十世纪的教训：卡尔·波普尔访谈演讲录》，王凌霄译，广西师范大学出版社 2004 年版，第 82 页。

故事

洞穴比喻[1]（节选）

［古希腊］柏拉图[2]

郭斌和　张竹明　译

苏格拉底（以下简称“苏”）：接下来让我们把受过教育的人与没受过教育的人的本质比作下述情形。让我们想象一个洞穴式的地下室，它有一长长通道通向外面，可让和洞穴一样宽的一路亮光照进来。有一些人从小就住在这洞穴里，头颈和腿脚都绑着，不能走动也不能转头，只能向前看着洞穴后壁。让我们再想象在他们背后远处高些的地方有东西燃烧着发出火光。在火光和这些被囚禁者之间，在洞外上面有一条路。沿着路边已筑有一带矮墙。矮墙的作用像傀儡戏演员在自己和观众之间设的一道屏障，他们把木偶举到屏障上头去表演。

格劳孔（以下简称“格”）：我看见了。

苏：接下来让我们想象有一些人拿着各种器物举过墙头，从墙后面走过，有的还举着用木料、石料或其他材料制作的假人和假兽。而这些过路人，你可以料到有的在说话，有的不在说话。

格：你说的是一个奇特的比喻和一些奇特的囚徒。

1　柏拉图:《理想国》，郭斌和、张竹明译，商务印书馆 1986 年版，第 272—277 页。题目为编者所加。

2　柏拉图（前 427—前 347），古希腊哲学家。

苏：不，他们是一些和我们一样的人。你且说说看，你认为这些囚徒除了火光投射到他们对面洞壁上的阴影而外，他们还能看到自己的或同伴们的什么呢？

格：如果他们一辈子头颈被限制了不能转动，他们又怎样能看到别的什么呢？

苏：那么，后面路上人举着过去的东西，除了它们的阴影而外，囚徒们能看到它们别的什么吗？

格：当然不能。

苏：那么，如果囚徒们能彼此交谈，你不认为，他们会断定，他们在讲自己所看到的阴影时是在讲事物本身吗？

格：必定如此。

苏：又，如果一个过路人发出声音，引起囚徒对面洞壁的回声，你不认为，囚徒们会断定，这是他们对面洞壁上移动的阴影发出的吗？

格：他们一定会这样断定的。

苏：因此无疑，这种人不会想到，上述事物除阴影而外还有什么别的实在。

格：无疑的。

苏：那么，请设想一下，如果他们被解除禁锢，矫正迷误，你认为这时他们会怎样呢？如果真的发生如下的事情：其中有一人被解除了桎梏，被迫突然站了起来，转头环视，走动，抬头看望火光，你认为这时他会怎样呢？他在做这些动作时会感觉痛苦的，并且，由于眼花缭乱，他无法看见那些他原来只看见其阴影的实物。如果有人告诉他，说他过去惯常看到的全然是虚假，如今他由于被扭向了比较真实的器物，比较地接近了实在，所见比较真实了，你认为他听了这话会说些什么呢？如果再有人把墙头上过去的每一器物指给他看，并且逼他说出那是些什么，你不认为，这时他会不知说什么是好，并且认为他过去所看到的阴影比现在所看到的实物更真实吗？

格：更真实得多呀！

苏：如果他被迫看火光本身，他的眼睛会感到痛苦，他会转身走开，仍旧逃向那些他能够看清而且确实认为比人家所指示的实物还更清楚更实在的影像的。不是吗？

格：会这样的。

苏：再说，如果有人硬拉他走上一条陡峭崎岖的坡道，直到把他拉出洞穴见到了外面的阳光，不让他中途退回去，他会觉得这样被强迫着走很痛苦，并且感到恼火；当他来到阳光下时，他会觉得眼前金星乱蹦金蛇乱串，以致无法看见任何一个现在被称为真实的事物的。你不认为会这样吗？

格：噢，的确不是一下子就能看得见的。

苏：因此我认为，要他能在洞穴外面的高处看得见东西，大概需要有一个逐渐习惯的过程。首先大概看阴影是最容易，其次要数看人和其他东西在水中的倒影容易，再次是看东西本身；经过这些之后他大概会觉得在夜里观察天象和天空本身，看月光和星光，比白天看太阳和太阳光容易。

格：当然啰。

苏：这样一来，我认为，他大概终于就能直接观看太阳本身，看见它的真相了，就可以不必通过水中的倒影或影像，或任何其他媒介中显示出的影像看它了，就可以在它本来的地方就其本身看见其本相了。

格：这是一定的。

苏：接着他大概对此已经可以得出结论了：造成四季交替和年岁周期，主宰可见世界一切事物的正是这个太阳，它也就是他们过去通过某种曲折看见的所有那些事物的原因。

格：显然，他大概会接着得出这样的结论。

苏：如果他回想自己当初的穴居、那个时候的智力水平，以及禁锢中的伙伴们，你不认为，他会庆幸自己的这一变迁，而替伙伴们遗憾吗？

格：确实会的。

苏：如果囚徒们之间曾有过某种选举，也有人在其中赢得过尊荣，而那些敏于辨别而且最能记住过往影像的惯常次序，因而最能预言后面还有什么影像会跟上来的人还得到过奖励，你认为这个既已解放了的人他会再热衷于这种奖赏吗？对那些受到囚徒们尊重并成了他们领袖的人，他会心怀嫉妒，和他们争夺那里的权力地位吗？或者，还是会像荷马所说的那样，他宁愿活在人世上做一个穷人的奴隶，受苦受难，也不愿和囚徒们有共同意见，再过他们那种生活呢？

格：我想，他会宁愿忍受任何苦楚也不愿再过囚徒生活的。

苏：如果他又回到地穴中坐在他原来的位置上，你认为会怎么样呢？他由于突然地离开阳光走进地穴，他的眼睛不会因黑暗而变得什么也看不见吗？

格：一定是这样的。

苏：这时他的视力还很模糊，还没来得及习惯于黑暗——再习惯于黑暗所需的时间也不会是很短的。如果有人趁这时就要他和那些始终禁锢在地穴中的人们较量一下“评价影像”，他不会遭到笑话吗？人家不会说他到上面去走了一趟，回来眼睛就坏了，不会说甚至连起一个往上去的念头都是不值得的吗？要是把那个打算释放他们并把他们带到上面去的人逮住杀掉是可以的话，他们不会杀掉他吗？

格：他们一定会的。

苏：亲爱的格劳孔，现在我们必须把这个比喻整个儿地应用到前面讲过的事情上去，把地穴囚室比喻可见世界，把火光比喻太阳的能力。如果你把从地穴到上面世界并在上面看见东西的上升过程和灵魂上升到可知世界的上升过程联想起来，你就领会对了我的这一解释了，既然你急于要听我的解释。至于这一解释本身是不是对，这是只有神知道的。但是无论如何，我觉得，在可知世界中最后看见的，而且是要花很大的努力才能最后看见的东西乃是善的理念。我们一旦看见了它，就必定能得出下述结论：它的确就是一切事物中一切正确者和美者的原因，就是可见世界中创造光和光源者，在可理知世界中它本身就是真理和理性的决定性源泉；任何人凡能在私人生活或公共生活中行事合乎理性的，必定是看见了善的理念的。

格：就我所能了解的而言，我都同意。

苏：那么来吧，你也来同意我下述的看法吧，而且在看到下述情形时别感到奇怪吧：那些已达到这一高度的人不愿意做那些琐碎俗事，他们的心灵永远渴望逗留在高处的真实之境。如果我们的比喻是合适的话，这种情形应该是不奇怪的。

格：是不足为怪的。

苏：再说，如果有人从神圣的观察再回到人事；他在还看不见东西、还没有变得足够地习惯于黑暗环境时，就被迫在法庭上或其他什么地方同人家争讼关于正义的影子或产生影子的偶像，辩论从未见过正义本身的人头脑里关于正义的观念。如果他在这样做时显得样子很难看举止极可笑，你认为值得奇怪吗？

格：一点也不值得奇怪。

苏：但是，凡有头脑的人都会记得，眼睛有性质不同的两种迷盲，它们是由两种相应的原因引起的：一是由亮处到了暗处，另一是由暗处到了亮处。凡有头脑的人也都会相信，灵魂也能出现同样的情况。他在看到某个灵魂发生迷茫不能看清事物时，不会不加思索就予以嘲笑的，他会考察一下，灵魂的视觉是因为离开了较光明的生活被不习惯的黑暗迷误了的呢，还是由于离开了无知的黑暗进入了比较光明的世界，较大的亮光使它失去了视觉的呢？于是他会认为一种经验与生活道路是幸福的，另一种经验与生活道路是可怜的；如果他想笑一笑的话，那么从下面到上面去的那一种是不及从上面的亮处到下面来的这一种可笑的。

格：你说得非常有道理。

苏：如果这是正确的，那么关于这些事，我们就必须有如下的看法：教育实际上并不像某些人在自己的职业中所宣称的那样。他们宣称，他们能把灵魂里原来没有的知识灌输到灵魂里去，好像他们能把视力放进瞎子的眼睛里去似的。

格：他们确曾有过这种说法。

苏：但是我们现在的论证说明，知识是每个人灵魂里都有的一种能力，而每个人用以学习的器官就像眼睛。——整个身体不改变方向，眼睛是无法离开黑暗转向光明的。同样，作为整体的灵魂必须转离变化世界，直至它的“眼睛”得以正面观看实在，观看所有实在中最明亮者，即我们所说的善者。是这样吧？

诗歌

更高的生命[1]

[德]荷尔德林[2]

先刚 译

人选择自己的生命，自己的决断，
离虚幻而识智慧，思辨、追忆，
那沉入世界的追忆，
而无物可惊扰他内在的价值。

辉煌的大自然使他的日子美丽，
常在他深处，精神孕育新的追求，
崇敬真理，
孕育更高的意义，及一些奇妙的问题。

人因之亦能认识生命的意义，
探寻目标之最高者，最美妙者，
以人的尺度体察人生世界，
尊更高的生命为崇高的意义。

---

1 荷尔德林：《塔楼之诗》，先刚译，同济大学出版社 2004 年版，第 20 页。
2 荷尔德林（1770—1843），德国诗人。

第十 善良

经典论述

积善成德，而神明自得。

——《荀子·劝学》

人们不讲道理，思想谬误，以自我为中心，
不管怎样，总是要爱他们。
如果你做善事，人们说你自私自利、别有用心，
不管怎样，总是要做善事。
如果你成功以后，身边尽是假的朋友和真的敌人，
不管怎样，总是要成功。
你所做的善事明天就被遗忘，
不管怎样，总是要做善事。
诚实与坦率使你易受攻击，

不管怎样，总是要诚实与坦率。

——特蕾莎修女[1]

1 曹文智编译:《怀大爱心·做小事情——特蕾莎修女箴言录》，漓江出版社 2005 年版，第 13 页。

故事

一个干净明亮的地方[1]

[美] 欧内斯特 · 海明威

汤伟 译

天已经很晚了，所有人都离开了咖啡馆，只剩下一位老人，他坐在遮住电灯的树叶投下的阴影里。白天街道上尘土飞扬，但到了晚上，被露水打湿的尘埃落了下来。老人喜欢坐到很晚，因为他耳聋，晚上比较安静，他能觉察出这个差别来。咖啡馆里的两个侍者知道老人喝得有点多了，尽管他是个好顾客，但是他们知道如果他喝得酩酊大醉，会不付钱就离开的，所以他们一直留神地看着他。

“上个礼拜他想自杀。”一个侍者说道。

“为什么？”

“绝望呗。”

“为了什么？”

“不为什么。”

“你怎么知道不为什么？”

“他很有钱。”

他们坐在咖啡馆大门旁靠墙的一张桌子边上，看着阳台，除了随风

1 欧内斯特 · 海明威:《乞力马扎罗的雪》，汤伟译，译林出版社 2012 年版，第 164—171 页。

摆动的树影下坐着的老人外，阳台上所有的桌子都空着。一个姑娘和一个士兵从街上走过，街灯照亮了士兵领章上的黄铜号码。姑娘没戴头巾，急匆匆地走在士兵的身旁。

“警卫会把他抓起来的。”一个侍者说。

“如果他得到了他想要的，抓起来又有什么关系？”

“他还是赶快从街上走开为好，警卫会抓住他的。他们五分钟前刚从这里走过。”

坐在阴影里的老人用杯子轻轻敲了敲托碟。年纪较轻的侍者来到他跟前。

“你要什么？”

老人看着他。“再来一杯白兰地。”他说

“你会喝醉的。”侍者说。老人看着他。侍者走开了。

“他会坐上一整晚的，”他对他的同事说，“我困了。我从来没有在三点以前上过床。他真该在上个礼拜把自己杀了。”

侍者从柜台上拿起白兰地酒瓶和一个托碟，朝老人的桌子走去。他放下托碟，往杯子里倒满白兰地。

“你真该在上礼拜自杀。”他对这个聋子说。老人用手指示意。“再多一点。”他说。侍者把白兰地倒进酒杯，酒溢出了酒杯，顺着杯脚流到了一叠托碟最顶端的那一个上。“谢谢你。”老人说。侍者拿着酒瓶回到咖啡馆。他又坐回到他同事的桌旁。

“他现在喝醉了。”他说。

“他每天晚上都喝醉。”

“他干吗要寻死呢？”

“我怎么知道。”

“他是怎么自杀的？”

“用绳子上吊。”

“谁救了他？”

“他侄女。”

“他们干吗那么做？”

“怕他阴魂不散吧。”

“他到底有多少钱？”

“很多。”

“他起码有八十岁了。”

“我觉得他有八十了。”

“但愿他马上回家去。我从没在三点前睡过觉。这算是什么样的就寝时间？”

“他不睡是因为他喜欢那样。”

“他孤单，我可不孤单，我有一个在床上等我的老婆。”

“他也有过老婆。”

“现在老婆对他来说已经没什么用了。”

“这很难说。有老婆他可能会活得好一点。”

“她侄女照顾他。你刚才说是她救了他。”

“我知道。”

“我可不想活那么老。人老了邋里邋遢的。”

“也不都是那样。这个老头就很干净。他喝酒从不流出来，就像现在，都喝醉了。你看他。”

“我不想看。我希望他回家去。他一点都不在乎那些必须上班的人。”

老人从酒杯上抬起眼睛，望了望广场，然后朝两个侍者望去。

“再来杯白兰地。”他说，指着他的杯子。那个着急的侍者走了过来。

“完了。”他说，他用的是蠢人对醉汉或对外国人说话时的那种省略句法，“今晚没有。现在关门。”

“再来一杯。”老人说。

“没了，完了。”侍者一边摇头，一边用抹布擦着桌边。

老人站起身，慢慢地数着酒杯托碟，从口袋里掏出一个皮的硬币钱包，付了酒账，在桌上留下半个比塞塔[1]做小费。

侍者看着他顺着街道往前走，一个很老的老人，虽然步履蹒跚，但不失尊严。

“你干吗不让他留下来喝酒？”那个不着急的侍者问道。他们在上门板。“还没到两点半呢。”

“我想回家睡觉。”

“一个钟头又能怎样？”

“对我比对他有用得多。”

“一个钟头对谁都一样。”

“你说话的口气就像一个老年人。他可以买一瓶酒在家里喝。”

“那不一样。”

“嗯，是不一样。”有老婆的侍者同意道。他并不希望自己不公平，他只是有点着急。

“你呢？你不怕不到正常时间就回家？”

“你想侮辱我？”

“没有，老弟，开个玩笑。”

“不怕。”那个着急的侍者说，拉下金属窗帘后直起腰来，“我有信心。我非常地自信。”

1　西班牙的货币单位。

“你有青春、信心和一份工作，”年长的侍者说，“你什么都有了。”

“那你缺什么？”

“除了工作，什么都缺。”

“我有的你都有呀。”

“不是这样，我从来就没有自信过，我也不年轻了。”

“好了。别再说废话了，锁门吧。”

“我是那种喜欢在咖啡馆待到很晚的人，”年长的侍者说，“和那些不想睡觉，那些在夜里需要一点灯光的人待在一起。”

“我想回家睡觉。”

“我俩是不同的人。”年长的侍者说，他已换好回家的衣服，“这不光是年轻和信心的问题，尽管这些都很美好。每晚打烊时我都很犹豫，生怕有人需要这家咖啡馆。”

“老兄，有通宵营业的酒馆。”

“你不懂。这是一家干净舒适的咖啡馆。非常明亮。灯光很美妙，而且，这会儿还有树叶投下的阴影。

“晚安。”年轻侍者说。

“晚安。”另一个说。关掉电灯后，他继续在那里自言自语。当然是灯光，但这个地方必须干净舒适。不需要音乐，肯定不需要音乐。你也无法在一个吧台前保持自己的尊严，尽管在这个时刻只剩下这个了。他到底害怕什么？这不是害怕或恐惧，是一种他太熟悉了的虚无。一切都是虚无，人也是一种虚无。所需要的只是灯光和某种程度的整洁。有人生在其中，却从来感觉不到，但他知道一切都是 nada y pues nada y nada y pues nada[1]。我们在虚无的虚无，愿人都尊你的名为虚无，你的国为虚无，愿你的虚无行走在虚无，如同行走在虚无，赐给我们虚无，作为我们日用的虚无，虚无我们的虚无，因为我们虚无我们的虚无，并虚无我们没有遇见的虚无，把我们救出虚无[2]；除了虚无还是虚无。歌颂充满虚无的虚无，虚无与你同在。他微笑着站在一个吧台跟前，吧台上有一台亮闪闪的蒸汽咖啡机。

“你要什么？”酒保问道。

“虚无。”

“Otro loco mas.[3]”酒保说完走开了。

“一小杯。”侍者说。

酒保给他倒了一杯。

“灯光很亮，也很舒适，但吧台擦得不够亮。”侍者说。

酒保看着他，没有答话，这么晚了，不是聊天的时候。

“再来一小杯？”酒保问道。

“不用了，谢谢你。”侍者说完走出门去。他不喜欢酒吧和小酒店。一个干净明亮的咖啡馆则完全不一样。现在，不再去想什么了，他要回到家中自己的房间里。他要躺在床上，最终，天亮后他会睡着的。毕竟，他对自己说，这可能只是失眠症。患失眠症的人一定很多。

---

1 西班牙语，大意是“除了虚无还是虚无”。其中的“nada”是虚无的意思。

2 从“我们在虚无的虚无”到“把我们救出虚无”是一段祷告词，侍者在自言自语说出这段祷告词时，把其中的“天上的”“父”“天国”“旨意”“罪”“保佑”等单词，全换成了“虚无”（nada）这个词。

3 西班牙语，意思是“又是个神经病”。

诗歌

心愿[1]

[美]艾米莉·狄金森[2]

周林东 译

若能帮一颗心免于残破，
我便不算白活；
若能减轻一个人的痛楚，
或缓减一种痛苦，
或帮助一只雏鸟
回到树上的窝，
我便不算白活。

1 此诗为周林东先生专为本书所译。

2 艾米莉·狄金森（1830—1886），美国女诗人。

第十一 敬畏

经典论述

天日昭昭！天日昭昭！

——岳飞临终绝笔[1]

有两种东西，我们愈经常愈反复地加以思索，它们就愈给人心灌输时时在翻新、有加无已的赞叹和敬畏：头上的星空和内心的道德法则。

——康德[2]

1 李安:《岳飞史迹考》，台湾正中书局 1976 年版，第 305 页。

2 ［德］康德:《实践理性批判》，关文运译，广西师范大学出版社 2002 年版，第 158 页。

故事

蜉蝣——人生的一个象征

［美］富兰克林

夏济安　译

我亲爱的朋友[1]，上次在芍丽磨坊[2]举行游园会的那天，我们玩得很痛快。那天良辰美景，到会者个个是风雅仕女，可是你也许还记得，我们在散步的时候，我曾经在路上停留了一会，落在大家后面。原因是园里有很多蜉蝣的残尸——所谓蜉蝣，是苍蝇一类的小昆虫——有人指给我们看了；而且据说，它们的寿命很短，一天之内，生生死死好几代就过去了。我听到之后，信步走去，在一片树叶上面，发现了这种小虫有一群之多。它们似乎在讨论什么东西——你知道我是善知虫语的；我和你往来这么久，可是你们贵国美妙的语言[3]我学来学去，始终进步很少，我如何能替自己解嘲呢？我只好说我研究虫语用心过度了。现在这批小虫在举行辩论，我好奇心动，不免凑上前去偷听一番；可是虫虽小，它们的心却大，开起口来，都是三四个一起来的，因此听来很不清楚。偶尔断断续续也可听清一两句，原来它们正在热烈讨论两位外国音乐家的

1　好朋友即本文最后一段白夫人（Madame Brillon de Jouy）。白夫人年轻貌美，富兰克林驻法期间，与白夫人过往甚密。

2　芍丽磨坊为一英国式花园，位于塞纳河的一个小岛上。

3　白夫人是法国人，富兰克林的法文，文法准确，而韵味不够，白夫人时时替他修正。

优劣比较——那两位，一位是蚋先生，一位是蚊先生[1]；讨论得非常之热烈，它们似乎忘记了“虫生”的短促，好像很有把握可以活满一个月似的。你们多快乐呀，我这么想，你们的政府一定是贤明公正，宽仁待民的，你们没有牢骚可发，你们也用不着闹党派斗争，你们竟有闲情逸致在这里讨论外国音乐的优劣。我转过头来，看见另一片树叶上有个一头白发的老蜉蝣，它正在自言自语。我听得很有趣，因此把它笔录下来。我的好朋友的深情厚意，我已领受很多，她的清风明月的风度，她的妙音雅奏，一向使我倾倒不已，我这一段笔记，无非博她一粲，聊作报答而已。

老蜉蝣说道：“我们的哲人学者，在很久很久以前，以为我们这个宇宙（即是所谓芍丽磨坊），其寿命不会超过十八小时的。我想这话不无道理，因为自然界芸芸众生，无不倚赖太阳为生，但是太阳正在自东往西地移动，就在我的这一生，很明显的太阳已经落得很低，快要沉到我们地球尽处的海洋里去了。太阳西沉，为大地周围的海洋所吞，世界变成一片寒冷黑暗，一切生命无疑都将灭亡，地球归于毁灭。地球的寿命一共十八小时，我已经活了七个小时了，说起来时间也真不少，足足有四百二十分钟呢！我们之间有几个能够如此克享高寿的呢？我看见好几代蜉蝣出生、长大，最后又死去。我现在的朋友只是些我青年时代朋友的子孙，可是他们本身，咳，现在是都已不在‘虫世’了。我追随他们于地下的时候也不远，因为现在我虽然仍旧步履轻健，但天下无不死之虫，我顶多也只能再活七八分钟而已。我现在还是辛辛苦苦地在这片树叶上搜集蜜露，可是这有什么用呢？我所收藏的，我自己是吃不到了。

1 本文作于 1778 年。时巴黎爱好音乐人士分两派，旧派拥护意大利的毕契尼（Puccini），新派拥护德国的格鲁克（Gluck）。

回忆我这一生，为了我们这树丛里同胞的福利，我参加过多少次政治斗争；可是有法律而无道德配合，政治仍旧不能清明，因此为了增进全体蜉蝣类的智慧，我又研究过多少种哲学问题！‘道心惟微，虫心惟危’，我们现在这一族蜉蝣必须随时戒慎警惕，否则一不小心，在几分钟之内，就可以变得像别的树丛里历史较为悠久的别族蜉蝣一样，道德沦亡，万劫不复！我们在哲学方面的成就又是多么的渺小！呜呼，我生也有涯而知也无涯。我的朋友常常都来安慰我，说我年高德劭，为蜉蝣中之大老，身后之名，必可流传千古。可是蜉蝣已死，还要身后名何用？何况到了第十八小时的时候，整个芍丽磨坊都将毁灭，世界末日已临，还谈得上什么历史吗？”

我劳碌一生，别无乐趣，惟有想起世间众生，无分人虫，如能长寿而为公众谋利者，这是可以引为自慰的；再则听听蜉蝣小姐蜉蝣太太们的高谈阔论，或者偶然从那可爱的白夫人那里，得到巧笑一顾，或者是清歌一曲，我的暮年也得到慰藉了。

诗歌

人，诗意地栖居[1]

［德］荷尔德林

陈维钢　译

既然辛勤劳碌宰制人生，
人还须仰望穹苍倾诉：
吾欲追求汝之高洁？
人必得如此。
只要良善、纯真尚与人心同在，
人便会欣喜地，
用神性度测自身。
神莫测而不可知？
神如苍天彰明较著？
我宁可信奉后者。
神本是人之尺规。
劬劳功烈，然而人诗意地
栖居在大地上。
我可否放胆直陈，

1　刘小枫选编:《德语诗学文选》(下卷)，陈维纲等译，华东师范大学出版社 2006 年版，第 310—311 页。

那满缀星辰的夜影，
要比称着神明影像的人
更明澈洁纯？
大地之上可有尺规？
绝无！

第十二 真诚

经典论述

所谓诚其意者，毋自欺也。

——《礼记·大学》

无妄之谓诚，不欺其次矣。

——程颐[1]

你可能在某些时候欺骗了所有的人，也可能在所有的时候欺骗某些人，但你却不能在所有的时候欺骗所有的人。

——亚伯拉罕·林肯[2]

1 （宋）程颐:《二程遗书》卷六，见（宋）朱熹:《近思录》，山西古籍出版社 2001 年版，第 19 页。

2 ［德］艾密尔·鲁特维克:《林肯》，赵倩译，国际文化出版公司 1999 年版，扉页。

故事

中彩之夜[1]

[美]约翰·格立克斯

周炎明 译

第二次世界大战前，我们家是纽约城里唯一没有汽车的人家。当时，我十多岁，已经懂事了。在我看来，没有汽车，就说明我家的生活处于最贫穷困苦的境地。

我们每天上街买东西，总是坐一辆简陋的二轮柳条车，拉车的是一匹老谢特兰马。我母亲像《大卫·科波菲尔》里的人物那样，把它叫作巴尔克斯。我们的巴尔克斯是一匹既可笑又难看的小种马，它长着四条罗圈腿，马蹄踏在地上发出呱嗒呱嗒的声音，仿佛是在说，我们家里穷得叮当响。

我父亲是个职员，整天在证券交易所那如同囚笼般的办公室里工作。假如我父亲不把一半工资用于医药费以及接济给比我们还穷的亲戚，那么我们的日子倒还过得去。事实上，我们是很穷的。我们的房子已经完全抵押出去。一到冬天，食品商城就把我们家作为欠债户记在账册上了。

我母亲常安慰家里人说："一个人有骨气，就等于有了一大笔财富。

1 原载《外国文学》1983 年第 1 期。

在生活中怀着一线希望，也就等于有了一大笔精神财富。”

我挖苦地反驳说：“反正你买不起一辆汽车。”而母亲在生活上处处力求简朴，在母亲的悉心料理下，家里的生活还是有趣的。母亲知道如何把几码透明印花棉布和一点油漆派上用场的诀窍。可是，我们家的“车库”中仍旧拴着巴尔克斯那匹马。

一件意外的事情把我那实实在在的羞涩之情一扫而光，激动人心的时刻突然来到了。

几星期后，一辆崭新的别克牌汽车在大街上那家最大的百货商店橱窗里展出了。这辆车将在市集节日之夜以抽彩的方式馈赠得奖者。我待在人群外面的黑影里，观看开奖前放的焰火，等候着这一高潮的到来。用旗帜装饰一新的别克牌汽车停放在一个专门的台子上，在十几只聚光灯的照耀下，光彩夺目。人们鸦雀无声地等待市长揭开装有获奖彩票的玻璃瓶。

不管我有时多么想入非非，也从来没有想到过幸运女神会厚待我们这个城里唯一没有汽车的人家。但是，扩音器里确实在大声叫着我父亲的名字！这时，我从人群中慢慢往里挤。市长把汽车钥匙交给我父亲，我父亲在“星条旗万岁”的歌声中把汽车缓缓地开出来。

回家的路尽管有一里远，我拼命地跑，好像别克牌汽车载着我的女友去参加舞会似的。家里除起居室有灯光外，其他地方漆黑一片。别克牌汽车停在车道上，前窗玻璃闪闪发光，而我听到从车库里传来巴尔克斯的喘息声。

我气喘吁吁地跑到汽车前，抚摸一下它那光滑的车篷，开了门，坐进去。里面装饰豪华，散发出新汽车的奇异气味。我端详了一下闪闪发光的仪器板，得意扬扬地坐在靠背椅上。我转过头来，观望窗外的景致，这时，从汽车的后窗看到父亲强壮的身影。他正在人行道上散步。我跳出车，砰地关上车门，朝他奔去。

父亲却向我咆哮着："滚开，别待在这儿！让我清静清静！"

他就是用棍子敲我的头，也不会比这更伤我的心了。他的态度使我大为吃惊，我只得走进家门。

我在起居室里见到母亲，她看我悲伤的样子说："不要烦恼，你父亲正思考一个道德问题。我们等待他找到适当的答案。"

"难道我们中彩得到汽车是不道德的吗？"我迷惑不解地问。

"汽车根本不属于我们，这就是问题的关键。"母亲说。

我歇斯底里地大叫："哪有这样的事？！汽车中彩明明是扩音器里宣布的。"

"过来，孩子。"母亲轻声说。

桌上的台灯下放着两张彩票存根，上面的号码是 348 和 349。中彩号码是 348。

"你看到两张彩票有什么不同吗？"母亲问。

我仔细看了一下说："我只看到中彩的号码是 348。"

"你再仔细看看。"

我看了好几遍，终于看到彩票角上有个用铅笔写的淡淡的 K 字。

母亲又问："你看到 K 字吗？"

"正巧可以看到一点点。"

"这 K 字代表凯特立克。"

"吉米・凯特立克吗？是父亲交易所的老板？"

"对。"

母亲把事情一五一十跟我讲了。当初父亲对吉米说，他买彩券的时候可给吉米代买一张，吉米咕哝说："为什么不可以呢？"老板说完，就去干自己的事了。过后可能再也没想到过这事。父亲就用自己的钱以自己的名义买了两张彩票，348 那张是给凯特立克买的。现在可以看得出来那 K 字用大拇指轻轻擦过，正好看得见淡淡的铅笔印。

对我来说，这是一目了然的事情。吉米·凯特立克是个亿万富翁，拥有十几部汽车，仆人成群，还有两个雇用的司机。对他来说，增加一辆汽车简直等于我们巴尔克斯的马具里多个马嚼子。我激动地说："汽车应该归我爸爸。"

母亲平静地说："你爸爸知道怎么做是正当的。"

最后，我们听到父亲踏进前门的脚步声。我静静地等待着结局。父亲走到饭厅的电话机旁，拨了号码。他是打给凯特立克的。等了好长时间，最后，凯特立克的仆人接了电话，说老板在睡觉，他讨厌电话铃声把他从梦中惊醒，显得十分不高兴。我父亲把整个事情对他说了一遍。第二天中午，凯特立克的两个司机来到我们这儿，把别克牌汽车开走了。他们送给我父亲一盒雪茄。

直到我成年以后，我们才有了一辆汽车。随着时间的流逝，我母亲的那句格言"一个人有骨气，就等于有了一大笔财富"具有了新的含义。回顾以往岁月，我现在才明白，父亲打电话的时候，是我们最富有的时刻。

竹林中[1]

[日]芥川龙之介
文洁若 译

樵夫答典史问

是啊，发现那具尸体的正是我。今天早晨，我跟往常一样去砍伐后山的杉树。没料到山后的竹林里，竟有这么一具尸体。地点在哪儿？离山科的驿路有那么四五町光景。竹子当中夹杂着细小的杉树，那地方连个人影儿也没有。

尸体上身穿淡蓝色短褂，头上戴着有皱纹的京式乌帽，脸朝天倒在那里。想想看，这一刀刚好戳在胸口上，尸体周围竹子的落叶简直就像是浸透了苏枋水般地染红了。不，已经不再流血了，伤口好像早就凝固了。那里一只马蝇紧紧地叮在伤口上，似乎连我的脚步声都没理会。

没有看见什么凶器吗？没有，啥都没有。只是旁边的杉树底下丢着一根绳子。另外——对，除了绳子还有一把梳子。尸体旁边只有这两样东西。可是周围的草和竹叶，给踩得很厉害，看来那个汉子被害以前，还曾拼命搏斗过一番。什么，有马没有？那里根本进不去马，竹林后面的路才能够走马呢！

1 芥川龙之介:《罗生门》，文洁若译，现代出版社 2022 年版，第 180—190 页。

云游僧答典史问

不错，昨天我碰见过那个如今成了尸体的汉子。昨天晌午，地点是从关山到山科的路上。那个人跟着一个骑马的妇女朝关山这边走来。女人遮着面纱，我看不见她的脸，只看见了她身上那件夹衣的颜色——好像是红面蓝里子。马是桃花马，记得马鬃是剃光了的。马有多高吗？总有四尺四寸吧……不过我是沙门，不大懂得这种事。那个男子——不，既佩着大刀，也带着弓箭；而且在上了黑漆的箭囊里插着二十来支箭，这我至今还清清楚楚地记得。

我做梦也想不到那个汉子会落到这么个下场，人生诚然是如过眼浮云。哎呀呀，我简直不知道怎么说才好，多么可怜！

捕役答典史问

我抓到的那个人吗？他确实是个臭名昭著的强盗，名叫多襄丸。不过我逮他的时候，他正在粟田口的石桥上嗯嗯地呻吟着呢，大概是从马上摔下来的吧。时间吗？是昨天晚上初更光景。上回我差点儿捉住了他，被他逃掉了。那一回他穿的也是藏青短褂，腰里插着大刀。您瞧，如今他除了刀以外，还带着弓箭呢。啊？原来那个被害的人携带的也是这些……那么杀人的无疑就是这个多襄丸了。缠着皮的弓，黑漆的箭囊，鹰翎的箭十七支——这都是那个被害人随身带的吧。对，正如您说的，马也正是那匹剃光了鬃毛的桃花马。准是因果报应，被这畜生甩下来啦。它就在石桥过去一点的地方，拖着长长的缰绳，在吃路旁的青芒呢。

在洛中出没的强盗当中，多襄丸这家伙也是个好色之徒。去年秋天，有个好像是来进香的妇女和丫头一道在鸟部寺宝头卢的后山被杀，据说就是这家伙干的。男的被他杀了，骑桃花马的那个女人也不知道给带到什么地方去，后来怎样了呢。也许我不该多嘴，这一点也请您调查一下吧。

老媪答典史问

没错儿，这就是我闺女嫁的那个男人的尸体。他不是京城的人，是若狭国府的武士。名字叫金泽武弘，二十六岁。不，他性情温和，绝不会招人忌恨的。

女儿吗？女儿叫真砂，今年十九岁。她性格刚强，几乎赛过男子。除了武弘以外，她不曾跟别的男人好过。小小的瓜子儿脸，肤色微黑，左眼角上有颗痣。

武弘昨天跟我女儿一道动身到若狭去，竟出了这样的事，真不知前世造了什么孽！女婿已然这样，也只好认命了，可我女儿怎样了呢？真把我急坏了。我这苦老婆子求求您啦，一辈子也忘不了您，哪怕上天入地，也恳求您务必找到女儿的下落。不管怎么说，可恨的是那个叫作什么多襄丸的强盗。他不但害了我女婿，连我女儿也……（老媪泣不成声）

多襄丸的供词

那个男人是我杀死的，可我没杀女的。她到哪儿去啦？这我可不知道。喏，慢着。再怎么拷问，不知道的也说不出来呀！而且事到如今，我不打算卑鄙地隐瞒什么了。

昨天刚过晌午，我碰见了那对夫妇。那时候碰巧刮了一阵风，撩起了那女人长长垂下的面纱，我瞅见了她的脸。可一眨眼的工夫，就又看不见了。一方面也是由于这个缘故吧，我只觉得那个女人长得像菩萨一样标致。我一时打定了主意，即使杀了那个男的，也非把女的抢到手不可。

咳，杀死个把男人，并不是像你们想的那样了不起的事。要抢女人，男人横竖是要给杀死的，只不过我杀人是用腰间佩的大刀，而你们杀人不用刀，单凭权力，凭金钱，往往还仅仅凭了那张伪善的嘴巴就够了。不错，血是不会流的，人还活得好好的——然而还是给杀了。想想有多么罪孽呀！谁知道究竟是你们坏还是我坏呢？（嘲讽的微笑）

不过，要是能够不杀男人就把女人抢到手，倒也没什么不好。哦，那时候原是想尽量避免杀男人而把女人抢到手。但在那山科的驿路上，说什么也办不到，所以我就想方设法把那对夫妇引到山里去。

这也不费什么事。我跟那对夫妇搭伴着走，跟他们说，对面山上有个古冢，我一挖，挖出了许许多多镜子和大刀，我悄悄地给埋在山后的竹林里了。谁要是想买，随便哪样，出几个钱就成——那个男的听了我这话，不知不觉地动了心——您瞧，贪欲有多么可怕啊。不到半个时辰，那对夫妇就跟我一道走上了山路。

到了竹林前面我就说，宝贝埋在这里呢，来看吧。男的利欲熏心，自然同意。可是那个女人连马都没下，说是就在那儿等着。看到竹林那么密，也就难怪她会这么说了。说实在的，这正合我意，就把女人留在那儿，跟男的一块儿走进了竹林。

竹林里起初净是竹子。走了十六七丈，才是一簇疏疏朗朗的杉树——为了达到我的目的，没有比这地方更便当的了。我扒开竹枝，撒了个听起来好像很有道理的谎，说宝贝就埋在杉树底下。听我这么一说，男的就拼命朝着透过竹叶已经能够看到细小杉树的那个方向走去。这当儿竹子稀疏起来，并立着好几棵杉树——刚走到这儿，我就马上把对方按倒。那人不愧是个佩刀的，好像相当有力气；无奈我给他个措手不及，他怎么也招架不住。马上就给捆到一棵杉树脚下了。绳子吗？这是做贼的妙处，随时得翻墙越壁，所以腰间早就准备好了。当然，为了不让他喊出声来，就用竹子的落叶堵上他的嘴，此外就没什么麻烦了。

我把男的安排停当后，就又到女人那里去说，那个男的好像得了急病，要她快去看看。不用说，这一次也达到了目的。女的已经摘掉那个垂着面纱的市女笠，就那样被我拉着手走到竹林深处来了。到这儿一看，男的给捆在杉树脚上呢——女人一看到这副情景，不知什么工夫从怀里掏出了小刀，闪亮亮地拔出了鞘。我从来还没见过那么烈性子的女人呢。这当儿只要稍微一大意，就会被她一刀戳破了肚皮。不，即使躲过了这一下，在她的乱刀下面，指不定会受什么样的伤呢。我毕竟是多襄丸啊，好歹连大刀也没拔，到底把她的小刀打落了。再怎么刚强的女人，没有了武器也就没办法了。我终于照原来想的那样，不杀害男人，就把女人弄到了手。

不杀害男人——是的，只要把女人弄到手，我并不曾打算要男人的命。可是正当我丢下伏在地上哭泣的女人，往竹林外头逃去的时候，那个女人突然像疯子一样抓住了我的胳膊，而且她断断续续地喊道，你也罢，我丈夫也罢，你们之间总得死一个。在两个男人面前丢丑，比死还痛苦。后来还气喘吁吁地说，不管是你们哪个活下来，我就情愿跟他。这时我猛地对那个男人动了杀机。（阴郁的兴奋）

我这么一说，你们一定会认为我比你们还要残酷。那是因为你们不曾看见那个女人的脸，尤其是一瞬间她那烈火般的眸子。我和这个女人眼光相遇时，心想就是天打雷劈，也要把她娶到手。我只有娶她为妻这么一个念头。这不是像你们所想象的那种下流的色欲。假若当时除了色欲之外什么愿望也没有，我就是把女人踢倒了，也非逃跑不可。这样，我的大刀也就不至于沾上男人的血了。但是我在阴暗的竹林中定睛看了看女人的脸。当时我就打定主意，不杀死男人，绝不离开这里。

但是杀男人嘛，我也不想用卑鄙的手段。我给他松了绑，要求跟他用大刀来决斗。（丢在杉树脚下的绳子，就是那时忘了扔掉的。）那个男人依然煞白着脸，马上把大刀拔出了鞘。一眨眼的工夫，一声不响气冲冲地向我扑来——交手的结果怎样，那就不用多说了。第二十三个回合，我的大刀把对方的胸膛刺透了。请不要忘记——是第二十三个回合啊。直到现在，我对他这一点还是佩服的。因为他是天下唯一和我交手到二十回合以上的。（快活的微笑）

男人刚一倒下，我就提着血淋淋的大刀，回头去看女人。可哪里想到，女人已经无影无踪了。她逃到哪儿去了呢？我在那簇杉树中找了找，可是竹子的落叶上，连点可疑的痕迹也没有。竖起耳朵听了听，只传来了男子喉间发出的断气声。

也许我刚开始抡刀的时候，那个女人为了呼救，就钻出竹林逃跑了——想到这里，这下子我为了保全自己的性命，就拿了大刀和弓箭，立即又回到原来的山路上去。女人的马还在那儿静静地吃草呢。以后的事情就用不着去说了。只是在进京之前，我已经把大刀卖掉了——我的口供完啦。我这颗脑袋总有挂在苦楝树梢上的一天，请处我以极刑吧。（气概昂然）

来到清水寺的女人的忏悔

那个穿藏青短褂的人把我污辱以后，就瞧着我那被绑起来的丈夫嘲笑起来，我丈夫该是多么气愤啊。可他不管怎么挣扎，浑身绑着的绳子只是越勒越紧。我不由得滚也似的跑到丈夫身边去——不，是想要跑过去。可是那个人马上一脚把我踢倒了。就在这当儿，我觉察到丈夫眼里有一种难以形容的光。难以形容的——直到现在，我一想起他那眼神还不禁发抖。丈夫一句话也说不出来，在这一刹那间，用眼睛把他整个儿的心意传给我了。可闪烁在他眼睛里的，既不是愤怒也不是悲哀——只是蔑视我的冷冰冰的光呀！与其说是被那个人踢的，毋宁说是由于受了这眼光的刺激，我不由得喊了一句什么，就终于昏倒了。

后来我总算恢复了知觉。一看，那个穿藏青短褂的人已经不知去向。只剩下我丈夫被绑在杉树脚下。我从落满竹叶的地上勉勉强强撑起身来，看了看丈夫的脸。但是丈夫的眼神跟方才丝毫没有两样。在冷冰冰的轻蔑之下，蕴藏着憎恶的光。羞耻，悲哀，愤怒——简直不知道怎么形容当时我心里的感觉才好。我摇摇晃晃地站起来，走到丈夫身边。

“你呀，事情已经是这样了，我再也不能跟你在一块儿啦。我打算一死了之。可是……可是请你也死掉。你看到了我的耻辱，我不能让你一个人就这样活下去。”

我拼命地说了这么几句。然而丈夫只是厌恶地盯着我。我按捺住几乎要破裂的胸膛，搜寻丈夫的大刀。大概是给强盗抢去了，大刀自不用说，竹丛里连弓箭也没有了。可是幸亏小刀还掉在我脚底下。我举起小刀，又对丈夫说了一遍：“那么，请允许我先要了你的命，我随后就来。”

丈夫听了我这话，好容易才动了动嘴唇。他嘴里塞满了竹子的落叶，声音当然是一点儿也听不见的。但是我一看见他的嘴动，马上就明白了他在说什么。他依然对我抱着轻蔑的态度，说了句：“杀吧。”我几乎像做梦一般朝着丈夫那穿着淡蓝色短褂的胸口“扑哧”一声把小刀戳了进去。

我这时大概又昏过去了。好歹恢复知觉后，四下里打量了一下，丈夫仍旧绑在那里，早已咽了气。透过交错的竹杉，一道夕阳从天空里射到他那苍白的脸上。我忍着哭声，给尸体松了绑。于是……于是我怎样了呢？唯独这一点，我已经没有力气来说明了。横竖我怎样也没有能耐去死。把小刀往喉咙里戳也罢，投身到山脚下的池子里也罢，种种办法都试过了，可就是死不了。现在还这么活着，这也不是什么光彩的事。（淡淡的惨笑）像我这样没有骨气的人，说不定连大慈大悲的观音菩萨也不屑看一眼了。可是，杀了丈夫的我，被强盗糟蹋了的我，究竟该怎么办才好呢？我究竟……我……（突然激烈地抽搭）

鬼魂借巫女之口所说的话

——强盗奸污完了我的妻子，就在那儿坐下来，用种种话来安慰她。我当然说不出话来，身子也给绑在杉树脚下，可是我多次给妻子使眼色，想暗示她，不要把这个人的话信以为真。要知道，不管他说什么都是一派谎言。可是我妻子沮丧地坐在竹子的落叶上，一个劲儿地望着自己的膝头。怎么看也像是在专心听强盗的话哪。我嫉妒得浑身发抖，可是强盗花言巧语地变着法儿讲下去，最后竟大胆地说出了这样的话：“即便就被糟蹋这么一回，跟丈夫也很难再圆满相处了。与其跟这样的丈夫过下去，你有没有做我的妻子的打算呢？我正因为疼你，才干出了这样一桩无法无天的事来。”

听强盗这么一说，妻子竟然就心荡神驰地仰起脸来。我还从来没看到妻子像那个时刻那么美丽过。可是那个美丽的妻子，当着像这样被绑起来的我的面，怎么回答了强盗呢？尽管魂游冥世，每逢想起妻子的回答，就怒火中烧。妻子确实是这样说的："那么，请你随便把我带到哪儿去吧。"（沉默良久）

妻子的罪过，还不止于此。要仅仅是这样，我也不至于在冥冥之中这么痛苦了。可是妻子犹如做梦一般被强盗牵着手往竹林外面走去的当儿，脸色忽然变得刷白，指着杉树脚下的我，像发疯了般地喊了好几遍："请你把那个人杀掉。只要他活着，我就不能跟你在一块儿。""请你把那个人杀掉。"——这句话像一股狂风，即使现在也好像要把我头朝下刮落到遥远、黑暗的深渊底下去。哪怕是一次，难道人的嘴巴曾吐出过这样可憎恶的话吗？哪怕是一次，难道人的耳朵曾听到过这样可诅咒的话吗？哪怕是一次，难道……（突然一阵冷笑）听了这话，连强盗也煞白了脸。"请你把那个人杀掉。"——妻子边这么喊着，边拉住强盗的胳膊。强盗定睛看着我的妻子，不说杀也不说不杀……我刚这么一想，妻子一脚就给踢倒在竹子的落叶上了。（又迸发出一阵冷笑）强盗安详地交抱起胳膊，向我看了看："那个女人你打算怎么处置？是杀掉，还是饶她一条命？点一下头吧：杀掉吗？"——单凭这句话，我就想赦免强盗的罪孽。（再度沉默良久）

趁着我迟疑的工夫，妻子喊叫了一句什么，立即逃到竹林深处去了。强盗马上扑奔过去，可是好像连袖子也没抓着。我仿佛是在梦幻中看到了这副情景。

妻子逃掉以后，强盗夺过我的大刀弓箭，把我身上绑的绳子割断一处。我记得强盗消失到竹林外面的时候，喃喃地说了句："这回该轮到我了。"以后，周围寂静下来。不，还有什么人的哭声哩。我一边解开

绳子，一边侧耳细听。哦，这不是我自己的哭声吗？（第三次沉默良久）

我很吃力地从杉树脚下抬起我那精疲力竭的身子。妻子落下的小刀就在我跟前闪着光。我把它拿在手里，朝着胸口一戳。一块带腥味的玩意儿涌到嘴里来。我丝毫不觉得痛苦，只是胸口凉了以后，四下里越发寂然无声。哎呀，多么凄凉啊！连只小鸟也不飞到这山后的竹林上空来啁啾，唯有几抹阳光寂寥地飘在竹子和杉树梢头。就连这阳光也逐渐暗淡下来，杉竹都再也看不见了。我倒在那儿，笼罩在深沉的静穆之中。

这当儿有谁蹑手蹑脚地走到我身边来了。我想掉过头去看一看，但是不知什么时候我周围已经昏暗下来了。什么人——不知是谁，用看不见的手悄悄地拔掉了我胸口上的小刀。同时，鲜血又涌到我嘴里来。从此，我就永远沉沦在冥世的黑暗中了……

1921 年 12 月

诗歌

挖去我的眼睛……[1]

[奥地利]里尔克[2]

杨武能 译

挖去我的眼睛，我仍能看见你，
堵住我的耳朵，我仍能听见你；
没有脚，我能够走到你身旁，
没有嘴，我还是能祈求你。
折断我的双臂，我仍将拥抱你——
用我的心，像用手一样。
箝住我的心，我的脑子不会停息；
你放火烧我的脑子，
我仍将托负你，用我的血液。

1 里尔克：《里尔克抒情诗选》，杨武能译，四川文艺出版社 1988 年版，第 48 页。
2 里尔克（1875—1926），奥地利德语诗人。

第十三 亲情

经典论述

孝有三：大孝尊亲，其次弗辱，其下能养。

——《礼记》

你们的孩子，都不是你们的孩子
乃是生命为自己所渴望的儿女。
他们是借你们而来，却不是从你们而来
他们虽和你们同在，却不属于你们。

——纪伯伦[1]

1 ［黎巴嫩］纪伯伦：《先知的使命：纪伯伦诗文集》，冰心等译，李琛选编，中国工人出版社 1992 年版，第 276 页。

故事

煎锅[1]

西西

妇人说：

他终于上班去了，两只眼睛都有点红肿。昨晚，他根本没合过眼。公司的经理为什么忽然特别指定叫他今天独自去见他？为什么没有叫黄站长、黎站长他们？平日，他们不是总在一起么。一定是因为他的年龄问题，公司早知道他已经过了五十五岁，既然过了五十五岁，就该退休了。要不是老经理的体恤，哪有偌大的机构肯继续雇用一个年龄将近六十的老职员。老经理过去了几年，现在的经理当然会有不同的措施。以后的日子怎么挨呢？家里并没有积蓄，全家的重担都要落在女儿一个人的肩上了。她在那间小小的医务所里当个替病人登记、挂号、探探热的护士，薪水一直比任何别的职业少，甚至比不上纱厂的一名女工。现在的物价每天飞涨，白菜忽然变成港币八块钱一斤，昨天收到新派来的电费单，每度电多了两块多。日子愈来愈难挨呵。小弟还在读书，差两年才能毕业，这两年，无论如何得让他念完吧，如果不多读一点书，学历不好，找事情做也不容易。怎么办呢？若是家里少了一份收入，生活立刻就要成问题了。

1　西西:《像我这样的一个女子》，广西师范大学出版社 2010 年版，第 39—42 页。

老人说：

心里的一块大石头终于放下啦。起初，我真是担心得不得了，手心不住地冒汗。原来今天经理叫我去见他，是因为公司的业务上有了新的发展，装置了一副无线电通话系统，用来指挥全部车辆的调配，由于我的服务年资和对交通路线及公司各部门的熟稔，所以决定派我担任电台的台长。这真是一个意外，和我同级的黄站长、黎站长他们纷纷向我道贺，还说要立刻请我出去吃喝一顿，庆祝庆祝，我自己当然开心极了。下午，我到电台去走了一趟，地点在公司新大厦的三楼，整层千多平方英尺的大楼只正中放了一台新机器和一张大椅子，由我一个人负责操纵，室内很凉快，因为大厦有中央系统空气调节，而三楼的空气调节还是独立的，不受停电的影响，室内的温度也和别层的不同，为了适应机器。机器我试用过了，电动的按钮会闪起红红绿绿的小灯，并不难，外面有问题进来时灯会亮，我按了钮听见对方说：巡逻车一号报告，六号路线第七三九六号坏了车，现在停在弥敦道界限街交界附近（喔弗）。我并不知道“喔弗”是什么，指导我使用机器的先生告诉我，讲完话说声“喔弗”就行了。我于是和巡逻车通话：立刻通知观塘厂派一辆空车出来，约十五分钟后可抵达现场接载乘客；另外会通知工程部派工程车把坏车拖回荔枝角厂修理（喔弗）。

女儿说：

当年投考中学的时候，我选择了一间中文中学。我那时想：我是中国人，当然应该进一间以中文为主的学校，我的选择会不会是一项错误？如果没有错，那么，为什么毕业以后，我的出路又崎岖又艰辛？而且，到了今天，我竟不能帮助爸爸解决他的难题。爸爸当了公司电台的台长，的确没有以前那么辛苦了，他不必再在猛烈的太阳下在马路上指手画脚地调配车辆，也不用再在四十摄氏度的高温下挤上沙丁鱼似的车厢去查票。可是，问题又来了，他经常要写一点报告，报告都要用英文写，这可难倒了他。那天回家后，他一个人直坐在椅子上发呆；而我，却没有能力帮助他。如果当年我读的是英文中学，那么我一定可以替他写那些报告。我为这个问题思考了几个晚上，理出了一点头绪，我想，我的英文不够好，不能怪我读的是中文中学，主要的原因，可能是我并不曾好好地去钻研和下苦功。我记得，我同班有几位同学，英文一样很好，会考的时候，英文都得了优异。那么，为什么单单是我自己的英文就不行呢。一个读中文中学出身的人，难道英文就不能和读英文中学出来的一般出色吗？

小弟说：

我给老爸找来一本小学一年级的英文课本，第一课上有四幅图画，第一幅是一个男人，第二幅是一个煎锅，另外两幅分别是一个男人和一个煎锅、一个煎锅和一个男人。我开始教老爸读英文，他很认真，读得很用心，发音也不错。他说他要每天学一课，他说他要努力学，直到能自己写公司的那些报告，不必再由我代笔。他问我：能吗？我说：能。我们沿着桌子的两边坐，他自己读的时候，我会一边听他读得对不对，一边看着书本中的图画。图画里的煎锅有时会变得很大，比那个男人还要大，仿佛煎锅要把男人煎起来的样子。但在另外一幅图画里，煎锅又变得很小，男人却变得巨大起来，仿佛男人要拿起煎锅来煎一个鸡蛋。这本课本的第二课就是讲鸡蛋：一只母鸡、一个鸡蛋；一个鸡蛋和一只母鸡、一只母鸡和一个鸡蛋。我想：当我教老爸读第二课的时候，我一定会想一阵先有母鸡还是先有鸡蛋那个团团转的问题。屋子里很静，没有一个人在看电视。姐姐上夜课去了，她报名进了一间文化协会去学英文。妈妈待在厨房里好一会了。嗯，好香啊！一定是莲子百合红豆沙了。

一九八〇年六月

诗歌

Allen Ginsberg 妈妈的一封信 [1]

周云蓬

花
有蓝的花，有红的花，还有绿的花。
花
有白的花，有黄的花，还有黑的花。
ALLEN，结婚吧，拿着钥匙不要再吸毒了。
菜已经买好了，有萝卜西红柿，还有红辣椒。

我在疯人院里一切都很好，每天做着电击，没有烦恼。
每顿饭有鱼有肉还有牛奶，
这里的玻璃一点都不脏，都不脏。

ALLEN，结婚吧，
拿着钥匙不要再吸毒了，
钥匙在阳光下，
在栅栏旁，在阳光下的窗台上。

1 艾伦・金斯堡(1926—1997)，美国现代诗人。此诗为周云蓬据金斯堡生平和作品写的一首歌词。周云蓬:《春天责备》副册，上海文艺出版社 2010 年版。

第十四 容忍

经典论述

子贡问曰：“有一言而可以终身行之者乎？”子曰：“其恕乎！己所不欲，勿施于人。”

——《论语·卫灵公》

你们愿意人怎样待你们，你们也要怎样待人。

——《路加福音 6：31》

无论古今中外都是这样：没有容忍，就不会有自由。人们自己往往都相信他们的想法是不错的，他们的思想是不错的，他们的信仰也是不错的：这是一切不容忍的本源。

——胡适[1]

1 胡适：《容忍与自由：胡适演讲录》，京华出版社 2006 年版，第 251 页。

故事

日记一则[1]

胡适

1921年8月30日（星期二）

上午，上海交涉使许秋帆（沅）来谈。

十时半，与梦旦同至沧州旅馆看元任夫妇，等到十二时他们始回来。谈了几句话，我们就走了。梦旦邀我到消闲别墅（福建馆）吃饭，饭时大谈。他谈起我的婚事，他说许多旧人都恭维我不背旧婚约，是一件最可佩服的事！他说，他的敬重我，这也是一个条件。我问他，这一件事有什么难能可贵之处？他说，这是一件大牺牲。我说，我生平做的事，没有一件比这件事最讨便宜的了，有什么大牺牲？他问我何以最讨便宜。我说，当初我并不曾准备什么牺牲，我不过心里不忍伤几个人的心罢了，假如我那时忍心毁约，使这几个人终身痛苦，我的良心上的责备，必然比什么痛苦都难受。其实我家庭里并没有什么大过不去的地方。这已是占便宜了。最占便宜的，是社会上对于此事的过分赞许；这种精神上的反应，真是意外的便宜。我是不怕人骂的，我也不曾求人赞许，我不过行吾心之所安罢了，而竟得这种意外的过分报酬，岂不是最便宜的

1 选自《胡适日记全集》第三册，曹伯言整理，台北联经出版事业有限公司2004年版，第297—300页。

事吗？若此事可算牺牲，谁不肯牺牲呢？

他终不信此事是容易做得到的，我因告诉他，我对于我的旧婚约，始终没有存毁约的念头，但有一次确是“危机一发”。我回国之后，回到家中，说明年假时结婚，但我只要求一见冬秀，为最低限度的条件。这一个要求，各方面都赞成了。我亲自到江村，他家请我吃酒，席散后，我要求一见冬秀，他的哥哥耘圃陪我到她卧房外，他先进房去说，我坐在房外翻书等着。我觉得楼上楼下暗中都挤满了人，都是要“看戏”的！耘圃出来，面上很为难，叫七都的姑婆进去劝冬秀。姑婆（吾母之姑，冬秀之舅母）出来，招我进房去。我进房去，冬秀躲入床上，床帐都下；姑婆要去强拉开帐子，我摇手阻住她，便退了出来。耘圃招呼我坐，我仍翻书与他乱谈，稍坐一会，我便起身与他出来。这时候，我若招呼打轿走了，或搬出到客店去歇，那事便僵了。我那时一想，此必非冬秀之过，乃旧家庭与旧习惯之过。我又何必争此一点最低限度的面子？我若闹起来，他们固然可强迫她见我，但我的面子有了，人家的面子何在？我因此回到子隽叔家，绝口不再提此事。子隽婶与姑婆都来陪我谈，谈到夜分，我就睡了。第二天早起，我借纸笔写了一封信给冬秀，说我本不应该来强迫她见我，是我一时错了。她的不见我，是我意中的事。我劝她千万不可因为她不见我之故心里不安。我决不介意，她也不可把此事放在心上。我叫耘圃拿去给她，并请他读给她听。吃了早饭，我就走了。姑婆要我再去见她，我说不必了。回到家里，人家问我新人如何，我只说，见过了，很好。我告诉我母亲，母亲大生气，我反劝她不要错怪冬秀。但轿夫都知道此事，传说出去，人家来问我，我也只一笑不答。后来冬秀于秋间来看我母亲，诉说此事，果然是旧家庭作梗。她家长辈一面答应我，一面并不告诉她，直到我到她家，他们方才告诉她，并且表示大不赞成之意，冬秀自然不肯见我了。她没有父母，故此种事无人主持。那天晚上，我若一任性，必至闹翻。我至今回想，那时确是危机一发之时。我这十几年的婚姻旧约，只有这几点钟是我自己有意矜持的。我自信那一晚与第二天早上的行为也不过是一个 gentleman 应该做的。我受了半世的教育，若不能应付这样一点小境地，我就该惭愧终身了。梦旦听了，也说这事办得不错。[1]

饭后到码头上送元任夫妇行。

1 胡适眉注："最可怪的，人家竟传说独秀曾力劝我离婚，甚至拍桌骂我，而我终不肯。此真厚诬陈独秀而过誉胡适之了！大概人情爱抑彼扬此，他们欲骂独秀，故不知不觉地造此大诳。十，九，一，适。"——原书编者

诗歌

从前我曾想要一个大海[1]

[奥地利]恩斯特·施瓦茨[2]

黎奇 译

从前我曾想要一个大海，
或至少是一个湖泊，
为了要宣泄
我小小的痛苦。

如今我那最大的王国
已经大大收缩：
为了宣泄我最大的痛苦，
一片最小的池塘就已经足够。

人到了老年，
慢慢学会了容忍，
一潭小小的水池
就容得下痛苦的海洋。

1 《外国文艺》编辑部编：《孤独的玫瑰：当代外国抒情诗选》，上海译文出版社 1986 年版，第 119 页。

2 恩斯特·施瓦茨（1916—2003），奥地利诗人、汉学家。

第十五 独立思考

经典论述

只有我们独立自主地思索，才真正具有真理和生命。因为，唯有它们才是我们反复领悟的东西。他人的思想就像别人飧桌上的残羹，就像陌生客人扔下的衣衫。

——叔本华[1]

一个人应该学会发现和观察从内部闪过他心灵的微光，而不是诗人和圣贤的太空里的光彩……在天才的每一部作品中，我们认出了我们自己抛弃了的思想：它们带着某种疏远的威严回到了我们的身边。

——爱默生[2]

---

1 ［德］叔本华：《意欲与人生之间的痛苦——叔本华随笔和箴言集》，李小兵译，上海三联书店 1988 年版，第 58 页。

2 ［美］爱默生：《爱默生集：论文与讲演录》（上），［美］波尔泰编，赵一凡等译，生活·读书·新知三联书店 1993 年版，第 283 页。

故事

李贽传[1]（节选）

鄢烈山 朱健国

万历二十一年的春夏，除去与袁氏兄弟共度的十天，李贽读书著述之外的消遣，便是修殿塑佛。

新修的建筑，总名“芝佛上院”。一乃因山盖屋，居山麓原有“芝佛院”之上；二是此为卓吾生前的精舍、死后的藏骨室所在，与下边众僧居处相对而称。

……

李贽自回龙湖后，仿佛真要当一个规规矩矩的大和尚。也许他确实下过这样的决心。还在武昌准备回龙湖时，他就对大家打了招呼：“我回，只主张众人念佛，专修西方，不许一个闲说嘴。”芝佛上院的佛殿与塔屋落成后，他又着手整顿院规。

但是，李贽永远不能成为一位好和尚，更不能成为一位好长老。一颗躁动不安的心，使他不能息机忘世；狂放不羁孩童似的任性，使他不能敛锋随缘。

辉煌的佛殿落成后，闲步廊下，观赏诸佛菩萨及韦驮尊者像，他忽然冒出一个调皮念头：把孔夫子也请到这里来。这里既有佛菩萨，又有

1 鄢烈山、朱健国:《李贽传》，时事出版社 2000 年版，第 212—217 页。

道教的土地、司命二神塑像以及关大圣肖像，为何不把孔夫子也请来，凑它个三教同堂呢？虽然孔夫子一向是在文庙与学堂享祭的，请他住进释迦牟尼殿宇也算瞧得起他了。他可不管有无先例，不管什么“名相施设”淆滥与否。

他在芝佛上院供上孔子像，又忍不住作了《题孔子像于芝佛院》，以表达自己的用心。文曰：

> 人皆以孔子为大圣，吾亦以为大圣；皆以老、佛为异端，吾亦以为异端。人人非真知大圣与异端也，以所闻于父师之教者熟也。父师非真知大圣与异端也，以所闻于儒先之教者熟也。儒先亦非真知大圣与异端也，以孔子有是言也；其曰“圣则吾不能”，是居谦也；其曰“攻乎异端”，是必为老与佛也。
>
> 儒先臆度而言之，父师沿袭而诵之，小子朦聋而听之。万口一词，不可破也；千年一律不自知也。不曰“徒诵其言”，而曰“已知其人”；不曰“强不知以为知”，而曰“知之为知之”。至今日，虽有目，无所用矣。
>
> 余何人也，敢谓有目？亦“从众”耳。既从众而圣之，亦从众而事之，是故“吾从众”事孔子于芝佛之院。

题文很“谦虚”地承认，自己并非对孔子心悦诚服而敬其为大圣，只是人云亦云，随大流而盲目崇拜罢了。这便是大不敬之辞。

真正从众的人，是不会承认自己如矮子观场随人说媸妍，如守夜之狗吠影吠声，只是从众的。李贽在借己讽人。这正是他不肯从众的表现。

李贽笔下的“儒先”（儒家先贤）是一帮愚而自用的家伙。他们并不真知大圣与异端，却凭臆度一口咬定孔子是大圣人，孔子说自己不能称圣并非出于自知之明而是谦逊；一口咬定佛、老就是孔子说的“攻乎异端”之“异端”，虽然孔子还不知道西方有个释迦牟尼。这帮一知半解自以为是的“儒先”，垄断了思想的权利、解释的权利，垄断教育，垄断舆论，于是使天下人尽如矇如聋。

虽是游戏笔墨，愤慨之情却充溢字里行间拂之不去。万口一词，陈陈相因，千年一律，使天下人之心目废盲无用；虽有一二目幸或未盲，也不敢违定论逆众见而道明真相！莫非孔子就只配给愚妄之众当圣人？这样的圣人有什么可敬重的呢？让他不伦不类地待在佛堂里，不算辱没了他。

与《题孔子像于芝佛院》异曲同工，李贽还作了一篇《赞刘谐》：

> 有一道学，高屐大履，长袖阔带，纲常之冠，人伦之衣（这是一幅“写意”的“行乐图”，虽非真有如此衣、冠，但以纲常人伦为服饰而掩羞炫美者比比皆是），拾纸墨之一二，窃唇吻之三四，自谓真仲尼之徒焉。时遇刘谐。刘谐者，聪明士（麻城真有个叫刘谐的人，是隆庆年间进士，做过县令，但亦不必坐实），见而哂曰：“是未知我仲尼兄也。”其人勃然作色而起曰：“天不生仲尼，万古如长夜！子何人者，敢呼仲尼而兄之？”刘谐曰：“怪得（伏）羲皇以上圣人尽日燃纸烛而行也！”其人默默然而止。然安知其言之至（深刻透彻）哉！
>
> 李生闻而善，曰：斯言也，简而当，约而有余（味），可以破疑网而昭中天矣。其言如此，其人可知也。盖虽出于一时调笑之语，然其至者百世不能易。

自韩愈创孔孟道统说，一些自以为是的“儒先”便以道统继承人自居。到南宋朱熹时，一帮道学家便“三三两两，附耳而语，有同告密；

画界而立，一似结坛，尽绝一世之人于门外，而谓二千年之君子皆盲眼，不可点洗，二千年之天地日月若有若无，世界皆是利欲，斯道之不绝者仅如缕耳”。陈亮与朱熹辩论时，曾对这伙人加以痛斥：“今不欲天地清明，赫日长在；只是这些子殄灭不得者，便以为古今秘宝；因吾眼之偶开，便以为得不传之绝学……这些好说话，且与留着妆景足矣！”陈亮驳斥的是“道统论”，揭露的是借把孔孟之道神圣化、神秘化而自欺欺世的“伪道学”。李贽更进一步，来它个釜底抽薪，根本不承认孔孟之道有什么神圣的权威；孔子也不是什么“至圣先师”，而是人人可得而“兄”之的“平辈”。

刘谐（实即李贽）没有像陈亮那样长篇大论驳斥朱熹“天不生仲尼，万古如长夜”的谬论，而是一语破的，嘲笑了神化仲尼兄的荒谬可笑。道学家以及所有的孔孟之徒都是崇古尚古的，认定世道越古越好。而上古时代并无仲尼其人，那时候的人是怎么过日子的呢？他们难以自圆其说。可见，仲尼兄并不是少不得的太阳。没有太阳，人间会沦为黑暗统治的长夜；没有至圣先师，太阳照样升起！

就凭《题孔子像于芝佛院》和《赞刘谐》，后来给李贽定“非圣无法”“狂诞悖戾”的罪名，就不算冤枉了。问题只在于前提能否成立：蔑视圣贤——钦定的思想权威，该不该算犯罪？

恩格斯在发挥黑格尔的观点时说：“每一种新的进步都必然表现为对某一神圣事物的亵渎，表现为对陈旧的、日渐衰亡的，但为习惯所崇奉的秩序的叛逆。”这么看来，李贽的亵渎孔圣人是无罪的。可惜，这个辩护要到他死后几百年才在欧洲成立。

诗歌

不灰心[1]

[德]尼采

钱春绮 译

在你立足处深挖下去！
就会有泉水涌出！
别管那些蒙昧者大呼：
“下面永远是——地狱！”

1 《尼采诗歌精选》，钱春绮译，北岳文艺出版社 2010 年版，第 97 页。

第十六 理想

经典论述

我从来不把安逸和享乐看作是生活目的本身——这种伦理基础，我叫它猪栏的理想。

——爱因斯坦[1]

一个准科学公式："现实"减去"梦想"等于"禽兽"。

——林语堂[2]

1 许良英等编译：《爱因斯坦文集》第三卷，商务印书馆 1979 年版，第 43 页。
2 林语堂：《生活的艺术》，华艺出版社 2001 年版，第 5 页，有删节。

故事

玻利瓦尔的最后一句话[1]

［秘鲁］里卡多·帕尔玛[2]

白凤森 译

这一幕发生在一八三〇年十二月的一天下午，“圣佩德罗·亚历杭德里诺”庄园[3]。

房子宽大的门廊里，一个面容憔悴的人坐在一张大皮椅上，持续不断的低沉咳嗽使他不时地抽搐。医生，一位博学的欧洲人，不时地给他一剂镇静药；一言不发、面带忧愁地在大厅中踱步的两位年迈军人，不时走到门廊去照看。

那已不是病人，而是一个垂死的人，然而，是一个声名不朽的垂死者。

一阵剧烈的咳嗽过后，病人陷入沉思，过了几分钟，用非常微弱的声音说：

“大夫，你知道在我感到即将进入坟墓的时候，使我痛苦的是什么吗？”

---

1 范晔主编:《镜中的孤独迷宫》，白凤森等译，中国华侨出版社 2008 年版，第 217—218 页。玻利瓦尔（1783—1830），出生于委内瑞拉，是南美洲的解放者。

2 里卡多·帕尔玛（1833—1919），秘鲁作家。

3 此庄园位于哥伦比亚圣马尔塔港。

“不知道，我的将军。”

“就是想到我可能是在流沙上建塔，在海水中耕耘。”

他从心灵最深处发出一声长叹，又陷入了沉思。

过了好长一会儿，他脸上掠过一丝非常凄惨的笑容，从容不迫地说：“大夫，你猜不出世界上三个最大的蠢人是谁吗？”

“真是猜不出，我的将军。”

“大夫，你过来……我趴在耳朵上告诉你……三个最大的蠢人就是耶稣基督、堂吉诃德……和我。”

在这世界以外的任何地方[1]

［法］波德莱尔

胡小跃　译

人生是一座医院，每一个病人都想调换床位。这一位宁愿面对火炉受苦，那一位觉得靠近窗口才能康复。

我觉得换个地方总对我有好处，迁居是我经常和我的灵魂讨论的问题。

“告诉我，灵魂，可怜的冷得发抖的灵魂，想去里斯本居住吗？那

1　原题为英文，是英国诗人托马斯・胡德（1799—1845）《叹息桥》中的诗句，波德莱尔曾在比利时翻译该诗。选自波德莱尔：《巴黎的忧郁》，胡小跃译，江西人民出版社 2016 年版，第 162—164 页。

里一定很暖和，你在那里会像蜥蜴一样恢复精神。那座城市就在海边，据说是用大理石建造的；那里的居民非常厌恶植物，竟然把所有的树木都拔掉了；那里有合你口味的景色，它由光和矿物以及映照着它的水组成。”

我的灵魂没有回答。

“既然你如此喜欢宁静，又喜欢运动的场面，你是否想到荷兰那块福乐之地去居住？你常在博物馆里欣赏那个国家的风景画，也许你去那里会感到愉快；你喜欢林立的桅杆和停泊在屋前的船只，那去鹿特丹怎么样？”

我的灵魂还是没有搭腔。

“也许巴达维亚[1]更合你的心意？我们在那里会看到与热带之美结缘的欧罗巴精神。”

还是一言不发。——我的灵魂是不是死了？

“难道你已麻木到如此地步，只有在痛苦中才能感到快乐吗？如果是这样，那就让我们逃往类似死亡的地方吧！——可怜的灵魂，旅行的事由我来办！我们将整理行装，去托尔尼奥[2]。还可以走得更远，去波罗的海尽头；如果可能，甚至可以到离开尘世更远的地方；我们去北极定居吧！那里的阳光只斜斜地掠过地面，昼与夜的缓慢交替消除了所有的变化，增加了单调，这已经是虚无的一半。在那里，我们可以长时间地沐浴在黑暗之中，而北极光为了给我们解闷，会不时给我们送来玫瑰色的花束，就像是地狱中烟火的反光！”

终于，我的灵魂开口了，它乖乖地对我叫道：“哪儿都行！哪儿都行！只要在这个世界以外！”

1　巴达维亚，即今日的雅加达。

2　托尔尼奥，芬兰城市名。

诗歌

点灯[1]

西渡

把灯点到石头里
骨头是灯芯
肉体是灰烬
把灯点到谷仓里
把灯点到秋天的果实里
那里诞生中的黑暗
是种子的黑暗
把灯点到水中
把灯点到不安的睡眠中
那里蓝色的鲸鱼
是一盏巨大的灯，而梦
是睡眠的灯
把灯点到梦中去！那里

1 西渡:《雪景中的柏拉图》，文化艺术出版社 1998 年版，第 42 页。

梦是怀着鲸鱼的
石头，灯是起伏的海

窗子[1]

［希腊］卡瓦菲斯

黄灿然 译

我在这些黑暗的房间里度过了
一个个空虚的日子，我来回踱步
努力要寻找窗子。
有一个窗子打开，就可松一大口气。
但是这里找不到窗子——
至少我找不到它们。也许
没找到它们更好。
也许光亮最终只是另一种独裁。
谁知道它将暴露什么样的新事物？

1 卡瓦菲斯:《当你起航前往伊萨卡》，黄灿然译，上海人民出版社 2021 年版，第 35 页。

第十七 祖国

经典论述

我们爱国是为爱世界人类，是尽我们一部分发展世界事业的责任。

——宗白华[1]

国家存在的目的只是增进、保护人在此生中的平凡的幸福——丈夫和妻子能够在火炉边聊天，三两个朋友能够在酒吧玩飞镖，一个人能够在自己的房间里看书或在自己的花园里掘地，这就是国家存在的目的。国家倘若不能帮助增添、延长、保护这样的时刻，谈法律、议会、军队、法庭、警察、经济等等都是在浪费时间。

——C. S. 刘易斯[2]

---

1 宗白华:《宗白华全集》第 1 卷，安徽教育出版社 1994 年版，第 57 页。

2 [英] C. S. 刘易斯:《返璞归真：纯粹的基督教》，汪咏梅译，华东师范大学出版社 2007 年版，第 194 页。

故事

答田岛书[1]

张问德

编者按：1942 年夏，日军铁蹄逼近腾冲，城中军政官吏闻风丧胆，弃城而逃，遂使边地名城不战而陷敌手。时张问德已年过花甲，临危受命出任“县已不县”的腾冲县长，不顾一切地投入保家卫国的艰苦征程。1943 年 8 月 31 日，在腾冲抗日最艰苦的时候，日军腾越行政班本部长田岛致函张问德，企图软化诱降。张问德写下了当世名檄——《答田岛书》，在全国引起强烈反响。他被陈诚誉为全国沦陷区五百多名县长中的“人杰楷模”，被蒋介石誉为“富有正气的读书人”。1944 年 5 月，中国远征军打响了腾冲反攻战。日军在败退前，将所有粮库的 6000 多万斤粮食全部烧毁。又是张问德动员上万民夫，越过高黎贡山，跨过怒江，运粮供应部队。腾冲城光复后数天，张问德挂职而去，只留下一片丹心。

田岛阁下：

来函以腾冲人民痛苦为言，欲藉会晤长谈而谋解除。苟我中国犹未

1 中共云南省委党史研究室编:《云南全民抗战》，云南大学出版社 1995 年版，第 460—461 页。

遭受侵凌，且与日本犹能保持正常国交关系时，是余必将予以同情之考虑，然事态之演变已使余将予以同情考虑之基础扫除无余。诚如阁下来书所言，腾冲士循民良，风俗醇厚，实西南第一乐园，大足有为之乡。然自事态演变以来，腾冲人民死于枪刺之下，暴尸露骨于荒野者已逾二千人，房屋毁于兵火者已逾五万幢，骡马遗失达五千匹，谷物损失达百万石，财产被劫掠者近五十亿。遂使人民父失其子，妻失其夫，居则无以遮蔽风雨，行则无以图谋生活，啼饥号寒，坐以待毙；甚者为阁下及其同僚之所奴役，横被鞭笞；或已被送往密支那行将充当炮灰。而尤使余不忍言者，则为妇女遭受污辱之一事。凡此均属腾冲人民之痛苦，余愿坦直问阁下说明：此种痛苦均系阁下及其同僚所赐予，均属罪行。由于人类之尊严生命，余仅能对此种罪行予以诅咒，而更能对遭受痛苦之人民予以衷心之同情。阁下既欲解除腾冲人民之痛苦，余虽不知阁下解除之计划究将何如，然以余为中国之一公民，且为腾冲地方政府之一官吏，由于余之责任与良心，对阁下所将提出之任何计划，均无考虑之必要与可能。然余愿使阁下解除腾冲人民痛苦之善意能以伸张，则余所能贡献于阁下者，仅有请阁下及其同僚全部返回东京……一如阁下所要求于今日者，余不谈任何军事问题，亦不带携有武器之兵卫，以为与阁下及其同僚相会晤，以志谢腾冲人民痛苦之解除，且必将前往靖国神社，为在腾冲战死之近万日本官兵祈求冥福，并愿在上者苍苍赦其罪行。苟腾冲依然为阁下及其同僚所盘踞，所有罪行，依然继续发生，余仅能竭其精力以尽其责任，他日阁下对腾冲将不复有循良醇厚之感，由于道德及正义之压力，将使阁下及其同僚终有一日屈服于余及我腾冲人民之前。故余拒绝阁下所要求之择地会晤以作长谈，而将从事于人类之尊严、生命更为有益之事，痛苦之腾冲人民将深切明了彼等应如何动作，以解除其自身所遭受之痛苦。故余关切于阁下及其同僚即将到来之悲惨末日命运，特敢要求阁下作缜密之长思。

大中华民国云南省腾冲县县长

大中华民国三十二年癸未九月十二日

附：日军腾越行政班本部长田岛寿嗣在 1943 年 8 月 31 日腾北大扫荡前诱降张问德的信件

崇仁县长勋鉴：

久钦教范，觌晤无缘。引领北望，倍增神驰。

启者：岛此次捧檄来腾，职司行政，深羡此地之民殷物阜，气象雍和。虽经事变之来，而士循民良，风俗淳美之美德依然俱在，诚西南之第一乐园，大足有为之乡也。惟以军事未靖，流亡未集，交通梗阻，生活高昂。彼此若不谋进展方法，坐视不为之，所固恐将来此间之不利，其在贵境，亦未见为幸福，徒重困双方人民，饥寒冻馁，坐以待毙而已，有何益哉！

职是之故，岛甚愿与台端择地相晤，作一度长日聚谈，共同解决双方民生之困难问题，台端其有意乎？如不我遐弃，而表示同情，则岛兹先拟出会晤办法数事，征求台端同意解决。

一、会晤地点，定在腾属之小西乡董官村之董氏宗祠；二、谈话范围，绝对不许有一语涉及双方之军事问题；三、为保证第二项之确实起见，双方可用监事员一人在场参加谈话。

右列三事，若台端具有同情，予以同意时，请先期示复。会集日期可由台端决定示知，以便岛先时候驾。至台端到达此本境以后，生命、名誉之安全，由岛负完全责任。最妥请不带兵卫，不携武器为好。如万一必须带武器或兵士侍卫时，亦无有不可，则兵数若干，枪械子弹若干，请预先示知，以免发生误会。

总之，兹事双方系以诚恳信义为前提，请不须少有疑虑。岛平生为人，百无一长，惟“不欺不诈、推诚接物”八字，则常用以自励。凡事只要出岛之中心乐从而出诸口者，虽刀锯在后，鼎镬在前，亦决不致有一字之改移。苍苍在上，言出至诚，台端其有意乎？临颖神驰，不胜依依，并盼回玉。

大日本腾越行政班本部长上

昭和十八年八月三十一日具

诗歌

“他效命于远离文化中心的野地”[1]

[英]奥登[2]

屠岸　译

他效命于远离文化中心的野地：
被他的将军和他的虱子所遗弃，
在棉袄覆盖下他合上一双眼皮，
永远消逝了。有一天这场战役

被编成史书，不会写他半个字；
他脑子带去的不会是重要的知识；
他开的玩笑发了霉；他麻木，像战时；
他的姓名和形貌已永远消失。

他不懂、不选择行善，却教了我们
像个逗号增添了含意：他化为

1　屠岸编译：《英国历代诗歌选》（下册），译林出版社 2007 年版，第 499 页。

2　奥登（1907—1973），英国诗人。1938 年奥登访问中国，到徐州前线参观，此诗正作于此时，写的是一个抗日阵亡的普通中国士兵。

中国的泥土，使我们的女儿能够

理直气壮地热爱这大地；不再受
恶狗的欺凌侮辱；更使得有水
有山有房屋的地方也能够有人。

第十八 自然

经典论述

人法地，地法天，天法道，道法自然。

——《道德经·二十五章》

有一次，我在村中园子里锄地，一只麻雀飞来停落到我肩上，待了一忽儿，当时我觉得，佩戴任何的肩章，都比不上我这一次光荣。

——梭罗[1]

1 ［美］梭罗:《瓦尔登湖》，徐迟译，吉林人民出版社 1997 年版，第 258 页。

故事

夏日走过山间（节选）[1]

［美］约翰·缪尔

邱婷婷 译

早晨美好又宁静，空气清冽，一丝微风都没有。一切都闪耀着光芒，带着潮湿的晶体的岩石、挂着露珠的植物，都得到了它们的一份闪烁着彩虹光芒的露珠，就像动物吃到早餐一样，这天赐的露珠就像从布满繁星的天空中飞下来的一群小星星一样。这露珠的分子是多么的神奇而精致啊，一滴里面有成千上万个，就像青草一样在黑暗里静静生长。为了保持这野地的健康，要经历多少痛苦啊——大雪纷飞，大雨瓢泼，露珠滴落，阳光倾洒，还有无形的蒸汽升腾，多云、大风等各种天气的洗礼，植物与植物、动物与动物间的互动，超乎人类的想象。大自然的方法是如此之精妙。那一重又一重的美是多么的深厚。地面覆盖着矿石晶体，晶体覆盖着苔藓、地衣和低矮的青草与花儿，体型较大的植物的叶片交叠覆盖，形状和颜色各不相同，冷杉的巨大叶片又覆盖在它们上面，蔚蓝色的天空则像花萼一样笼罩其上，还有那一颗高过一颗的星星。

远处屹立着南穹顶山，它的穹顶远高于我们的帐篷顶，而它的地基却在我们下面四千英尺。最宏伟的岩石啊，它看上去就像思绪满腹，身

---

1 约翰·缪尔:《夏日走过山间》，邱婷婷译，上海译文出版社 2014 年版，第 130—136 页。

上披着生机勃勃的阳光，一点都不像是一块了无生气的岩石，而是充满了灵性，不轻也不重，像神祇一般稳稳地矗立在大地上。

我们的牧羊人是个性格古怪的人，与这野外显得格格不入。他的床是在松软的红色腐殖土里挖出的一个洞，旁边靠着南面畜栏上的一根木头。现在他穿着那神奇的永远不用换的衣服躺在床上，裹着一条红色的毯子，呼吸着腐木和畜栏的尘埃，在白天嚼了一整天烟草之后，还必须在夜晚呼吸一整晚含氨的气体。他跟在羊群后的时候，腰间的皮带上一直挂着一把沉沉的装有六发子弹的手枪，另一边则挂着他的午餐。他的午餐袋是一块很有些年头的布，里面放着刚刚出锅的肉，里面清亮的油脂和肉汁透过这层滤布滴下来，就像悬在他右边大腿和臀部上的钟乳石。但这层油脂物质很快就被打破了，因为随着他坐在木块上时不断地摩擦、跷腿等动作，这层油脂散开在他那身紧巴巴的衣服上，让他的衣服和裤子都变得油光闪闪而且防水。特别是他的裤子，因为积累的混合油脂和树脂，已经变得很黏糊，以至于松针、小片的树皮、动物毛发、云母片、石英石和角闪石小碎片、羽毛、种翅、飞蛾蝴蝶的翅膀、无数昆虫的断腿、触角，甚至小甲虫、蛾子、蚊子这样的整只小飞虫，还有花瓣、花粉之类都附在上面，实际上，整个地区所有的植物、动物、矿物的一部分都附在上面甚至稳稳地嵌在里面。所以尽管他完全与自然学家搭不上关系，但他搜集了所有动植物的碎片标本，其实比他自己想象的要富裕得多。他搜集的标本还挺新鲜的，因为它们一直被保存在周围新鲜的空气中，而且包裹在沥青般的油脂中。每个人都像一个微型宇宙，至少我们的牧羊人，或者说他的裤子是。这条珍贵的连体裤从来没被脱下来过，也没人知道它到底有多旧，只能通过它的厚度和同心圆的结构来推测。与一般裤子越磨越薄不同，它反而越穿越厚，而且那一层又一层的物质堆积在地质学上可是有不小的意义了。

除了赶羊之外，比利还兼任屠夫，而我则负责清洗铁制和锡制的炊具以及烤面包。当这些小杂务都完成，太阳已经升起在山峰上，我就远离羊群，开始自由自在地漫游在这山间，享受野外这不朽的美好时光。

今天我在北穹顶山上画素描。里面包含除了几座高山之外的所有山谷。我愿意把能看到的所有东西都画下来——岩石、树木、树叶。但是除了简单的线条勾勒之外，我能画出来的很少——这些有意义的符号就像文字一样，只有自己能读懂——我却仍然削尖铅笔自己描绘，就像能对他人有所裨益一样。这些图画是会像落下的树叶一样随风而去还是会像信一样寄给几个朋友，这都无所谓了。因为如果没有亲眼看过这野外的风景，这些画也无法传递真正的感受，它们就像一种语言，必须经过学习才能明白。这里没有痛苦，没有无聊的时光，没有对过去的恐惧，也没有对未来的担忧。这些被神庇佑的山间充满了上帝之美，渺小的个人愿望与经历在这里不足挂齿。饮一口这香槟般的水是一种纯粹的愉悦，如呼吸这新鲜的空气也是如此；每一次四肢的举动都是欢愉，整个身体暴露在这美景之中，仿佛能真正感受到这美好，就像能感受到篝火或者阳光一样，不仅仅是通过眼睛去感受，而是像感受辐射的热能一样，这美好的感觉进入整个躯体，让这热情喜悦膨胀得无法解释。人的躯体顿时变得彻底清透了，如若透明的水晶。

在这约塞米蒂穹顶山上休息，我晒着太阳，凝望着美景，描绘着素描，不时陷入对这周遭美景深深的崇拜中，虽然知道不太可能了解到太多，但仍然止不住地期望和努力，匍匐在上帝伟大力量前，摒弃自我，希望能从上帝这神圣的手稿中学到真知。

感受约塞米蒂的伟大，比试图去理解或者用任何方式解释，都要更容易些。岩石、树木、溪流是如此细致和谐，它们各自的雄伟几乎都被这和谐所掩盖。三千英尺的峭壁上密实地覆盖着高大的树木，就像低地山丘边缘上的青草一样，延伸到这些峭壁的脚下的是一英里宽、七到八英里长的草带，看上去就像是一个农夫能在一天内割掉的草皮。五百英尺到一两千英尺高的瀑布，在它倾泻而下的峭壁面前显得如此渺小，仿佛是一缕青烟、一朵白云，但它的声音却充斥着整个山谷，震撼得地动山摇。沿着西边天际绵延的大山，前面耸立的穹顶山，以及之间波涛般起伏的山脉，一浪高过一浪，它们的山谷里长满了宁静的深色树林，生气勃勃而美丽无比，隐藏起整个约塞米蒂的神庙般的伟岸，让它成为这一片和谐的大地上一个不起眼的组成部分。在这里，试图仔细探索欣赏任何一个细节的努力，都会被其他所有景物的排山倒海般的影响力所摧毁。而且仿佛这还不够！天空中又升起一片大山般的云彩，崎岖的地形和庞大的外观和它下面地上的山一样——白雪皑皑的山巅和穹顶、阴影覆盖的约塞米蒂山谷——这简直就是雪中内华达山脉的另一个版本，暴风雨预兆下形成的新版本。大自然热爱美好的温柔之下，却又同时拥有激烈执着的狂野！她描绘出百合，精心地浇灌，像园丁一样用温柔的双手一朵接一朵地爱抚它们，同时她却制造出雷雨交加的云中大山和岩石大山。幸运的是我们跑到一片悬空的峭壁下躲雨，还观察了令人安心的蕨类植物和青苔，它们就像是生长在岩缝里的温柔的爱的象征。雏菊和常春藤也是一样，如同满怀信心的野地之子，那么弱小，让人毫无畏惧。面对它们，人心自然感觉到回家般的温暖，外面狂风暴雨的声音也变成了温柔的细语。雨后太阳露出了脸，地面升起香气浓郁的蒸气。树林边上小鸟又开始歌唱。西边的天空燃烧着金色和紫色的云彩，为日落的仪式做好了准备。我带着我的笔记和素描回到营地，但最好的画儿却被描绘在我的脑海里、梦乡里。硕果累累的一天，没有确切的开始和结束。一种人间的永恒。一份上帝恩赐的礼物。

我给母亲和一些朋友写了信，每封信都含着大山的启迪。他们仿佛就在声音可以传到的范围内，仿佛就在我身边。越是宁静，寂寞感越淡，感觉和我的朋友们越近。吃完面包喝完茶，躺在冷杉床上，向卡罗道一声晚安，望一望天空中的百合，渐渐沉睡，直至迎来山间的明日。

游黄山日记[1]（节选）

（明）徐霞客

初二日 自白岳下山，十里，循麓而西，抵南溪桥。渡大溪，循别溪，依山北行。十里，两山峭逼如门，溪为之束。越而下，平畴颇广。二十里，为猪坑。由小路登虎岭，路甚峻。十里，至岭。五里，越其麓。北望黄山①诸峰，片片可掇②。又三里，为古楼坳。溪甚阔，水涨无梁，木片弥布一溪③，涉之甚难。二里，宿高桥。

【注释】

①黄山：原名黟山，唐天宝后改今名。相传黄帝与容成子、浮丘公同在此炼丹，故名黄山，亦称黄岳。位于安徽黄山市北，面积约 154 平方公里。

②掇（duō）：拾取。

③弥（mí）：遍。

---

1 胡国浩注释：《徐霞客游记》，岳麓书社 2002 年版，第 16—24 页。

初三日 随樵者行，久之，越岭二重。下而复上，又越一重。两岭俱峻，曰双岭。共十五里，过江村①。二十里，抵汤口②，香溪、温泉诸水所由出者。折而入山，沿溪渐上，雪且没趾。五里，抵祥符寺③。汤泉④在隔溪，遂俱解衣赴汤池。池前临溪，后倚壁，三面石甃，上环石如桥。汤深三尺，时凝寒未解，而汤气郁然⑤，水泡池底汩汩起，气本香冽⑥。黄贞父谓其不及盘山⑦，以汤口、焦村⑧孔道，浴者太杂遝⑨也。浴毕，返寺。僧挥印引登莲花庵，蹑雪循涧以上。涧水三转，下注而深泓者，曰白龙潭；再上而停涵石间者，曰丹井。井旁有石突起，曰“药臼”，曰“药铫”。宛转随溪，群峰环耸，木石掩映。如此一里，得一庵，僧印我他出，不能登其堂。堂中香炉及钟鼓架，俱天然古木根所为。遂返寺宿。

【注释】

①江村：今作“岗村”，在黄山以南，沅溪右侧。村，原作“邨”。《徐霞客游记》中“邨”“村”同用，今全作“村”。

②汤口：今名同，在黄山南缘，是进入黄山的门户。

③祥符寺：后文又称汤寺。遗址在今黄山管理处的礼堂附近。

④汤泉：即黄山温泉，又称朱砂泉。

⑤郁（yù）然：水汽旺盛的样子。

⑥冽（liè）：清。

⑦盘山：在今天津蓟县西北12公里，主峰挂月峰海拔864米。有上中下三盘，下盘以水胜，中盘以石胜，上盘以松胜。上有五峰，又称东五台。

⑧焦村：今名同，在黄山西侧。从汤口越黄山到焦村，是过去徽州

到池州的要道。

⑨杂遝（tà）：众多而杂乱。

初四日 兀坐听雪溜竟日[1]。

【注释】

① 兀（wù）坐：独自静坐。

初五日 云气甚恶，余强卧至午起。挥印言慈光寺颇近，令其徒引。过汤池，仰见一崖，中悬鸟道，两旁泉泻如练。余即从此攀跻上，泉光云气，撩绕衣裾。已转而右，则茅庵上下，磬韵香烟，穿石而出，即慈光寺[1]也。寺旧名硃砂庵。比丘[2]为余言："山顶诸静室，径为雪封者两月。今早遣人送粮，山半，雪没腰而返。"余兴大阻，由大路二里下山，遂引被卧。

【注释】

① 慈光寺：旧名硃砂庵，万历时敕封护国慈光寺，曾盛极一时。1949年以后建为宾馆，称慈光阁。

② 比丘：系梵文音译，意为"乞士"，因初期在形式上以乞食为生而得名，指已受具足戒的男性，俗称和尚。

初六日 天色甚朗。觅导者各携筇[1]上山，过慈光寺。从左上，石峰环夹，其中石级为积雪所平，一望如玉。疏木茸茸中，仰见群峰盘结[2]，天都独巍然上挺。数里，级愈峻，雪愈深，其阴处冻雪成冰，坚滑不容着趾。余独前，持杖凿冰，得一孔置前趾，再凿一孔，以移后趾。从行者俱循此法得度。上至平冈，则莲花、云门诸峰，争奇竞秀，若为天都拥卫者。由此而入，绝巘[3]危崖，尽皆怪松悬结。高者不盈丈，低仅数寸，平顶短鬣[4]，盘根虬[5]干，愈短愈老，愈小愈奇，不意奇山中又有此奇品也！松石交映间，冉冉[6]僧一群从天而下，俱合掌言："阻雪山中已三月，今以觅粮勉到此。公等何由得上也？"且言："我等前海诸庵，俱已下山，后海山路尚未通，惟莲花洞可行耳。"

已而从天都峰侧攀而上，透峰罅而下，东转即莲花洞路也。余急于光明顶、石笋矼[7]之胜，遂循莲花峰而北。上下数次，至天门。两壁夹立，中阔摩肩，高数十丈，仰面而度，阴森悚骨。其内积雪更深，凿冰上跻，过此得平顶，即所谓前海也。由此更上一峰，至平天矼。矼之兀突独耸者，为光明顶[8]。由矼而下，即所谓后海也。盖平天矼阳为前海，阴为后海，乃极高处，四面皆峻坞，此独若平地。前海之前，天都、莲花二峰最峻，其阳属徽之歙，其阴属宁之太平[9]。

【注释】

①筇（qióng）：筇竹，竹子的一种，可以制作手杖。

②群峰盘结，黄山有 36 大峰，即炼丹峰、天都峰、青鸾峰、钵盂峰、紫石峰、紫云峰、清潭峰、桃花峰、云门峰、浮丘峰、云际峰、圣泉峰、朱砂峰、莲花峰、容成峰、石人峰、石柱峰、松林峰、石床峰、云外峰、丹霞峰、石门峰、棋石峰、狮子峰、仙人峰、上升峰、仙都峰、轩辕峰、望仙峰、布水峰、叠嶂峰、翠微峰、九龙峰、芙蓉峰、飞龙峰、采石峰。另有 36 小峰，不具列。

③绝巘：极高的山峰。

④鬣（liè）：松针。

⑤虬（qiú）：为传说中的一种龙，常用来比喻树木枝干盘曲的怪状。

⑥冉冉：慢慢地。

⑦矼（gāng）：又作“杠”，即山巅拱起的大石梁。

⑧光明顶：在黄山中部，海拔1860米，顶上今有黄山气象站。

⑨宁之太平：宁国府太平县。

余至平天矼，欲望光明顶而上。路已三十里，腹甚枵[1]，遂入矼后一庵。庵僧俱踞石向阳。主僧曰智空，见客色饥，先以粥饷。且曰：“新日太皎，恐非老晴。”因指一僧谓余曰：“公有余力，可先登光明顶而后中食，则今日犹可抵石笋矼，宿是师处矣。”余如言登顶，则天都、莲花并肩其前，翠微、三海门环绕于后，下瞰绝壁峭岫，罗列坞中，即丞相原也。顶前一石，伏而复起，势若中断，独悬坞中，上有怪松盘盖。余侧身攀踞其上，而浔阳踞大顶相对，各夸胜绝。

【注释】

① 腹甚枵（xiāo）：肚子很饥饿。枵，空虚。

下入庵，黄粱已熟。饭后，北向过一岭，踯躅菁莽中，入一庵，曰狮子林[1]，即智空所指宿处。主僧霞光，已待我庵前矣。遂指庵北二峰曰：“公可先了此胜。”从之。俯窥其阴，则乱峰列岫，争奇并起。循之西，崖忽中断，架木连之，上有松一株，可攀引而度，所谓接引崖[2]也。度崖，穿石罅而上，乱石危缀间，构木为室，其中亦可置足，然不如踞石下窥更雄胜耳。下崖，循而东，里许，为石笋矼。矼脊斜亘，两夹悬坞中，乱峰森罗，其西一面，即接引崖所窥者。矼侧一峰突起，多奇石怪松。登之，俯瞰壑[3]中，正与接引崖对瞰，峰回岫转，顿改前观。

【注释】

① 狮子林：黄山北部有狮子峰，形如卧地的雄狮，狮首有丹霞峰，腰有清凉台，尾有曙光亭。狮子张口处有寺庙称狮子林，后毁，原址在今北海宾馆处。

② 接引崖：位于黄山始信峰渡仙桥。

③ 壑（hè）：山沟。

下峰，则落照拥树，谓明晴可卜，踊跃归庵。霞光设茶，引登前楼。西望碧痕一缕，余疑山影。僧谓："山影夜望甚近，此当是云气。"余默然，知为雨兆也。

诗歌

我们并立在高高的山巅[1]

冯至

我们并立在高高的山巅
化身为一望无边的远景，
化成面前的广漠的平原，
化成平原上交错的蹊径。

哪条路，哪道水，没有关连，
哪阵风，哪片云，没有呼应：
我们走过的城市，山川
都化成了我们的生命。

我们的生长，我们的忧愁
是某某山坡的一棵松树，
是某某城上的一片浓雾；

我们随着风吹，随着水流，
化成平原上交错的蹊径，
化成蹊径上行人的生命。

1 解志熙编：《冯至作品新编》，人民文学出版社 2009 年版，第 122—123 页。

第十九 自由

经典论述

人是生而自由的，却无往不在枷锁之中。

——卢梭[1]

自由个人的发展，乃完善社会发展之第一条件。

——室利阿罗频多[2]

由于相互牵制，人人都不能按自己所认可的准则行事。这是十分有利的，因为如果任其为所欲为，就无法对付植根于每一个人内心深处的卑恶。

——亚里士多德[3]

---

1 ［法］卢梭：《社会契约论》，何兆武译，商务印书馆 2005 年版，第 4 页。

2 ［印度］室利阿罗频多：《周天集》，徐梵澄译，生活・读书・新知三联书店 1998 年版，第 47 页。

3 选自《亚里士多德选集（政治学卷）》，颜一、秦典华译，中国人民大学出版社 1999 年版，第 221 页。

故事

阿庆基“造反”[1]

［芬兰］本蒂·韩佩[2]

王家骥 译

一条板凳安放在路旁，只要行人累了，就可坐下来休息。累了！是的，难道这还有什么奇怪的吗？一个人在七十年岁月里要跨出多少步子啊——短的、长的、急的、慢的。板凳被发明和制造出来正是为了人们能够坐它。或许这条板凳还有别的目的，因为冷饮亭就在它的旁边……

托比亚斯·阿庆基多次感到奇怪，这条板凳看来完全是条普普通通的板凳，人们仅仅是在散步途中想让腿脚歇上一歇时，才意识到它的存在。

托比亚斯·阿庆基坐在板凳上，他的头发斑白，但精神却很矍铄，他用大拇指托着烟斗，完全沉浸在往事的回忆之中。没过多久，越来越近的歌声唤醒了他，立刻使他想起，现在是生活在动乱时期。罢工、骚乱……打吧！吵吧！有的是理由……可是这么干难道有助于问题的解决吗？如果像被拴着鼻子的小牛犊那样发疯似的挣扎，能行吗？托比亚斯·阿庆基已经七十岁了，现在世道是不是变了？也许是吧，也许人们的眼界有所不同，可是生活是不是好过些了？嗯，他们应当尽可能过得

---

1 原载《译林》1983 年第 2 期。

2 本蒂·韩佩（1905—1955），芬兰作家。

更好些。这就有足够理由去进行斗争……

他听见一个过路人说，罢工工人在游行示威。

游行示威吧！他——托比亚斯·阿庆基，已上了年纪，只能坐在板凳上观望。在这种时期，作为一个旁观者也实在有趣得很！

游行队伍过来了，人不少，除了两旁土路，整个街道都挤满了人。

他们唱的歌中有激烈的词句："法律骗人，政府压人。"

"到了明天，普天之下皆兄弟……"

游行队伍过去了，托比亚斯·阿庆基朦胧地感觉到，他们在按照自己的愿望，向着遥远的未来走去……他们在前进，先头部队消失在转弯处的建筑物后面。后来那里发生了阻塞，尽管后面的队伍还在前进，突然"砰"的一声枪响，划破了夏末晴朗的天空。托比亚斯·阿庆基被子弹的呼啸声惊呆了。这似乎是不应该的……然而后来他还是平静下来，觉得自己反正是坐在板凳上的旁观者。

游行队伍一下子散开了，犹如受到旋风袭击似的扬起了满天尘土，人们掉转头纷纷跑了。托比亚斯·阿庆基看到警察握着步枪和皮鞭在紧紧追赶着人群。刺耳的枪声继续响着，皮鞭抽在了跑得慢的和摔倒了的人身上……

接着，托比亚斯·阿庆基看见一个跑近的警察扬着鞭，正在寻找示威的人，可是游行示威者都跑散了。这时，警察突然发现坐在板凳上发呆的托比亚斯·阿庆基。

"你放什么哨？"警察大喝一声。

托比亚斯·阿庆基只张了张嘴，还没来得及解释自己仅仅是坐在板凳上休息的旁观者，皮鞭已抽到了他的身上。他发现自己陷入了不可解脱的困境，不禁顿时火冒三丈。这怎么可能呢？要知道他只不过坐在板凳上……可是愤怒只是再次招致皮鞭的抽打，托比亚斯·阿庆基只得拔起僵硬的大腿一逃了之。

但事情并没有完结，他确实陷入了解脱不了的困境。不久，他被捕了。受讯、受审，最后被带到被告席上受到了“参与造反罪”的控告。

托比亚斯·阿庆基怎么也不能理解，他仅仅是在板凳上坐了一会儿而已。而这条板凳看来完全是条普普通通的板凳……他对警察咆哮起来，他怎么也难以接受警察的指控，他难道会热昏了头脑干下这等事！可怜虫……怎么会想得出来：他是狡猾地假装坐在板凳上，企图逃过劫难，实际上是个瞭望放哨的人，或者是工运首脑……

警察就是认定他有罪，一口咬定：你身上有紫血块，你挨了打，你就是参与了造反……

托比亚斯·阿庆基搔了搔头皮，觉悟过来：也许世界上从来就没有为旁观者准备的板凳！

诗歌

“往时自由神坐在高山上”[1]

[英] 丁尼生[2]

黄杲炘　译

往时自由神坐在高山上，
　惊雷声炸开在她的脚底；
她头上颤动着星斗之光，
　她听见湍流在相激。

她在那位置上满腔高兴，
　力量积聚在远大的胸怀；
她洪亮的嗓音只有几声
　隆隆地在风中传来。

她下山穿过城市和乡村，
　为了要掺和在人类中间；
人们一部分接着一部分
　看见了她整个的脸。

1　选自《丁尼生诗选》，黄杲炘译，上海译文出版社 1995 年版，第 90 页。
2　丁尼生（1809—1892），英国诗人。

这壮丽事业的庄严母亲
　从她的祭坛之岛上俯望；
她手执三叉戟像是海神，
　头戴着冠冕像女王。

她睁大着眼睛要看真理，
　两眼中含着千年的智慧；
愿青春永远留驻她眼里，
　让目光永不沾泪水。

愿她的英姿屹立放光焰，
　照亮我们的理想和时世；
她侧眼冷对谬误的极端，
　丰唇边流露出蔑视。

第二十 平等

经典论述

皇帝，君主，匠人，农民，大人物，小人物：我们这些人在心底里都是类似的，都是相同的，大伙儿在骨子里都是一个模样，只要剥去我们的衣服，谁也没法再分辨出我们究竟是哪一个。

——马克·吐温[1]

社会公正要求法律得到统一的维护，而不是根据财富、肤色、人种、背景、职位、地位等做出歧视性的区别。持平的公正需要平等、明确的执法。

——马克·图尔[2]

1 ［美］马克·吐温：《马克·吐温十九卷集》第三卷，《马克·吐温中短篇故事全集》（下），叶冬心等译，河北教育出版社 2002 年版，第 199 页。

2 ［美］马克·图尔：《自由抉择的经济：政治经济学的规范理论》，方敏译，华夏出版社 2012 年版，第 326 页。

故事

奥普京修道院之行[1]（节选）

[俄] 阿尔布佐夫

冯连驸　张韵婕　等译

一八七八年六月三十日，列夫·尼古拉耶维奇对我说：

“明天我们到奥普京修道院去祷告上帝。”

我回答说，我很高兴去。

“那么你今天晚上就把我在路上要用的东西准备好；我们要去一个多星期。”

我到他的书房，从五斗橱里挑出他的内衣，伯爵夫人坐下来缝背包；然后我回到自己的住处到妻子那儿通知她，这件事使她很高兴，因为我们俩从来没去过任何修道院，而这次虽然是我去，也很好。我拿了路上需要的东西就回到伯爵家。第二天我起得很早，七点钟伯爵也起来了，等着是否很快就给我们把树皮鞋拿来，这是在村里一个农民那里按我们脚的尺码定制的。九点钟送来了树皮鞋，我拿给列夫·尼古拉耶维奇，问他现在就穿，还是穿靴子走到克拉皮夫纳市。列夫·尼古拉耶维奇决定现在就穿上树皮鞋，并吩咐付给农民三十戈比作为两双树皮鞋的

1 阿尔布佐夫：《列·尼·托尔斯泰伯爵的一个旧仆的回忆录》，载冯连驸、张韵婕等译：《同时代人回忆托尔斯泰》（上册），上海译文出版社 1984 年版，第 425—431 页，第 441—443 页。

工钱。伯爵夫人拿着用普通粗麻布缝制的背包也到书房里来了；伯爵在我的帮助下按农民穿树皮鞋的一切规矩，裹着包脚布穿上了树皮鞋，并用细绳子在脚上把包脚布扎好；我比他先穿好。然后把装着物品的背包给我们背到肩上；伯爵的背包里装着睡衣、两双袜子、两条毛巾、几条手帕、两件粗麻布短上衣、一条被单、一个小枕头和一双皮靴。列夫·尼古拉耶维奇给我二十卢布作为路上开销，至于他自己随身带了多少钱，我不知道。在路上碰到乞丐时，我必须给他们十至十五戈比。

上路的一切事情全都准备就绪。列夫·尼古拉耶维奇穿着普通的白色长衣和白色短衫，我穿粗麻布短上衣。中午十一点钟，伯爵和他的全家告别，我们就沿着房子左面的老椴树的林荫路，在库兹明斯基（达吉雅娜·安德烈耶夫娜·库兹明斯卡娅是我们伯爵夫人的亲姐妹）一家住的第二栋房子旁边上了路。我们经过古老的林荫路，走过古老的大花园，从打谷场旁边走过，从不知为什么叫作“扎卡兹”的森林边上通过。在离家两俄里的地方森林到了尽头；我们在田里走，下了坡，穿过叫作“科恰克”的草地；向自家的利莫诺夫森林的方向慢慢走去，因为是上坡路。

当我们走到护林人亚历山大的小屋时，一只狗向我们扑来。护林人见伯爵这身打扮非常惊讶，问我们到哪儿去；我满足了他的好奇心。我们继续往前走。伯爵对我说，第一天应当走得慢些，第二天走快些。

穿过利莫诺夫森林以后，我们路经克雷里措沃田野，走进克雷里措沃村。房屋跟前站着一些庄稼汉；有些人认出了我们，向我们致意，而有的没认出这个香客是伯爵，虽然他们每年都在雅斯纳雅·波良纳割草，这期间每个农民都能见到伯爵。我们继续往坡上走，便看见农妇们在路边的小草地上用力铺开用灰漂白过、用河里清水洗净的粗麻布；当我们从她们跟前经过时，农妇们欢迎伯爵说：“您好，老爷爷。”

我们经过戈洛文基村；在这里我们见到的人很少，只是在村头上一个四十来岁的妇女在走路，像个独院的女地主，穿着一件深色的印花布连衫裙，挑着一担水。她和我们打了招呼之后问我们到哪儿去，是不是去祈祷。伯爵回答说是。她问我们到哪个修道院去，伯爵说我们去奥普京修道院。

“你想必是要永远留在修道院里吧？”

“不知道，也可能，”伯爵回答说。

“是啊，你嘛，他们可能收的，他，”她指着我，“不会收的。”

我们经过戈洛文基村，即走了十五俄里左右，开始感到两腿疲乏，因为我们一直走路，没有休息过。我们看见前面有一片小桦树林，于是伯爵说，我们到那片树林里坐下歇一歇。伯爵在林边坐下来，而我在树荫下面坐下，脱下树皮鞋，整整好又穿上。伯爵对我说：

“这回你的鞋穿得多舒适，还在脚底下放了几绺干草。”

“是的，这回好啦，”我回答说，“先前绳子磨得两只脚都痛，因为包脚布很薄；农民的包脚布是厚的，绳子系在上面不勒脚，我们走路厚包脚布不方便，因为两脚会发热。”

这时道上走来一个农民，当他走到我们跟前时，伯爵问他是从哪儿来的。

“是从尤利耶夫卡村来的。”

“那么你到哪儿去呢？”

“到戈洛文基村的场地去。”

伯爵请他和我们一块儿坐下；他同意了，并问我们到哪儿去。

“到奥普京修道院去，”伯爵回答，并问两俄里左右以外是谁的庄园。

“这是已去世的谢林的庄园。”

“现在谁经管这个庄园？”

“现在这里有个管事，还有死者的儿子住在这里的领地上，可是他完全是个疯人，从来不出家门，有仆人照看他。尤利耶夫卡这块领地是属于他的，他的兄弟分到克拉皮夫纳后面的拉皮诺村。他们是在父母死后分家的。”

“这位谢林在农奴制时代对自己的农民们好吗？”列夫·尼古拉耶维奇问道，“你多大年纪？”

“多大岁数？五十来岁，不会再大。”

“那么你清楚地记得那个时代的情形啰？”

“我怎么会不记得呢，当时我已经缴赋役和服徭役了。老兄，你听我说：他很少在马棚里抽打我们农民，打我们比较厉害的是村长或管家，车夫、听差和厨子时常在马棚里遭毒打。”

“是啊，他死后给自己留下这样的名声很不好。”

“好吧，再见，”农民站起来说道，“上帝保佑你们一路平安。你们自己是哪儿来的？”

我说，从离土拉不远的地方来。农民就走了。休息好之后，我们很快也上路了。在我们路过的地方有个谢利万诺沃村，正如伯爵说的，我们要在那里喝茶、吃晚饭和过夜。在树林里休息时我劝伯爵吃点东西，但是他拒绝了，说我们最好是到了地方再吃晚饭；而我的肚子可有点空了。

我们走近斯巴斯克耶村时，列夫·尼古拉耶维奇指给我看一所地主的小房子，这是索菲娅·安德烈耶夫娜的表姐妹们的房子，她们冬天和夏天在这儿住；我问他是不是到她们那儿过夜，可是伯爵不想到她们那儿去。我们走过斯巴斯克耶村，向索洛瓦河岸走去。路上伯爵问我，路上还有什么村子。

“左面是彼列洛夫基，顺路直走，要经过谢利万诺沃村。彼列洛夫基是伊格纳切夫老爷的，谢利万诺沃从前是地主古里耶夫的，而现在是他的女婿安德烈·伊万诺维奇·莫罗佐夫的。”

“这些你从哪儿知道的？”伯爵问道。

“我怎能不知道！我们的老爷彼得·亚历山大罗维奇·沃耶伊科夫是他们的朋友[1]，他经常到他们家去，他们也经常到他这里来。而我知道这些村子是因为我母亲住在商人阿斯塔费耶夫家的时候，我到克拉皮夫纳村她[2]那儿去时常打这儿走。您看，谢利万诺沃到了。”

“我们到村边上那间小屋里去吧，”伯爵说，“离大路近一点。”

我们走近农舍。一只凶恶的黑狗向我们的脚下扑来，但没有咬人。听到犬吠声，从屋里走出一个老太太，把狗赶到院子里。老太太的头上蒙着一块肮脏的吃饭时用的蓝色抹布，她很瘦，穿着自家织的方格布裙子和白色粗麻布衬衫，赤着脚。

“老太太，让我们在你家借个宿吧。”伯爵对她说。

“老爷，我高兴让香客过夜，可是没有地方睡：敞廊里苍蝇不让人睡觉，又闷热，床我们家又没有。”

“我们不需要床，”伯爵回答说，“老大娘，你给我们拿一捆干草放到穿堂里，我们就在那儿睡觉；只是你家里有没有茶炊、牛奶和鸡蛋？”

“都有，老爷。”

“我们再也不需要什么了。”

“好吧，老爷，如果你们不嫌在穿堂里过夜不好，那就请吧。”

---

1 本文作者阿尔布佐夫在来雅斯纳雅·波良纳之前，是彼·亚·沃耶伊科夫的农奴。

2 指玛丽娅·阿法纳西耶夫娜·阿尔布佐娃，1863 年以前她是地主沃耶伊科夫的女仆。

老太太对待我们很随便而且很热情，看来，她喜欢接待香客。应她的邀请，我们走进屋里，解下背包，伯爵脱下长衣，只穿一件粗麻布短衫；我对老妇人说，要她生上茶炊，拿一罐牛奶和十个鸡蛋来。伯爵问她家里的人在哪儿。

“老爷，现在他们都在干很重的活：打砖头，盖两间屋子用。”

“你家有几口人？”

“我只有一个儿子，四十五岁了，他有媳妇和一个儿子，即我的小孙子；两个月前，我们给他也娶了媳妇。你看，他们在那里赶牲口，现在家里人就要回来吃晚饭了。”

“老大娘，你的儿子好吗？”

“好，老爷，好，他在我们乡里当过三年乡长。”

“他对农民们好吗？”

“所有农民都喜欢他，他什么事都是秉公处理；只有几个人不喜欢他，到县警察局长那里诬告他，他们坚持要把乡长给他撤掉。现在选了另一个人当乡长，是彼尔洛夫基村的人。”

茶炊准备好了，我从背包里取出从雅斯纳雅·波良纳带来的茶叶和砂糖，沏了茶，把杯子洗净。这时候伯爵在备忘手册上记着什么，老太太站在不远的地方目不转睛地看着我们。

“我现在要洗脸，”伯爵站起来说。“老大娘，哪儿可以洗脸？”

“老乡，到穿堂里的木盆去洗吧；那里的绳子上拴着洗脸盆，里面有水。”

伯爵去洗脸，我打开伯爵的背包，从里面取出毛巾递给他。这时老太太在敞廊里的一个篮子里翻寻什么，从那里拿出一条边上带编织穗子的麻布面巾，拿给伯爵。

“给你，老乡，揩揩吧，这面巾虽不好，却是干净的，我不久前从麻布上剪下来的，你们自己的就不要弄脏了，不然你们自己还得在什么地方的河里去洗干净，你们还要走很远的路呐。你们是从哪儿来的呀？”

我们告诉了她，还说我们是到奥普京修道院去的。

“你看，老乡，你们还要走很久。”

……

我们到达别廖夫市附近，下了大车，在与弗拉基米尔神甫告别时，列夫·尼古拉耶维奇请他有什么需要时，随时都可去找他，他无论什么都不会拒绝。我们背上背包，走进别廖夫市。我们在一个普通的小饭馆里喝了茶，吃了鲜鱼汤；然后又继续前进，走得很顺利，傍晚六点钟左右便到达奥普京修道院。晚饭的铃声响了，我们背着背包走进修道院的大食堂；他们不让我们进清洁的饭厅，而叫我们和乞丐坐在一起吃晚饭。我不时地看看伯爵，可是伯爵丝毫不厌恶自己身旁的人，高高兴兴地吃着，还喝了克瓦斯，他很喜欢喝这种克瓦斯。

吃过晚饭，我们到三等旅馆过夜。一个修道士见我们穿着树皮鞋就不给我们开房间，打发我们到公用的大屋子过夜，那里很脏，而且虫子很多。

“老兄，”我对修道士说，“给您一个卢布，不过请您给我们开一个房间。”

他同意了，拨给我们一个房间，可是他说我们得三个人住一个屋子——第三个人是从波尔霍夫县来的一个靴匠。我从背包里取出被单和一个小枕头，在一张长沙发上给伯爵铺好床；靴匠在另一张长沙发上躺下，我就在离伯爵不远的地方给自己打了个地铺。靴匠很快睡着了，鼾声如雷，伯爵吓得跳起来，对我说：

“谢尔盖，把这个人叫醒，请他不要打呼噜。”

我走近沙发，唤醒靴匠，对他说：

“亲爱的，您打呼噜太响了，把我的老人吓坏了；如果有人和他在一个屋里睡觉，而且打呼噜，他就害怕。”

“怎么，请问，为了你的老人，我得一夜不睡觉吗？”

我不知道什么原因，反正在这之后他就不打呼噜了。

第二天我们十点左右起床，喝够了茶。我去做弥撒，伯爵去看修道士们割草、耕地和干手艺活。他穿着长衫和树皮鞋。从一个小书铺旁边经过，他停下来看看书，这时有一个女人请卖书的修道士把福音书拿给她看。

“我们没有价钱便宜的，”卖书的修道士对她说，“你买这本奥普京修道院记述吧，让你儿子看看。”

这时列夫·尼古拉耶维奇买了一本福音书，送给这个女人，让她带给她的儿子，他自己沿着修道院向前走去。

修道士不知怎么很快就知道列夫·尼古拉耶维奇·托尔斯泰伯爵在他们的修道院里。他们便以修士大司祭和阿姆弗罗西神甫的名义找他。他们偶然碰上我，便问我和谁一块儿住在旅馆里。

“你们找谁？”

“找列夫·尼古拉耶维奇伯爵。”

“我是他的家仆。”

他们从我口里打听到伯爵穿着什么衣服以后，就去找他，找到了他，请他到修士大司祭和阿姆弗罗西神甫那儿去。伯爵回到我们住的三等旅馆，对我说：

“谢尔盖，既然人家认出了我，也就没有办法了。给我靴子和另一件短衫吧，我换好衣服就到修士大司祭和阿姆弗罗西神甫那儿去。”

诗歌

对统计学的贡献[1]

[波兰] 辛波斯卡[2]

陈黎　张芬龄　译

一百人当中

凡事皆聪明过人者
——五十二人；

步步踌躇者
——几乎其余所有的人；

如果不会费时过久，
乐于伸出援手者
——高达四十九人；

始终很佳，

---

1 辛波斯卡:《万物静默如谜》，陈黎、张芬龄译，湖南文艺出版社 2012 年版，第 164—167 页。

2 辛波斯卡（1923—2012），波兰女诗人，1996 年诺贝尔文学奖获得者。

别无例外者
——四，或许五人；

能够不带妒意欣赏他人者
——十八人；

对短暂青春
存有幻觉者
——六十人，容有些许误差；

不容小觑者
——四十四人；

生活在对某人或某事的
持久恐惧中者
——七十七人；

能快乐者
——二十来人；

个体无害，
群体中作恶者
——至少一半的人；

为情势所迫时
行径残酷者
——还是不要知道为妙
即便只是约略的数目；

事后学乖者
比事前明智者
——多不上几个人；

只重物质生活者
——四十人
（但愿我看法有误）；

弯腰驼背喊痛，
黑暗中没有手电筒者
——八十三人
或迟或早；

公正不阿者
——三十五人，为数众多；

公正不阿
又通达情理者
——三人；

值得同情者

——九十九人；

终须一死者

——百分之一百的人。

此一数目迄今未曾改变。

第二十一 民主

经典论述

民主的实质：像尊重自己的权利一样尊重他人的权利。

——阿克顿[1]

民主不是有利无弊的制度，但是历史证明，它是不断减少弊端的较好制度。在民主制度之下，发展了近代繁荣：新经济、新科技、新福利、新社会。从神权到君权到民权是一条政权演进的路线，全世界的国家都在这条路线上竞赛。

——周有光[2]

在一切政治制度之中，民主政制是最适合于训练“讲理”的制度。制度是重要的，可是，制度并非万灵丹。……制度本身像是一个没有生命的网……除了建立民主制度以外，人的品质同样的重要。

——殷海光[3]

---

1 ［英］阿克顿：《自由与权力——阿克顿勋爵论说文集》，侯健、范亚峰译，商务印书馆 2001 年版，第 373 页。

2 周有光：《拾贝集》，世界图书出版公司 2011 年版，第 87 页。

3 张斌峰编：《殷海光文集》（第一卷），湖北人民出版社 2001 年版，第 181 页、第 194 页。

故事

地窖的秘密[1]

[法] 吉尔贝 · 塞斯勃洪[2]

王晓峰 蔡若明 译

国王陛下颁布了一道诏令，宣称他将每月一次亲临一个臣民的家，并在那里进餐。朝廷的反对派就立刻散布舆论，说这种做法是“收买人心”。国王无论干什么，反对派准会发表点攻击性的评论，把国王贬得一钱不值：什么“好大喜功”啊，“怯懦无能”啊，等等，不一而足，向来如此。在他们眼里，国王跟他们最为格格不入之处，就是陛下的所作所为虽然达到了与他们相一致的目标，但竟采取了自己的方法。这也是他们最不能原谅国王的一点。这回，国王去臣民的家里进餐一事，他们倒只报以耸耸肩膀、鄙夷地斥以“收买人心”了结。哪里知道，这次他们可错怪了国王。因为国王的这项决定，看来事体不大，其用意却很深刻。国王自来研究历史，深知曾有许多王朝由于不懂得跟人民保持接触的重要性，不察民情，进而失掉民望，最后归于灭亡。而国王本人，自从登极以来，已经觉察到显赫的王权在他跟臣民之间正在垒起一堵无形的墙壁，而且越垒越高，根本用不着设岗戍卫，却比王宫的真墙更加

1 吉尔贝 · 塞斯勃洪:《总统之夜》，王晓峰、蔡若明译，北京出版社 1983 年版，第 1—4 页。

2 吉尔贝 · 塞斯勃洪（1913—1979），法国作家。

难以逾越。猜疑本身就是卫兵，从隔阂发展到互不体谅是顺乎情理的。而今国王就是想打破这种局面，方法虽然天真一些，却是体面的。总之，国王的主意已定：每月都要到他治下的某个百姓家里进餐一次。内阁的好几位大臣为此很不高兴，警察总长尤为惶恐。他对付街头群众集会、防范爆炸暗杀事件之类是装备有余的，而对付一家一户、日常生活诸环节的问题，例如菜里放毒等，却毫无经验。其他大臣害怕的却是另一件事。过去，他们是国王得到消息的唯一来源，现在如果陛下忽然发现大臣们原来一无所知，而他们却一直在谎称民意，那可如何是好！那些高官显贵、朝廷的在野派、新闻界、各种工会无不声称自己是代表民意的，可是当人民真有机会开口说话的时候，他们又惊恐万状。谢天谢地，好在老百姓早已丧失了讲话的可能，甚至失掉了讲话的兴趣，可是谁又能保准在家庭场合的饭桌上……

国王陛下对所受到的款待和吃的饭菜都非常满意。在豪华的王宫里，有一道菜是国王不好意思点的，那是布纪依风味牛肉。但是这个普通的家庭主妇怎么偏偏就猜到了国王想吃这个菜呢？她又怎么知道国王一直盼着能大杯痛饮都兰纳的葡萄酒呢？

国王陛下询问了五个孩子的情况：名字叫什么，学习怎么样，身体有没有病等，然后他很不自然地笑笑，试探着说道：

“咱们来谈点儿政治吧！”

“谈这个有什么用，”孩子们的父亲说道，“俺倒不是恭维您，我们在这玩意儿上想得跟您一样。俺常叨咕——不信您问孩子的妈，俺说，俺要是个当官儿的，俺想办的事也不是别的，就是现在他们办的那些。”

他的妻子表示同意，但又有点难为情地补充说：“最好能稍微改动一下学校的假期。”

国王听了大为高兴，说：“这正是最近教育大臣向我提出的建议。

年轻人，你们呢？没有什么不顺心的事要诉一诉吗？——太太，能给我再来点布纪侬牛肉吗？”

“要诉的事倒没有，”大孩子的话音渐渐平稳起来，“但是关于服兵役，我有个请求。”

他所提的问题，同样是在内阁会议上有人提出过的。这时候，孩子们的胆子越来越大，每个人都提了一条建议，每条建议都是同样年龄的孩子所感兴趣的改革，而且这些建议几乎全都是在朝廷里议而未决的问题，其中有几个，恰恰是国王本人在内阁会议上一直持反对意见的。这时，他嘴里不说，心里暗记着，准备予以重新考虑。这是个好心眼儿的国王啊！

半夜十一点，国王和老百姓分别了，彼此都感到十分满意。一直在简陋的屋门外焦急地等候着的三位大臣和警察总长从国王的脸上看出了这一点。

一位大臣说：“我们冒昧地给这户人家带来了一些礼品，请陛下俯允！”

“这个主意不错，”国王说，“如果以我本人的名义来送，倒可能引起误解。明天见吧，先生们！我真的非常高兴！”

四位大臣向国王行礼道别。然后他们进了屋，向出场的七名演员付了预定的酬金。正当他们要离开的时候，忽然听到脚底下似乎有点什么响动。

“哎呀，”警察总长大声喊道，“我差点儿把他们忘了。（原来，三个半钟头以来，这所房子的真正主人一家一直被关在地窖里，悄悄地待着，感到时间太漫长了。）我希望还能剩下点儿布纪侬牛肉给他们……”

诗歌

我在长久地寻找[1]

［美］惠特曼[2]

李野光 译

我在长久地寻找目的，
为我自己也为这些诗寻找一条通向过去历史的线索——如今我才找到了，
它不在图书馆那些书上的寓言中——对它们我既不接受也不拒绝，
它也不在传说或所有别的东西里，
它就在现今——它就是今天这个世界，
它寓身于民主中——这自古以来的目的和憧憬，
它是今天一个男人或一个女人——今天一个普通人的生活，
它在语言、社会风习、文学和艺术之中，
它存在于那些人工的东西，船舶、机器、政治、信条、现代进步和国际间的交相访问，
一切都为了现代——一切都为了今天的普通人。

1 惠特曼:《草叶集》(下)，楚图南、李野光译，人民文学出版社 1994 年版，第 666 页。
2 惠特曼(1819—1892)，美国诗人。

第二十二 法治

经典论述

法律乃是公意的行为。

——卢梭[1]

法律一停止，暴政就开始了。

——约翰·洛克[2]

1 [法] 卢梭:《社会契约论》，何兆武译，商务印书馆 2003 年版，第 47 页。

2 [英] 约翰·洛克:《政府论》(下篇)，叶启芳、瞿菊农译，商务印书馆 1964 年版，第 123 页。

故事

得救[1]

［捷克］哈谢克[2]

水宁尼 译

为什么要绞死巴夏尔，这是无关故事的宏旨的。临刑的前夕，当看守长端着酒肉出现在他牢房里的时候，尽管良心上压积着好些罪愆，他还是禁不住笑逐颜开了。

“这些都是给我的吗？”

“对，对。”看守长深表同情地说，“最后一顿了，您就吃个痛快吧。回头再给您把凉拌黄瓜端来——我一次端不了这么些。”

巴夏尔满意地听完了他的话，便舒舒坦坦地在桌旁坐下，咧嘴一笑，开始狼吞虎咽地嚼起炸牛肉来。看来他是一条神清智爽的混世虫，要尽量从生活中捞取一切，连这最后的片刻享受也不肯放过。

只有一个念头冲淡了他的食欲，那便是：今天早上通知他，说他的请赦书已被驳回，只准缓期执行二十四小时，这些巴不得所有囚犯都乖乖引颈就刑的人们，就要来绞死他，看着他一命呜呼，他们自己呢，明天、后天，甚至好多年以后还是照常活下去。照常在每天晚上悠然地回家，而他巴夏尔却早已不在人世了。

---

1 选自《哈谢克小说小品选》，水宁尼译，外国文学出版社 1984 年版，第 39—43 页。

2 哈谢克（1883—1923），捷克小说家。

他闷闷不乐地想着这些，嘴里塞满了炸牛肉。在旁人给他把凉菜和小面包端来的时候，他竟长叹了一声，说想抽口好烟。

大家就给这犯人买来上等烟叶。看守长还亲自给他递上火柴，并且趁便向他大谈其上帝的无限天恩，说纵然失掉了尘世的一切，未始不能在天上……

犯人请求给他再来一份火腿和一公升烧酒。

“今天您要什么就有什么，”看守长说，“对像您这种处境的人，我们是没有什么舍不得的。”

“那么就请再添两份肝制香肠吧。另外再来一升黑啤酒我也领情。”

“决不会少您半点的，我马上就去吩咐。”看守长殷勤地说，“我们犯得着不讨您喜欢吗？人一辈子也活不了多久，还是多吃多喝点的好。”

当看守长将那些酒肴送来的时候，巴夏尔说已经够了。

然而并不如此。

“喂，”他扫光了碟子，又道，“我还要一份炸兔肉、一份意大利干酪、一份油焖沙丁鱼和一些旁的好菜。”

“您爱吃什么就请点什么好啦。说实在的，看到您胃口特别好，真叫人打心眼里高兴。您大概不会在天亮以前上吊吧？我看您还是相当正派的。再说，巴夏尔先生，在政府把您绞死以前去自寻短见，对您又有哪点好呢？我是实人说实话，这您也是办不到的，办不到的！完全甭朝这上面胡思乱想！您最好还是再来几口啤酒吧。依我看，咱们还处得顺顺溜溜，意大利干酪下啤酒，真是其妙无比！我再去给您拿两杯来。沙丁鱼和炸兔肉正好做您老兄的下酒菜咧。”

不一会儿，这些佳肴美酒的香味便充满了整个牢房。巴夏尔将桌子上的杯盘摆弄齐整后，就又大嚼起干酪和沙丁鱼来，一面左右逢源地喝着啤酒和烧酒。

猛然间他记起了，在他还未入狱的时候，有一次，他也是这样酒足饭饱、心旷神怡地坐在郊外一家餐厅的凉台上进着晚餐。翠绿的树叶在皓月的清辉下熠熠发光。在他的对面，就像眼前的看守长一样，坐着胖胖的餐厅老板。这一角天堂的主人喋喋不休地饶着舌，不住地向巴夏尔敬酒敬菜……

“讲个笑话给我听吧。”巴夏尔说。于是看守长便给他讲起一个正如他自己也不讳言的下流的笑话来。

巴夏尔请求再来一点水果、一杯黑咖啡和几块饼干作为点心。

他的这个请求也如愿以偿了。在他用完点心之后，牢房里进来了一个狱中牧师，打算给囚犯一番最后的劝慰。

牧师是个神情愉快、和蔼可亲的汉子，正如同巴夏尔周围这群为他操心、判他死刑、明天就要绞死他的人一样。他们一个个满面春风，和他们打交道很痛快。

“上帝会使您得到安慰的。”狱中牧师拍着巴夏尔的肩膀说，“明天一早您便万事都了啦，不过也用不着垂头丧气，您还是忏悔忏悔，打起精神来瞻望一下天国吧。您要信赖上帝，因为他对每个悔罪的人都十分欢迎。谁要是不肯忏悔，谁就会在牢房里彷徨哭泣，一夜难安。但这对您又有什么好处呢，嗳？只不过是自讨苦吃罢了。谁忏悔，谁就能在这最后一夜里睡个好觉，做个好梦。我再重复一遍，老弟，要是您肯洗涤一下灵魂上的罪恶，便会觉得好过得多了。”

谁知巴夏尔陡地面如土色。他直想呕吐，五脏六腑都翻动了，却又吐不出来。一阵可怖的痉挛攫住了他的全身。他蜷曲着、痉挛着，额端冷汗淋漓。

这下可把牧师吓坏了。

看守们纷纷跑来，连忙把巴夏尔送进了狱中医院。狱医们一看都摇头。傍晚，病人发高烧了。子夜以后，医生们宣布他的病况非常险恶，并且一致断定是剧烈中毒。

重病的人照例是不处死的，因此当天夜里并没有在庭心给巴夏尔搭设绞架。

相反的却是替他清洗肠胃。还把那些未被消化的食物残块进行了一番化验，结果发现肝制香肠已经腐烂，含有剧毒。

在出售香肠的商店里突然光临了一个调查团。调查的结果是那香肠商违反了卫生规定，香肠不是放在冷藏室，而是放在温暖的地方。调查团做完记录，案子就转到检察长手中了。检察长便以食物保藏不合卫生的罪名，把那商人审讯了一通。

在那些治疗巴夏尔的狱医之中，有一位心地善良的青年医生。他寸步不离地守着那张病床，想尽一切办法来使病人起死回生，因为这件案子实在是太稀罕、太离奇、太有趣了。年轻的医生日夜不懈地护理着巴夏尔。两周以后，他便拍了拍犯人的背道："您得救啦！"

第二天巴夏尔就依法被绞死了，因为他已经有了足够上绞架的健康。

使巴夏尔苟延残喘两星期的香肠商被判处了三星期徒刑，而救了巴夏尔一命的医生却得到了上司的赞扬。

在法的门前[1]

[捷克]弗兰兹·卡夫卡
叶廷芳 译

在法的门前站着一位门警。一位乡下人来到他的身边，请求进入法的大门。但门警说，他现在不能准许他进去。这个人考虑了一下，问道：那么他以后是否可以进去。“有可能，”门警说，“但现在不行。”由于法的大门一如往常总是敞开着，而门警也已走到了一旁，这人就躬下身去，以便透过大门看看内部情形。门警见此笑着说：“如果它那么吸引你，那就试试，不顾我的禁令，往里走好了。不过请注意：我是强大的。而我只不过是最低级的门警。但一个个大厅都站着门警，一个比一个强大。连我看到第三个就不敢再看了。”这么多的难关真是出乎乡下人的意外。他以为，法律嘛应该是人人都有份的，随时都可以进入它的大门的，但当他现在仔细地打量了一下穿着皮大衣的门警，看到他那高高的大鼻子，他那鞑靼人的稀稀拉拉、又长又黑的胡子，他决心宁可等下去，直到他获准进去为止。门警给了他一张小板凳，让他在门旁坐下。他在那里坐了一天又一天、一年又一年。他做了很多次要求让他进去的尝试，门警都被他的请求弄疲倦了。门警时不时地对他进行三言两语的盘问，打听他是什么地方的人，以及别的许多事情。但那都是些干巴巴

---

1 这篇譬喻性杰作是长篇小说《诉讼》（一译《审判》）中的一节，是该书的画龙点睛之作，写于 1914 年秋，1916 年首次发表在库尔特·沃尔夫出版社出版的新创作年鉴《末日审判》上，后收入短篇集《乡村医生》。本文选自叶廷芳主编:《卡夫卡全集（全 10 卷）》（第 1 卷），洪天富等译，河北教育出版社 1996 年版，第 171—172 页。

的提问，仿佛都是些大老爷们在提似的。而末了总是对他说：他还是不能让他进去。乡下人为这次出门带了很多很多东西，该花的都花了，不管如何，还得把贵重的留下，用来贿赂门警。门警呢，他什么都照收不误，但同时却说："我收下这些仅仅是为了免得你以为耽误了什么。"在这年年岁岁的等待过程中，乡下人几乎从不间断观察这位门警。别的门警他都忘了，而这第一位似乎是他进法的大门的唯一障碍。他诅咒这个不幸的偶然性。在头几年里他毫无顾忌地大声咒骂，后来，他老了，还在喃喃呐呐地骂个不停。他变得幼稚可笑。由于他常年研究门警，连他皮领上的跳骚都认得出来，他也请求跳骚帮他忙，使门警改变态度。最后他的视力变弱了，他搞不清是他周围真的变暗了呢，抑或仅仅是他的眼睛造成的错觉。但是现在他倒确实认出了一道正从法的每一重大门发出的永不熄灭的光环。眼下他活不长了。在临终前，他在脑子里把一生的全部经验集聚成迄今尚未向门警启口的问题。由于他那僵硬身体已不能再站起来了，他只向他示个意。门警不得不深深躬下身去，因为两个人的个子的差别正朝着对乡下人不利的方向变化。"你现在到底还想知道什么呢？"门警问道，"你真是不知满足啊。""人人都在追求法，"乡下人说道，"但在这么许多年里却没有一个人要求进法的大门，这是何故呢？"门警看出此人已经走到他的尽头了，为了让他正在消失的听觉还能听得见，他对他大声号叫道："这里再也没有人能够进去了，因为这道大门仅仅是为你而打开的。我现在就去把它关上。"

诗歌

法律就像爱[1]

[英] 奥登

马鸣谦　蔡海燕　译

法律，园丁们说，是太阳，
法律是所有园丁一向
服膺遵从的规范
无论明天，昨天，今天。

法律是老年人的智慧，
无能的祖先只会低声责备；
后代子孙伸长舌头做怪脸，
法律是年轻人的感觉器官。

法律，牧师开腔时带着牧师的神气，
向那些非教会人士讲解阐明，
法律是我祈祷书里的文字，
法律是我的讲坛和教堂尖顶。

1　选自《奥登诗选：1927—1947》，马鸣谦、蔡海燕译，上海译文出版社 2014 年版，第 423—426 页。

法律，法官提起时一副不屑表情，
说得清楚分明且非常严厉，

法律，我以前曾告诉过你，
法律，我料想你早已知悉，
法律，且容我再讲上一句，
法律就是法律。

循规蹈矩的学者如此言说：
法律既无对，也无错，
法律只是被地点和时间
所惩罚的罪愆，
法律是人们穿的衣服，
无论何时，无论何处，
法律是早安和晚安。

其他人说，法律是我们的命数；
其他人说，法律是我们的政府；
其他人说，其他人说，
法律不复存在，
法律已经离开。

而怒气冲冲的喧闹的民众，

总那么喧闹、那么怒气冲冲，
法律专为我们量身定做，
总针对软弱的傻瓜针对我。

亲爱的，若我们知道
我们并不比他们更了解法律，
对于什么该做、什么不该做
我也并不比你知道得更多，
而除非所有人都同意，
高兴地或痛苦地
对法律的定义达成一致，
除非所有人都认同此理，
认为将法律与其他字词
混为一谈是件荒唐事，
与很多人不同，
我不会再说法律是什么，
和他们一样，我们难以抵挡
那妄加猜测的普遍愿望，
也无法摆脱我们的自身立场
进入一种漠不关心的状况。

但我至少可以约束
你我的虚荣自负，
羞怯地说出
一个令人汗颜的相似之处，

我们至少应该骄傲地告白：
我要说法律就像爱。

就像爱，我们不知地点或原由，
就像爱，我们不能强迫或逃走，
就像爱，我们常会为之痛哭，
就像爱，我们很难把它留住。

1939 年 9 月

第二十三 权利

经典论述

人人生而自由，在尊严和权利上一律平等。他们赋有理性和良心，并应以兄弟关系的精神相对待。

——《世界人权宣言》[1]

每个人都有一种基于正义的不可侵犯性，这种不可侵犯性即使以整个社会的福利之名也不能逾越。

——约翰·罗尔斯[2]

1 载张宏良、金瑞德编:《改变人类命运的八大宣言》，中国社会出版社 1996 年版，第 75 页。

2 ［美］约翰·罗尔斯:《正义论》，何怀宏、何包钢、廖申白译，中国社会科学出版社 2001 年版，第 3 页。

故事

不朽的罗萨女士[1]

林达[2]

美国黑人民权运动的标志性人物，92 岁高龄的罗萨·帕克斯女士最近逝世，距离她当年违抗州法律，拒绝在公共汽车上为白人让座，遭到逮捕，从而触发了历史性的“罢乘”运动，刚好半个世纪。罗萨·帕克斯女士早已成为美国民间维权运动的一个象征，成为非暴力反抗和公民不服从观念的一个象征，得到美国朝野各界和各色人种的一致赞扬和认同。

她到底干了什么了不起的事，到底做出了什么牺牲，到底起了什么作用，竟然在半个世纪里化身为一种象征，一个不朽的标志？

美国在南北战争废除了奴隶制以后，南方几个州在法律上保持种族隔离制度长达近一百年。在这一个世纪中，南方各州引以为自豪的是“法律和秩序”，种族隔离不仅是天经地义的社会传统，而且是由法律规定的制度。

当 1955 年冬天的一个傍晚，42 岁的普通女职员罗萨·帕克斯在公共汽车上打定主意拒绝站起来为白人让座时，她面对的是强大的法律和

1　选自《新京报》2005 年 10 月 29 日。

2　林达是一对美籍华人作家夫妇合用的笔名。夫为丁鸿富，妻为李晓琳。他们都于 1952 年出生在上海，1978 年上大学，曾在黑龙江省插队，1991 年移居美国。

制度。她知道警察会来逮捕她，因为她这样做是违法的。她知道自己有可能坐牢罚款，因为亚拉巴马州和蒙哥马利市都以讲究法治出名。她是一个受过良好教育的人，完全知道历史上这种法治对黑人的无情惩治。作为一个普通女子，她知道什么叫恐怖。

面对闻讯前来的警察，她平静地表示拒绝站起来让座。

她事后说，她只是“厌倦了被羞辱”的待遇。

她被带往警察局，托着“7053”的牌子，在警察局里拍下了被捕登记照。感谢历史留下了这张黑白照，罗萨・帕克斯直视着镜头，目光平静而专注，没有恐惧，没有恼怒，几乎是带着蔑视和悲悯面对警察。50年后，我们看这张照片，看着罗萨・帕克斯的目光，你不能不为做人可以做得如此有尊严而感动。为什么她会有如此尊严？是什么让罗萨・帕克斯这样自信？

因为，罗萨・帕克斯相信美国立国先贤们表达的理想：人生来平等，人人都有生命、自由和追求幸福的权利。

这种权利，是做人的基本权利，与生俱来，和人的生存状态浑然一体，是不可剥夺的，所以它被称为自然权利。法律是人起草的，制度是人创立的，而任何一个普通人的自然权利，却在创造物之前就存在了。个人的基本权利，比法律还要早，比制度还要高。正因为有了这样的信念，罗萨・帕克斯相信，在公共汽车上搞种族隔离，强迫黑人为白人让座的法律，羞辱黑人，践踏黑人的尊严，是在侵犯黑人的基本权利。这种法律就是应该废除的。正如后来领导罢乘运动的马丁・路德・金所说，我们不会接受你们不合理的法律。

罗萨・帕克斯拒绝让座以后，蒙哥马利的黑人罢乘运动开始了。蒙哥马利市几万黑人工人，步行上下班，坚持了381天。蒙哥马利的市政当局，指控黑人教堂用汽车接送黑人是“非法经营”，逼迫保险公司对这些汽车拒保。黑人领袖被逮捕被起诉，罪名是煽动破坏治安。这是既有制度和民间维权的一次对抗。

奇迹发生了。一个城市的所有黑人，拖着“疲惫的双腿，疲惫的灵魂”，默默地走，风雨寒暑，走了一年多。

没有动乱，没有暴力，没有破坏，没有报复。他们默默忍受了一切，似乎是那样软弱和无奈，却表现出必胜的自信和尊严。手里有制度机器的权势者未必强大，两手空空的黑人上班族未必弱小。前者只不过借助物质的暴力，而后者是在维持做人的基本权利。

1956 年 11 月 13 日，联邦最高法院宣判，公共汽车上的种族隔离是违宪的，相关法律一律废除。消息传到蒙哥马利市，黑人罢乘运动在第二天宣布胜利结束。罗萨·帕克斯女士的拒绝让座和黑人们 381 天的步行，向世人证明了弱者的力量，维权的正当性，也为后人留下了一个样板：开明的制度，必须允许在底层民众和体制之间有一种对话的渠道。体制和民众之间，不论有什么样的传统障碍，不论有多大的分歧，最重要的是必须有一些基本的共同语言。正是这种共同的东西，保障了制度的良性演变。这种上下共同的东西，必定是最简单的常识，那就是对公民维权之正当性的认同。

罗萨·帕克斯是不朽的，她属于全人类。

诗歌

起初他们追杀共产主义者[1]

[德] 马丁 · 尼莫拉[2]

朱学勤 译

起初他们追杀共产主义者，
我不是共产主义者，我不说话；
接着他们追杀犹太人，
我不是犹太人，我不说话；
后来他们追杀工会成员，
我不是工会成员，我继续不说话；
此后他们追杀天主教徒，
我不是天主教徒，我还是不说话；
最后，他们奔我而来，
再也没有人站起来为我说话了。

犹太人大屠杀纪念碑铭文，波士顿，1945 年

1 朱学勤：《书斋里的革命》，长春出版社 1999 年版，第 31 页。
2 马丁 · 尼莫拉（1892—1984），德国神学家。

第二十四 责任

经典论述

我以为人们在每一个时期都可以过有趣而且有用的生活。我们应该不虚度一生，应该能够说："我已经做了我能做的事。"人们只能要求我们如此，而且只有这样我们才能有一点快乐。

——艾芙·居里[1]

"小我"虽然会死，但是每一个"小我"的一切作为，一切功德罪恶，一切语言行事，无论大小，无论是非，无论善恶，一一都永远留存在那个"大我"之中。那个"大我"，便是古往今来一切"小我"的纪功碑，彰善祠，罪状判决书，孝子慈孙百世不能改的恶谥法。这个"大我"是永远不朽的，故一切"小我"的事业，人格，一举一动，一言一笑，一个念头，一场功劳，一桩罪过，也都永远不朽。

——胡适[2]

1 [法]艾芙·居里:《居里夫人传》，左明彻译，商务印书馆1984年版，第265页。

2 季羡林主编:《胡适全集》第1卷，安徽教育出版社2003年版，第664—665页。

故事

“担干系，负责任”，使自己成器[1]

陈志武

陈晓、陈笛：

几年前，小张是耶鲁大学的博士生，第一学年博士资格考试时，她没通过。当我们通知她考试没过必须退学时，她自己还好，不是太在意，倒是她在德克萨斯州的母亲闻讯立刻晕倒，被送进医院，母亲还没恢复好，她父亲就赶紧开车来耶鲁求情。

你们知道，从德克萨斯州开车到康州，距离是不近的。在父亲到来之前，小张没有主动找老师说明情况，因为她知道父亲会像往常一样，什么都替她办好的。几天后父亲到了，向各位老师包括我求情，希望给她女儿第二次机会，让她在耶鲁大学读下去。她父亲跟我是湖南老乡，也在德克萨斯州的一所大学教书，说起来我们也算同行。

小张父亲说，她之所以没考好，是因为从小到大，一直到来耶鲁读研究生之前，没有离开过家，而且只吃她母亲做的饭菜，从来不跟其他人打交道，不操办自己的事，即便是联系、申请读博士，也是父亲帮她找人写推荐信，由父母一手包办的。虽然她已经 24 岁，到耶鲁读博士，

1 陈志武:《24 堂财富课：陈志武与女儿谈商业模式》，当代中国出版社 2009 年版，第 212—214 页。

却是她第一次离开父母，生活难以自理是可想而知的。

在耶鲁读书的一年中，小张父亲来看过她四五次，帮她买好生活用品、准备够菜米，处理好老师和同学的关系。只是平时，因为母亲不在身边，她吃不饱；由于现在要跟另外两个女生同住一套公寓，她们又经常有男女朋友来举办 party，吵吵闹闹，小张时常睡不好，也跟同公寓的女生无法相处。结果，小张挣扎了一年，成绩越来越差。

小张父亲还说，本来这次没考好，小张该自己找老师说。因为以前她没跟别人打过交道，所以，仍然只能由做父亲的出面。

你们知道，我听到这些之后，反而更觉得让小张离开耶鲁大学，是正确的决定，因为我们有责任把资源放在未来有出息的年轻人身上。按耶鲁官方的话说，我们的目标是培养能在各领域独当一面的领导者，特别是学术思想的领导者。

我跟你们分享这个故事，是想谈谈个人责任跟个人自由的匹配关系。小张或许只知道父母溺爱下的随意“自由”，却不知跟自由相配的自我责任。实际上，没有自我责任支撑的个人自由与空中楼阁无异，是本质上的不自由。

试想，如果你们今天滥用自己的选择自由，或者干脆就利用爸妈对你们的爱，让自己对什么都知难而退：第一天，把自己的脏衣服到处乱扔，由爸妈帮你们去收拾；第二天，功课一难就不做，要我代替你们做；第三天，在学校与同学发生纠纷，或者碰到其他挑战，也要爸妈出面，到学校找老师解决；第四天，暑假到了，要实习了，又是我去代你们安排……日复一日，你们自己真的完全“自由”了，到哪里、做什么，都是由爸妈惦记着、安排好。于是，等你们大学毕业时，工作由爸妈给你们找；等你们要结婚、买房子了，由爸妈帮你们出钱，甚至要动用我们的养老钱……到最后，你们能真有个人自由、自我选择吗？不能！

因为没有自立能力的人，就得事事依靠别人，财务上也靠别人，那当然就谈不上有个人选择空间，谈不上有自由了。再者，今天让我们把精力都花在你们身上、把养老积蓄都用在你们身上，我们老了后，因为没有选择而必须依靠你们，不就成为压在你们肩上的包袱了吗？那样的话，在你们成年之后，怎么能根据自己的兴趣志向，五湖四海自由选择呢？那当然不能！

在中国，我常听到三四十岁的人说，“我这辈子就这样了，只好把希望寄托于子女了”。这下好了，他们的精力和资源的确全砸到子女身上，而子女又图一时之便，就像小张那样来者不拒，让自己丧失自我责任、自立意志。等到子女长大成家后，发现自己这辈子也那样了，也“只好把希望寄托于子女了”。就这样，代复一代，每代人都处于依靠别人因而没有个人自由的状态中，整个社会在缺乏个人选择、丧失自我实现意志的长期均衡中不能自拔。

个人选择是我们谈得较多，也是你们在学校听得多、书里读得多的话题。正因为个人自由这么重要，而自由的基础又首先是经济上的独立，所以，我一直说，你们今后要通过各类金融保险与养老安排，把自己一辈子方方面面的需要安排好，让自己在未来总能独立自主，也能让你们的子女得到解放。能这样做的一个关键前提当然是，你们能把个人责任内化成一种自然习惯，按照中国 20 世纪的思想家胡适先生的话说，就是自己“担干系、负责任”，不要总指望父母、指望别人。

胡适说：“……救出自己的唯一法子便是把你自己这块材料铸造成器。把自己铸造成器，方才可以希望有益于社会。真实的为我，便是最有益的为人。把自己铸造成了自由独立的人格，你自然会不知足，不满意于现状，敢说老实话，敢攻击社会上的腐败情形，做一个‘贫贱不能移，富贵不能淫，威武不能屈’的斯铎曼医生[1]。”

我知道，“真实的为我，便是最有益的为人”这句话，让许多习惯于集体主义思维的人没法接受，因为我们总被告知：不能“为我”，只能“利人”。但是，真实的情况可能正好相反，恰恰是那些因“为我”而使自己成功的人，才有基础去帮助别人、解救社会。试想一下，如果人都忘了自己，到最后，没有几个人能“铸造成器”，在连自己都没料理好的情况下，个人怎么有能力、有资格、有基础去“利人”呢？这就像下水救人，如果自己都不会游泳，或者还没安排好自己的安全保护措施，去救人的结果，恐怕会是自己和溺水者都活不了。

在你们的成长过程中，还会碰到许多听起来不可思议、与社会流行的迂腐说教相悖的金玉之言，对这些话，关键是要学会自己去思辨、吸收。你们一辈子的幸福，将最终来源于个性化的生活，而不是金钱财富，也不是别的。也就是说，幸福是一件很个人化的事，没有任何人比你们更清楚怎样才会使自己幸福、什么才是自己想要的。所以，别人怎么说、怎么想、怎么要、怎么生活不重要，关键在你们自己。“萝卜白菜，各有所爱”，你们的一生还是得由你们自己掌握，也将由你们自己的所作所为来定义。

而个性化的生活，既取决于个人的选择自由，亦即事事自愿，又取决于跟个人自由相对应的自我责任。胡适说，发展人的个性，“须要有两个条件。第一，须使个人有自由意志。第二，须使个人担干系，负责任”。

你们的爸爸

2009 年 5 月 1 日

1　斯铎曼医生，挪威戏剧家易卜生戏剧《人民公敌》中的主人公。

诗歌

留别澳洲诸同志六首之五[1]

梁启超

颇闻天下事，无易亦无难。
常溜[2]能穿石，危崖独挽澜。
文明原有价，责任岂容宽？
欲话兴亡事，高楼夜色寒。

1 汪松涛编注：《梁启超诗词全注》，广州高等教育出版社 1998 年版，第 80 页。
2 溜：滴下的水。

第二十五 科学精神

经典论述

科学是为科学而存在的，就像艺术是为艺术而存在的一样，它既不从事自我表白，也不从事荒谬的证明。

——爱因斯坦[1]

追求真理，忠于真理，实事求是，不盲从，不附和，不武断，不专横。

——竺可桢[2]

1 ［美］爱因斯坦:《论科学》，载许良英等编译:《爱因斯坦文集》第一卷，商务印书馆 1976 年版，第 285 页。

2 国家教育行政学院编著:《高等教育论纲》，南开大学出版社 2003 年版，第 22 页。

故事

爱因斯坦—泰戈尔谈话录[1]（节选）

泰戈尔：听说您最近很忙，忙着研究时间和空间这两个早已有之的实体。而我最近也没闲着，一直在贵国做演讲，演讲的主题是“永恒的人性与存在的真实性”。

爱因斯坦：在您看来，真理，也即您说的神性，是独立于世界而存在的吗？

泰戈尔：不，真理不能脱离世界而存在，换句话说，真理不能脱离人而存在。我们之所以能够理解宇宙万物，乃是因为我们具有无限的人性。事实上，压根就不存在人性理解不了的事物。这也就意味着，所谓宇宙的真理也就是人的真理。

爱因斯坦：实际上，对于我们这个世界本性的认识一直存在着两种不同的观点：一种观点认为，世界是依托于人而存在的统一体；另一种观点认为，世界是独立于人而存在的实在。

泰戈尔：当宇宙同永恒的人性和谐统一时，我们就说它是真实的，同时也是美的。

爱因斯坦：您说的这些仅仅代表着人类对宇宙的一种看法。

---

1 印度大诗人泰戈尔和物理学家爱因斯坦是通过他们共同的朋友孟德尔博士认识的。1930 年 7 月 14 日，泰戈尔来到了位于柏林郊外一座小山上的爱因斯坦的家，与爱因斯坦进行了第一次促膝长谈。选自［美］爱因斯坦：《人类的未来会好吗》，唐慧、冯道如译，江苏凤凰文艺出版社 2015 年版，第 21—25 页。

泰戈尔：不是一种，而是唯一。说到底，这个世界就是人的世界，有关这个世界的科学观念事实上就是持有这种观念的人的观念。因此，独立于人之外的世界是不存在的，我们所说的世界实际上是一个相对的世界，它的实在性有赖于我们的意识。理性和审美是认识真理的两个途径，而理性和审美的标准也就是永恒的人的标准，后者的感觉同我们普通人的感觉是相通的。

爱因斯坦：按照我的理解，您所说的“永恒的人”实际上指的就是人的本质，是吗？

泰戈尔：是的，就是人的本质。这个本质是一个“高高在上者”，“他”没有我们普通人身上所固有的那些局限，而唯有通过情感的活动我们才能认识“他”。科学的使命就在于去研究那种不受限于某个具体个体的永恒性，去探索与人相关的普遍真理。宗教是通向真理之路的纽带，它将真理同我们内心的需要联系了起来。如此一来，我们对真理的认识便具有了普遍的意义。宗教赋予真理以价值，通过宗教我们不仅能认识真理，而且能体验到与真理的和谐。

爱因斯坦：您的意思是说，真和美都是不能脱离人而存在的？

泰戈尔：是的。

爱因斯坦：按照您的逻辑，如果有一天人类不存在了，贝耳维德勒的阿波罗雕像也就不再是美的了？

泰戈尔：是的。

爱因斯坦：我想，这种逻辑只适用于美，而不适用于真理。

泰戈尔：为什么不适用于真理呢？真理也是通过人才能被发现和认识的呀！

爱因斯坦：我也不知道为什么，但我就是这么认为的。

泰戈尔：美存在于完美和谐的理想之中，而完美和谐的理想又存在于普遍的人性之中。真理就是人类对宇宙普遍精神的完美理解。我们努力探索，不停犯错，然后又不停地总结经验，不断地获得启发，而这，正是我们认识真理的必由之路，舍此别无其他。

爱因斯坦：我还是赞同毕达哥拉斯所说的，即：真理是独立于人而存在的，尽管我无法向您证明这一点。

泰戈尔：真理作为一种普遍存在，在本质上必然是人的真理。若非如此，我们这些具体的个人所认识到的真实的东西就永远都不能被称作“真理”，至少不能被称作“科学真理”，因为后者是借助人的大脑通过逻辑的推演而获得的。我们印度教认为，存在“梵”（Brahman）这么一个实体，并将其作为世界最高的存在和一切事物的主宰，也就是“绝对真理”。这个“绝对真理”是超越人类感觉经验的，它不能通过逻辑来认知，也不能用语言来表达。要想认识并抵达这种真理，就必须将个体的“我”融化于作为宇宙终极原因的无限中。这同时也就意味着，这种真理必定不是科学真理。而我们现在正在讨论的真理，实际上只是一个外在的表象，之所以说它是人化的，那是因为它在人类看来是真实的，我们可以将之称为“玛雅”（Maya）或是“幻觉”。

爱因斯坦：照您这么说，抑或按照印度哲学的看法，我们不是同哪一个个体的“幻觉”发生关系，而是同整个人类的“幻觉”发生关系喽?

泰戈尔：所有物种都属于同一个统一体，即都同属于人类。因此，真理是被整体上的人类所认识的。无论是印度人还是欧洲人，他们在认识真理的道路上都是一体的、共同的。

爱因斯坦：在德语中，“物种”这个词泛指全人类，包括猿猴和青蛙这类动物。

泰戈尔：在进行科学研究时，我们抛却个人的思想偏见和局限的影响，恪守严谨的科学精神，这样我们便能发现并理解存在于普遍人性中的那个真理了。

爱因斯坦：问题是，真理是否独立于我们的意识而存在，这才是关键所在。

泰戈尔：我们所说的真理，存在于现实主体与现实客体的和谐之中，而后面这二者又同处于超级人性这个统一体中。

爱因斯坦：远的不说，单就我们的日常生活来看，我们便不难发现，我们日常使用的每一件物品都是独立于我们而存在的。唯有承认了这种独立存在性，我们关于现实的感官经验才能得以成立，换句话说，我们才能理清各种实在之间的相互关系。比如，现在房间里有张桌子，即便我们离开了，这张桌子还依然留在这个房间里，不是吗？

泰戈尔：您说得没错，桌子是独立于我们而存在的。但你我的意识不同，对这同一张桌子的认识也就不同。

爱因斯坦：真理是独立于人类而存在的，虽然我们还无法证明或充分解释这一点，但至少有一点是确定无疑的，那就是：我们每个人对现实的认识都必须以这种观念作为基础，甚至连原始人也不例外。我们必须认识到，真理具有不以人的意志为转移的客观性，它独立于我们的存在、经验和意识之外，虽然我们尚不清楚这种客观性究竟是怎样的一种东西。

泰戈尔：科学已然证明，桌子作为一种实体，只是一种外在的表象而已。倘若不存在对桌子的那种意识，那么“桌子”这种东西便不复存在。同时，我们还必须注意到另外一个不容驳斥的事实，那便是：物理现实就其本质来说不是别的而正是一堆运动着的电子流，从这个意义上说，这同人的意识是一致的。认识和掌握真理的过程，实际上就是人类有限的理智同绝对真理即那个最高的存在不断冲突并逐渐向其靠拢、不断与其“握手言和”的过程。这一过程不仅发生在科学领域，也发生在哲学和伦理学领域。倘若真的存在一种与人类毫无关联的真理，那它也就失去了被探索的意义。不难想象这样一种现实的存在，即：事物是连续的，它不是存在于空间之中，而是像音符那样存在于时间之中。如此一来，所谓实在就是一种在时间中的存在，它抛弃了毕达哥拉斯的那种几何学，从而向音乐靠近。纸是一种存在，文学也是一种存在，然而这两种存在却有着本质的不同。对于喜欢以纸为食的飞蛾来说，文学是没有意义的，因而也是不存在的；而对于人来说，文学的价值则远远大于纸的价值。同样，倘若存在一种真理，它同我们人类既没有感性上的联系又没有理性上的联系，那么这种真理对我们来说就是没有意义的，因此实际上也就是不存在的。

爱因斯坦：按照您这个说法，我可是要比您更有宗教情感啊！

泰戈尔：将自己融化在超级人性中、融化在永恒的人的精神中并不断向其靠拢，这便是我的宗教。

外貌像我的机器人[1]

[美] 罗伯特 · 雪克利

施咸荣 译

史奈斯机器人店是家普普通通的铺子，位于 KB22 大街，在新纽瓦克大区，靠近乌赫鲁捷经。它夹在一家氧化器厂和蛋白质店之间。陈列在店门口的东西你很可以想象：三个像活人一样的机器人，面带笑容，穿的衣服跟他们的职业很相称：PB2 型的法国厨师；LR3 型的英国保姆；JX5 型的意大利园丁。他们都准备为你服务，给你的家庭带来一点旧世界的典雅。

我走进去，穿过蒙有一层尘土的陈列室，进了车间，那地方像屠场，也像巨人的工场，是二者相结合的使人不安的混合体。脑袋、胳膊、腿、躯干有的堆在架子上，有的支在角落里。除了拖着一根根电线，这些部件跟活人一模一样。

史奈斯从库房出来迎接我。他是个脸色苍白的矮小男人，下巴突出，两只发红的大手耷拉着。他在某种程度上是外国人——制造非法的机器人就数这班外国人最好。

他说："已经做得了，华森先生。"（我的名字不叫华森，史奈斯的名字也不叫史奈斯。为了保护罪犯，这儿所有的人名都改掉了。）

史奈斯领我到车间的一个角落里，在一个机器人跟前站住，那机器

1　选自［美］阿西莫夫等著：《12 类悬幻：世界科幻小说选粹》，施咸荣等译，中国书籍出版社 2007 年版，第 122—131 页。

人的头上盖着一块毛巾。他一下子把毛巾拉掉了。

光说这个机器人像我是不够的；在形体上，这机器人就是我，从头到脚，丝毫不差，连皮肤和毛发的质地也都一样。我细看那张脸，仿佛第一次看到严峻的容貌上流露出凶狠的神气，深陷的眼睛里射出不耐烦的光芒。不错，这就是我。这会儿我不打算试验他的声音和行为。我付钱给史奈斯，叫他把机器人送到我的寓所。到目前为止，一切都照计划进行。

我住在上曼哈顿第五垂直马路。住在那地方很费钱，但我为了可以看到天边，不在乎多花几个钱。我的家也是我的办公室。我是个星际掮客，专门做某几类稀有金属的投机买卖。

在这个高速竞争的世界里，我像其他那些想维持自己地位的人一样，生活按照严格的日程。工作占去我的大部分时间，但其他一切都严格地分配了固定的时间和地点。例如，我每周花三小时过性生活，采用陶丽丝·琼斯的性执行计划，也付出很高的代价。我一周花两小时交友，另有两小时空闲时间。晚上我插上安眠机，保证每晚六点八小时睡眠，同时利用这段时间通过催眠机向我输送有关我这一行的文学知识。诸如此类。

我做任何事情都按照日程表。几年前，在一生计划公司的专家们帮助下，我替自己的生活作了全面安排，把数据输入我的私人电子计算机，此后就一直按照这个日程办事。

当然啦，计划是可以修正的。对疾病、战争和自然灾害都作了补充规定。跟总计划相适应的还有两个辅助方案。辅助方案（一）规定有一个妻子，重新安排了我的日程，允许我一周可以有四小时跟她一起自由行动。辅助方案（二）假定有一个妻子和一个孩子，这样一星期要另拨出二小时。经过仔细的重新安排，这些辅助方案执行后，这使我的生产率相应受到百分之二点三和二点九的损失。

我早已决定，我将在三十二点五岁结婚，妻子由保证婚姻介绍托拉斯提供，这家托拉斯信誉卓著，无可指摘。但接着发生了一桩很意外的事。

我利用某一个“空闲时间”去参加一个朋友的婚礼。他的新娘的女傧相名叫埃兰，是个苗条、活泼的姑娘，金黄色的头发像阳光一样灿烂，身段娇小可爱。我发现她很迷人，回家以后就不再去想她。或者说，我自以为不再去想她。但接连几天几夜，她的形象总是在我眼前出现，留连不去。我的胃口减退，晚上开始睡不好。我的电子计算机检查了有关数据，告诉我说，预料我的精神可能崩溃——但最严重的迹象是我害了相思病。

我倒不是完全不高兴。为自己未来的妻子害相思病可能是保证将来夫妻和睦的一个绝对因素。我请谨慎股份有限公司对埃兰作了调查，发现她非常合适。我雇佣了有名的媒人幸福先生替我说合，照一般情况作出安排。

幸福先生——一位白发苍苍的矮小绅士，堆着迷人的笑容——回来时带来了坏消息，“这位年轻小姐好像是个传统主义者，”他说，“她要通过谈恋爱。”

“那到底包括些什么，明确地说？”我问。

“那是说，您必须打电视电话给她，跟她约会，带她出去吃饭，随后去一个公共娱乐场所，诸如此类。”

“我的日程表上没时间干这类玩意儿，”我说，“可是，如果非常必要，我想我可以安插在下星期四下午九时到十二时之间。”

“这将是个非常好的开端。”幸福先生说。

“开端？我应该像这样花多少个晚上？”

幸福先生估计，正常的谈恋爱一星期至少要花三个晚上，接连两个月。

“可笑！”我说，“这位年轻小姐手头好像没事可做，空闲得很。”

“完全不对，”幸福先生安慰我说，“埃兰像今天这个时代每个有教养的人一样，过着忙碌的、完全安排好日程的生活。她的工作、家庭、慈善事业、艺术嗜好、政治、教育，等等，把她的时间都占满了。”

“那么，她干吗还要坚持这种耗费时间的谈情说爱？”

“好像这是个原则问题。那就是说，她要求这样做。”

“她是不是有点不正常？”

幸福先生叹了一口气，“唉……她是女人，您知道。”

我在下一个空闲钟点把这事考虑了一番。看来只有两种选择。我可以放弃埃兰，我也可以照她希望的那样做，从而在谈恋爱时损失估计占17%的生产率，而且消磨那些夜晚的方式我认为是愚蠢的、无聊的、毫无收益的。

两种选择都难以接受。我左右为难。

我咒骂。我用拳头猛击办公桌，打翻了一只古董烟灰缸。戈登，我的一个机器人秘书，闻声急急赶来，“出了什么事啦，先生？”他问。

戈登是斯伯利制造的上等人格化机器人之一，一套25个，他是其中的第12个。他瘦高个儿，走路时背微微有点驼，相貌有点像莱斯里·霍华德。除了按照政府规定在前额上和两只手上打有印记以外，你简直看不出他是人造的。我瞅着他，突然灵机一动，想出了解决我问题的办法。

“戈登，”我慢吞吞地说，“你知不知道，用手工制造单个的、个性化的机器人，数哪家最好？”

“新纽瓦克大区的史奈斯。”他不假思索地回答。

我跟史奈斯谈了一次话，发现他的不法勾当还算正常。他同意制造一个不带政府标记的机器人，完全像我，能够重复我的行为。我付了很大一笔钱，但我很满意：我有的是钱，但简直挤不出一点时间。事情就是这样开始的。

机器人通过空气快递送来，我到家时他已在我的寓所了。我给他输入动力，马上开始工作。我的计算机把有关的数据直接输送到机器人的记忆磁带上。随后我放进一个谈恋爱计划，做了一些必要的试验。结果甚至比我预期的还要好。我高兴极了，打了个电话给埃兰，约她当天晚上见面。

那天的剩余时间我都用来处理春季市场交易，订单已经开始堆积了。到了下午八点，我打发查尔斯二号走了，这是我给那个机器人取的名字。随后我打了个短短的盹儿，又重新工作。

像预先安排好那样，查尔斯二号在子夜准时回来。我用不着问他：史奈斯在他的左眼安装了一个秘密电影拍摄机，晚上的经过情形都已记录下来。我怀着复杂的感情看着、听着我谈恋爱的第一幕。

这不是扮演角色，机器人就是我，一直到我说话前咳嗽的方式和我思考时怎样用食指摩擦大拇指。我第一次注意到，我的笑近于傻笑，不怎么可爱；我决定把这一点和其他某些不好习气统统从我和查尔斯二号身上改掉。

不管怎样，总起来说，我认为这次实验非常成功。我很高兴。我的工作和谈恋爱都进行得很顺利，效率很高。我实现了古老的梦想：我一人化成两个躯体。谁能要求更多?

我们度过了多么美好的夜晚！当然啦，我的经历是别人代庖的，但照样非常激动人心。我仍记得我怎样第一次跟埃兰口角，她是多么美丽、多么固执，事后我们又怎样甜蜜地言归于好。

事实上，那次“言归于好”产生了一些问题。我事先作好安排，在肉体上只准查尔斯亲近到某个审慎的程度，不许越出范围。但是我现在发现，一个人无法替两个自主的人规划好谈恋爱过程中每一个动作，尤其这两个人中有一个是女性。为了逼真，我不得不允许机器人有些越规举动，虽然我本来以为这样做不足取。

在第一次受惊之后，我倒觉得这样做挺有趣味。事实上，我不妨承认，我对有关我自己和埃兰的电影越来越感兴趣。我想，某些自以为是的精神病学家会管这叫观淫癖，或者说得更难听。但那是不理解更深奥的哲学含义。归根到底，哪个男人不梦想能够看见如何采取行动？谁不幻想自己有个隐秘的摄影机能记录自己的每一行动？只要有机会，谁会拒绝既当演员又当观众的特权？

我跟埃兰的这场戏朝着使我吃惊的方向发展。开始出现一种狂热，一种疯狂的爱情，我都无法相信我会变得这样。我们一起度过的夜晚充满了甜蜜的忧愁，仿佛有大难临头的预感。有时候我们都不说话，光是握着手，你看着我、我看着你。有一次，埃兰竟无缘无故哭泣起来，我摩挲着她的头发，她就对我说："我们怎么办呢？"我看着她，没有回答。

当然啦，我非常清楚，这些事情都发生在机器人身上。但机器人是我的一个方面或特征——我的影子、双胞胎、双重人格、主导精神、活人的灵魂。他是我在特殊处境中人格的延伸；因此在他身上发生的一切都成了我的经历。从形而上学的观点看，这是毫无疑问的。

这一切都非常有趣。但最后，我不得不结束谈恋爱。已到埃兰和我计划结婚的时候了。因此，谈恋爱整整两个月以后的一天晚上，我叫机器人提出一个结婚日期，宣告谈恋爱结束。

"你干得非常好，"我对他说，"等这事办完以后，你将接受一个新的人格、一次整形外科手术和在我机构里一个可敬的位置。"

"谢谢您，先生。"他说。他的脸像我的脸一样，总是不动声色。我从他的声音里听不出一点点弦外之音，只是十足的顺从。他带着我送给埃兰的最新礼物离开了。

子夜到了，查尔斯二号并没回来。一个小时后，我觉得不安了。到了清晨三点，我已心烦意乱，开始想入非非，产生他跟她在一起的种种幻觉。时间一分钟一分钟过去，查尔斯二号仍然没回来，我的幻想变成了虐待狂。我想象用各种缓慢而可怕的方法向他们俩复仇——机器人的罪名是越俎代庖，埃兰的罪名是傻得真假不分，竟会受机器人的欺骗。

长夜慢慢过去。我时醒时睡，最后朦胧地睡去。

我一早醒来。查尔斯二号还没回来。我取消了整个早晨的约会，急急地奔向埃兰的寓所。

“查尔斯！”她说，“真出乎意外地高兴！”

我装出若无其事的样子走进她的寓所。我决定保持镇静，直到打听出昨天晚上到底发生了什么事。除此以外，我不知道该怎么办。

“出乎意外？”我说，“难道我昨天晚上没跟你说，我可能来吃早饭？”

“你也许说了，”埃兰说，“说老实话，我当时感情太激动了，已经记不清你说的每一句话。”

“可你总记得发生了什么事吧？”

她的脸红得很好看，“当然啦，查尔斯。我胳膊上还留着痕迹哩。”

“是吗，那倒好！”

“我的嘴唇也破了。你干吗要那样咬牙切齿的？”

“我还没喝咖啡哩。”我对她说。

她领我到吃早饭的凹角里，倒了杯咖啡。我两口就喝完，接着问：“你看我真的像昨晚上跟你在一起的那个人吗？”

“当然啦，”她说，“我已经熟悉了你的脾气。查尔斯，出了什么事啦？昨晚上有什么事让你不高兴了？”

“是的！”我疯狂地嚷道，“我刚想起，你怎样光着身子在平台上跳舞。”我瞪着她，等她否认。

“那只不过一会儿工夫，”埃兰说，“再说我也不是真正光着身子，你知道，我穿着肉色紧身衣。不管怎么说，是你要求我这么做的。”

“是的，”我说，“是的，是的。”我有点不知所措了。我决定继续刺探，“可是后来，你从我的靴子里喝香槟——”

“我只喝一小口，”她说，“我是不是太大胆了？”

“你干得不错，”我说，感到浑身发冷，“我想，我这会儿向你提起这类事情，是不公平的……”

“瞎扯，我喜欢谈论。”

“记得起咱们互相换衣服穿的那个荒谬时刻吗？”

“我们的确很胡闹。”她说着，噗哧一笑。

我站起来，“埃兰，”我说，“你昨晚上到底干了什么了？”

“什么话？”她说，“我跟你在一起。可是，查尔斯——你刚才提到的那些事情——”

“都是我编出来的。”

“那么，昨晚上你跟谁在一起？”

“我在家里，一个人。”

埃兰沉吟了一会儿。随后她说：“我恐怕得向你坦白。”

我交叉着两臂等着。

“昨晚上我也一个人呆在家里。”

我把一边的眉毛一扬，“还有另外那些晚上呢？”

她深深吸了口气，“查尔斯，我不能再欺骗你啦。我确实希望经过一次老式的谈恋爱。可是到了时候，我怎么也没法安排到我的日程里去。

你瞧，我正在学阿兹台克[1]陶器的课程，快要期终考试，我又刚当选为阿留申群岛救济同盟的女主席，而我新买来的那些奢侈品又要我花时间拾掇——”

“那你怎么办呢？”

“嗯——我可没法跟你说：‘瞧，咱们别谈恋爱了，干脆马上结婚吧。’归根到底，我并不了解你。”

“你怎么办呢？”

她叹了口气，“我认识一些姑娘，她们也曾遇到过类似的困境，她们去找那位真正有本领的机器人制造商，名叫史奈斯……你笑什么？”

我说：“我也有件事要向你坦白。我也利用了史奈斯。”

“查尔斯！你真的叫一个机器人到这儿来跟我谈恋爱？你怎么做得出来！如果真是我本人呢？”

“我想，咱们俩谁也没有资格生气。你的机器人昨晚上回家没有？”

“没有。我还以为埃兰二号跟你——”

我摇摇头，“我从来没见过埃兰二号，你也从来没见过查尔斯二号。情况显然是这样的：咱们的机器人见了面，谈恋爱，现在一起逃跑了。”

“可是机器人干不出这种事来！”

“咱们的机器人干得出来。我想，他们也许互相调整了数据。”

“也许他们真的相爱了。”埃兰若有所思地说。

我说：“我会打听出他们的下落。可是这会儿，埃兰，让咱们先想着咱们自己吧。我建议，只要可能，咱们马上结婚，越早越好。”

“好的，查尔斯。”她嘟哝说。我们接吻。随后，温柔地、相亲相爱

1 墨西哥的一个印第安部落。

地，我们开始重新安排我们的日程。

我跟踪追查出那两个逃跑的机器人到了肯尼迪星际机场。他们搭乘区间飞船到了第五空间站台，在那里改乘马人星号特快太空船。我不伤那份脑筋再继续追查。在宇宙里另外十几个世界中，他们不知在哪个世界上生活了。

埃兰和我都从这次经验中取得深刻的教训。我们发现自己太专业化了，太注重生产率了，太忽略单纯的古老乐趣了。根据这一理解，我们采取了措施，每天挤出一个钟点——一星期七个钟点——光是彼此呆在一起。我们的朋友都认为我们俩是浪漫主义的傻瓜，但我们不在乎。我们知道，我们的化身查尔斯二号和埃兰二号会赞成。

现在只剩几句附笔。有一天晚上，埃兰醒来，像是歇斯底里发作。她做了个噩梦。她梦见查尔斯二号和埃兰二号都是真人，他们已经逃离了不人道的地球，到了某个更纯朴、更有益的世界。我们则是两个留下来代替他们的机器人，用数据安排好让我们相信自己是人类。

我对埃兰说，这梦有多么可笑。我花了很长时间才把她说服，但终于把她说服了。现在我们都很快乐，过着很舒服的、生产效率很高的、相亲相爱的生活。这会儿我必须放下笔来，重新工作了。

诗歌

棋（之二）[1]

［阿根廷］博尔赫斯

陈东飚　陈子弘　等译

软弱的王，斜跳的象，残暴的
后，直行的车和狡诈的卒子
在黑白相间的道路上
寻求和展开它们全副武装的战斗。

它们不知道是对弈者凶残的
手左右着它们的命运，
不知道有一种钻石般的精确
掌握着它们的意志和行程。

而棋手同样也是被禁锢的囚徒，
在另一个
黑夜与白天构成的棋盘上。

1 选自《博尔赫斯文集·诗歌随笔卷》，陈东飚、陈子弘等译，海南国际新闻出版中心 1996 年版，第 89 页。

是上帝移动棋手，后者移动棋子。
在上帝身后，又是什么上帝设下了
这尘土，时间，睡梦与痛苦的布局？

第二十六 合作精神

经典论述

天时不如地利，地利不如人和。

——《孟子·公孙丑下》

建立了更高层次的共同目标，人就会自然地发现齐心协力的共同的精神基础。

——池田大作[1]

谁都无法脱离他人而独立存活，如果别人都在承受苦难，幸福也不会单独落在一个人头上。

——爱默生[2]

1 ［日］池田大作:《人生箴言》，卞立强译，中国文联出版社 1995 年版，第 41 页。
2 ［美］爱默生:《生活的准则》，史士本等译，当代世界出版社 2002 年版，第 23 页。

故事

老鼠夹与他人的重要性[1]

[巴西]保罗·科埃略[2]

陈荣生 译

老鼠看到庄园主拿来一个老鼠夹，很担心：庄园主要来杀死自己！

它开始去向所有其他动物发出警告："小心老鼠夹！小心老鼠夹！"

母鸡听到它的叫喊声，就叫它不要叫喊："我亲爱的老鼠，我知道那对你来说是个问题，但是它对我根本没有任何影响，所以请你不要这么大惊小怪了。"

老鼠跑去告诉胖猪。胖猪感到很生气，因为它的午睡被打搅了。

"房子里有一个老鼠夹。"老鼠说。

"我感谢你的关心，我也同情你，"胖猪回答，"所以，你放心，我今晚一定为你祷告，但这是我所能尽到的最大能力了。"

老鼠感到比以往任何时候都要孤独，就到母牛那里寻求帮助。

"我亲爱的老鼠，那跟我有什么关系呢？你看到过母牛被老鼠夹杀死吗？"

老鼠看到没有哪个动物愿意跟它团结起来，只好返回庄园主的房子，藏在它的洞穴里，整夜都不敢闭眼，害怕会发生什么悲剧。

---

1 选自王彦艳主编：《小小说·寓言》，花山文艺出版社 2012 年版，第 78—79 页。

2 保罗·科埃略（1947— ），巴西当代作家。

天刚亮，老鼠听到了一阵响声，它想，老鼠夹一定是夹到什么东西了。

庄园主的妻子下楼去看老鼠是否被杀死了。她在黑暗中没有注意到老鼠夹只是夹住了一条蛇的尾巴，所以，在她走近老鼠夹的时候，被蛇咬了。

庄园主听到妻子的尖叫声后，赶紧起床，飞快地将妻子送到医院。在医院里做了适当的治疗后，回家了。

但是，她仍然发烧。庄园主知道肉汤对病人是最好的补品，就把母鸡给杀了。

他妻子的身体慢慢地康复起来。因为他们夫妻俩在该地区是一对很受人喜欢的夫妻，所有的邻居都来探望他们。为了表示对邻居们来访的感谢，庄园主把猪杀了，热情地招待朋友们吃了一顿。

他妻子终于康复了，但是医疗费很贵，所以庄园主把母牛卖给屠宰场，用所得的钱支付那些医疗费。

老鼠目睹了这一切，心中暗暗想道："我已经警告过它们。如果母鸡、胖猪和母牛明白一个人的问题会使所有的人都卷入危险的话，情况是否会好些呢？"

诗歌

互补[1]

[墨西哥]奥·帕斯[2]

飞白 译

在我身上你找山，
找葬在林中的太阳。
在你身上我找船，
它迷失在黑夜中央。

1 毛信德、蒋跃编:《诺贝尔文学奖获奖作家短诗精品》，百花洲文艺出版社 2011 年版，第 214 页。

2 奥·帕斯（1914—1998），墨西哥诗人，1990 年诺贝尔文学奖获得者。

守信

第二十七

经典论述

人而无信，不知其可也。大车无輗，小车无軏，其何以行之哉？

——《论语·为政》

轻诺必寡信。

——《道德经·六十三章》

人之所以为人者，言也；人而不能言，何以为人？言之所以为言者，信也；言而不信，何以为言？

——《穀梁传·僖公二十二年》

故事

宿诺[1]（节选）

黄裳

也还是一九四七年开始起劲收集时贤书法时的事。曾托靳以寄了一张笺纸到北平去请沈从文写字，不久寄来了。在一张小小的笺纸上临写了三家书法：包世臣、梁同书和翁方纲。在笺尾有两行小字，是他自己的话，字也是他自己的面目。他说：

> 包梁二书均不喜。苏斋虽瘦而腴。上官碧。

“上官碧”是他常用的笔名。他说得对，包安吴、梁山舟虽然都是有重名的书家，但到底看不出那好处来。梁书虽有姿媚，但总脱不出馆阁体的牢笼。安吴是理论家，但理论家往往不能在实践中实现他的理论，正好像我们不能要求文学评论家写出一篇好小说来一样。只是翁苏斋在我的印象中一直是“腴”的，“瘦”的作品则很少看到。

这张字他大概不大满意，不久又寄来了一张长长的条幅。这是他一直写的章草了。署名仍作“上官碧”，后面有长跋：

1 黄裳：《珠还记幸》，生活·读书·新知三联书店 1985 年版，第 338—349 页。

黄裳先生远道邮佳纸索书，为用李福寿笔涂抹，竟成墨冻蝇。复检旧纸，经意一书，拙陋益增。始知婢学夫人，大不容易。仍只宜用起码价钱小绿颖笔在公文纸上胡画，转有斌媚处也。因检习字一纸相寄。从文

这些话说得很有意思。过去文学艺术家有许多人发表过相似的见解。可见好文章、好诗……都不是经意做出来的。当然这也不能说死了。世上无论什么事，一说死总非弄坏不可。文学艺术上的事尤其是如此。写小说又何尝不是这样，讲技巧讲过了头，往往只能产生“墨冻蝇”，这是并不少见的事。

这时他和住在北平的一些朋友好像都喜欢写字，他又寄来了一张更长的条幅，右下角题记说：

霁清轩中三人同书，上官碧记。

卷末题记说：“二行至‘万余里’从文书；二至四行充和书；至六行，从文，七行金甫书。时三十六年八月，于故都之颐和园中。”

充和是张充和，从文夫人的妹妹；金甫是杨振声。

这一张字照我外行的看法，应以张充和为第一。至少在流动宛转这一点上，是突出的。杨金甫也能书，这我过去根本就不知道，他的字当然更老到，但在这里却没有凌厉之气。三位都是书家，是明明白白的事。

我连忙向靳以打听关于张充和的事，又要他写信去请她给我写字。靳以是极善于讲故事的，听他讲张充和，就像读一篇小说。可惜三十多年过去，有些都记不起了。

一九七五年前后，黄永玉南来，路过上海。从他那里打听到沈从文

的近况，这以后与他又开始了通信。时距锦江楼头一见，又过了十来年。从信里知道他还在写字，不久就寄了一张来，用的大约是从一本旧帖上取下来的厚棉纸副页，经过水湿，渍痕宛然。纸上用铅笔打了格子，在上面写了四首诗。这幅字写得非常好，虽然旧时面目仍在，但平添了如许宛转的姿媚。小跋说："试用明拓帖扉页衬纸，七分钱新制'学生笔'，写四小诗。纸笔均佳妙，惟执笔之手不济事！书奉黄裳兄正谬。沈从文年七十进四。"

那时候，得到这样一张字，是使人非常高兴的。那是一小撮人张牙舞爪，全国人民痛苦忧愤的日子。不想听或听厌了"样板戏"的人真是走投无路了。整天赖在公园里打太极拳也不是事。弄盆景、养金鱼、种花、捉皮虫……都成了"风"。"当局"好像也并不起劲地加以禁止。在这种时候，写写字好像就成为一种高雅而无害的高级消遣。也不能说这就没有一点实用价值，抄起大字报来，一笔好字至少也能增加一点吸引力，或增强人们拜读时的忍耐心。不过要写字也还是以抄录"革命"词句为好，像沈从文在这里写什么"不管烟波与风雨，载将离恨过江南。"也还是老大的不妥当，即使这诗是宋朝人作的也罢。

前年夏天，忽然接到卞之琳从北京寄来的一封信，说去年秋天在美国访问时遇到张充和，提起三十多年前的"旧约"，现在要实践了。随信附来的是张充和的一封信，略云：

> 奉上拙书一幅，想来你已忘记此事。因靳以四九年的信尚在，非了此愿不可。我的字时写时辍，不成"体"统……附上靳以信影本，一叹！

靳以的信说：

充和：

看了你的信，大家都觉得你们还是回来的好。这个大场面你不来看也是可惜的。当初我就以为你的决定是失策，可是没有能说，也不好说。看到你的兴致那么高。有机会还是回来吧。你答应过给“黄裳”写的几个字也没有影子，得便写点寄来吧。我们都好，大家都盼望你回来。

靳以

四月廿日（一九四九）

接到这封信和字，真是说不出什么滋味，痴坐了许久。从靳以的这封短信里，似乎又活龙活现地看到了他这个人。他善良热情，关心朋友，爱护朋友。信很短，可是里面藏着的“话”很多。仿佛可以看见、听到他那胖胖的双颊上蠕动的微红，眼镜后面眯缝闪动的双眼，好像有点口吃似的断断续续说出来的话，他那总是抹不掉的微笑和一会都停不下来的动作，这一切都永远消失了。记得我托他请张充和写字，也不过说过就算了，也许开玩笑地催过他，可是他却郑重其事地记在心里，在写这封信时还不忘记提一笔。

读了这信，真不是“一叹”就能了事的。

同时附来的是一幅皮纸朱丝阑的卷子。写的是《归去来辞》。楷书。卷末题记说是应我“三十年前转托靳以之嘱”。在之琳的另一信中说她“今年（一九八一）八月在南德明兴（慕尼黑）客居三个月，回到美国新港，发现田园荒芜，手植菊已被草掩盖，连根都找不着，写信给我说，松还可以，菊何能存”。这似乎可以解释何以要写陶渊明此文的动机。但写此辞时在南德，在回美以前，她还没有看见“三径就荒”的情景。

可见这一推测是不确的了。那么女书家到底为什么在去国三十年后写下了这么一篇《归去来辞》呢?

这“辞”可能是背写的，中间有遗漏。但重要的句子却一句都不曾缺少。

三十多年前收集的一批师友墨迹在十年前被抄没了。后来又意外地收回了其中的一部分。在我开始介绍这一组劫余书件时，题下了一个《珠还记幸》的总题，表示了一种意外侥幸的高兴心情。失去的墨迹中就有靳以写的一张。他不是书家，但字迹却是秀丽的。平明出版社有许多新书的封面，都是巴金抓住他写下的。现在却只能看到一封短笺的复印件。这封短笺被女主人带到国外，幸存下来，躲过了被抄没的厄运。抄不去的还有靳以三十年前的嘱托。现在她践了“宿诺”。

在这里记下的只是一些微不足道的小事，在有的人看来也许还是迹近“无聊”的小事。有一条奇妙的线在牵动着它们，这条线虽然细弱、飘忽，往来无迹，但它牵动的却可能是非常的重量。这在有些人是不可能理解的，也不应该要求他们理解。

一九八三、二、十八

诗歌

海底被囚的魔王[1]

张枣

一百年后我又等待一千年；几千年
过去了，海面仍漂泛我无力的诺言

帆船更换了姿态驶向惆怅的海岸
飞鸟一代代衰老了，返回不死的太阳

人的尸首如邪恶的珠宝盘旋下沉
乌贼鱼优哉悠哉，梦着陆地上的明灯

这海底好比一只古代的鼻子
天天嗅着那囚得我变形了的瓶子

看看我的世界吧，这些剪纸，这些贴花
懒洋洋的假东西；哦，让我死吧！

有一天大海晴朗地上下打开，我读到
那个像我的渔夫，我便朝我倾身走来

1 张枣：《张枣的诗》，人民文学出版社 2023 年版，第 136 页。

第二十八 感恩

经典论述

人之恩可念不可忘，人之仇可忘不可念。

——陈眉公[1]

我每天上百次地提醒自己：我的精神生活和物质生活都依靠着别人（包括生者和死者）的劳动，我必须尽力以同样的分量来报偿我所领受了的和至今还在领受着的东西。我强烈地向往着俭朴的生活，并且时常为发觉自己占用了同胞的过多劳动而难以忍受。

——爱因斯坦[2]

1 （明）陈眉公：《小窗幽记》，中州古籍出版社 2005 年版，第 319 页。

2 许良英等编译：《爱因斯坦文集》第三卷，商务印书馆 1979 年版，第 42 页。

故事

师之大者[1]

[日]黑泽明[2]

李正伦 译

位于御茶之水的京华中学在大地震时被烧光了。

我去看了遗迹，心里暗自高兴，这回可不得不延长暑假的假期了。

我这么写了，读者一定会觉得我这个家伙实在差劲。但一个成绩并不太优秀的中学生的实际想法确实如此，有什么办法呢？

我本来就直率得过了头。在学校里淘了气，班主任问这是谁干的，我总是老老实实地举起手。于是，这位老师就在我成绩表上的操行栏里画个零。后来，班主任换了。我违犯校规时，照旧老老实实地举手承认，可是他说老实承认就很好，在操行栏里给了我一百分。

那时我不知道哪个老师是对的，但是我喜欢给我一百分的那位老师。他就是说我的作文是京华中学创立以来最好的文章的小原要逸老师。

当时，京华中学毕业生报考帝国大学（现在的东京大学）的合格率极高，并且以此自豪。但是小原老师常常对学生们说：“如果是私立大学，那就连妖怪也上得了。”现在的私立大学，妖怪是上不了的。不过，

1　黑泽明:《蛤蟆的油》，李正伦译，南海出版公司 2006 年版，第 79—81 页。

2　黑泽明（1910—1998），日本当代电影导演、编剧。

有钱也行。

我很喜欢教国语的小原老师，当然也喜欢教历史的岩松五良老师。

后来我同班同学的一位朋友在同窗会会报上发表文章说，岩松先生特别喜欢我。

岩松老师实在是了不起。真正的好老师，并不摆为人之师的架子，岩松老师就是这样。他上课时，谁要眼睛瞧别处或悄声说话，他就用粉笔砸谁，所以他的粉笔很快就用光。这样一来他就会说："没粉笔上不了课啦。"笑一笑便开始聊天。他这种聊天却远比教科书内容丰富。他的高超的教学本领，在期末考试时更显突出。考试时，为了监视学生，各个教室都派与考试课程无关的各位老师监考，学生知道岩松老师分到自己的教室，就会立刻欢声四起。原因是岩松老师不会监视学生。

如有学生为答不出题发愁，他就凑上去仔细地看那题。这时就会出现这种情况："你怎么啦？这个你都不会？记住，这个呀……"他认真地和那学生一同答题。最后说："你还没明白？笨蛋！"

这样说着便把答案写在黑板上。"怎么样？这回该明白了吧？"这样一来，什么笨蛋都明白了。

我的数学很差，但遇上岩松老师监考时，我准会拿百分。

有一次期末考历史，十个问题，全都是我答不出来的题目。

这次不是岩松老师监考，我一筹莫展。也算我的穷余之策吧，我只就第十题的"对三种神器[1]试述所感"信笔写了三张答题纸。内容大致是这样的：关于三种神器，我听了许多论述，但从未亲眼见过，所以谈

1 作为皇位的标志，历代天皇继承的三种宝物，即八咫镜、天丛云剑、八坂琼曲玉。以前的历史学家把神话传说的这种东西作为正史中实际存在的宝物，并赋以神秘色彩。

感想就未免强人所难了。以八咫镜为例，谁见过实物呢？实际东西也许是方的，也许是三角的。我只能说我亲眼见过的东西，只相信经过证明确实存在的东西，等等。

岩松老师判完分数，发还试卷时大声说："这里有一份奇怪的答卷。他回答了我出的十个题之中的一个题，可是很有趣。我第一次看到这样具有独立见解的答卷。写这个答卷的家伙有出息。给满分！黑泽！"说完，把那卷子捅给了我。

同学们都瞧我。我的脸红了，动都不敢动。

从前的老师中，有许多具有自由精神、个性突出的人物。相比之下，如今的老师，职员式人物太多了。确切地说，不是拿工资的职员式老师太多，而是官僚式的老师太多了。受这种人的教育，能管什么用呢？首先他们教的课干巴巴，学生感到没趣，就去看连环画册。这就难怪学生了。

我小学时代就有立川那样杰出的老师，中学时代有小原老师和岩松老师。这些老师理解我，为了让我发挥自己的个性，向我伸出过温暖的手。我完全是他们一手培养起来的。

后来我进了电影界，山本先生（导演山本嘉次郎）堪称最好的老师，伊丹万作导演虽然没有直接指教过我，但我曾得到他热情的关怀和鼓舞。

我受过出色的制片人森田信义的栽培，也曾受过约翰·福特的褒爱。除此之外，岛津保次郎、山中贞雄、沟口健二、小津安二郎、成濑巳喜男等著名导演，都是我尊之为师的人，我都得到过他们的爱护与关怀。每当我想到这些人时，禁不住想高唱："高山仰止，吾师之恩。"但是，这些人如今都已不在人世。

诗歌

活在珍贵的人间[1]

海子

活在这珍贵的人间
太阳强烈
水波温柔
一层层白云覆盖着
我
踩在青草上
感到自己是彻底干净的黑土块

活在这珍贵的人间
泥土高溅
扑打面颊
活在这珍贵的人间
人类和植物一样幸福
爱情和雨水一样幸福

1985.1.12

1 海子:《海子的诗》，人民文学出版社 2010 年版，第 11 页。

第二十九 生死

经典论述

以死来鄙薄自己，出卖自己，否定自己的信仰，是世间最大的刑罚，最大的罪过。

——罗曼·罗兰[1]

在亿万年地球存在期间，一个人只能有一次生命。这一次生命是十分难得的。我们每一个人都必须认识到这一点，切不可掉以轻心。

——季羡林[2]

1 ［法］罗曼·罗兰:《约翰·克里斯朵夫》(1)，傅雷译，安徽文艺出版社 1996 年版，第 256 页。

2 季羡林:《季羡林妙语录》，老愚编，新星出版社 2010 年版，第 226 页。

故事

致米·米·陀思妥耶夫斯基[1]

（1849 年 12 月 22 日，彼得堡，彼得保罗要塞）

[俄] 陀思妥耶夫斯基[2]

郑文樾 朱逸森 译

哥哥，我亲爱的朋友！一切都已决定！我被判在要塞（好像是在奥伦堡）服四年苦役，尔后再当列兵。[3] 今天，12 月 22 日，把我们运到谢苗诺夫校场，在那里向我们宣读了死刑判决，让我们吻了十字架，在我们头顶的上方折断了长剑，给我们套上了死前殓衣（白布衫）。接着就把三个人绑上刑柱，以执行死刑。我排在第六个，叫名字是每三个人一批，因此我是在第二批，我还能活的时间不超过一分钟了。我想到了你，哥哥，想到了你家里所有的人。在最后一分钟里，你，只有你一个

1 选自《费·陀思妥耶夫斯基全集》（书信集上），陈燊主编，河北教育出版社 2010 年版，第 116—123 页。

2 陀思妥耶夫斯基（1821—1881），19 世纪俄国作家。

3 1844 年年末至 1849 年年初，彼得堡的一些有空想社会主义和民主主义思想的青年平民知识分子每星期五会集在米·瓦·彼得拉舍夫斯基（1821—1866）家，讨论理论问题和关于组织秘密革命团体、准备农民起义、建地下印刷厂和出版宣传品等问题。1849 年 4 月 23 日，彼得拉舍夫斯基小组成员被捕。一百二十三人被审讯，军事法庭审讯了二十二人，其中二十一人被判处枪决（后改刑为期限不一的各种苦役和监禁劳动）。这个组织的领导人彼得拉舍夫斯基被判处终身服苦役。陀思妥耶夫斯基于 1849 年年初参加这个革命小组，判处假死刑，后改为服苦役四年，之后又当列兵。

人在我的头脑中，这时我才知道，我多么爱你，我亲爱的哥哥！我还来得及拥抱了普列谢耶夫[1]和杜罗夫[2]并同他们诀别，他们俩就站在我的身旁。终于响起了停止号，把绑在刑柱上的人带回原处，向我们宣读了皇帝陛下的圣旨：恩赐我们免死。接着宣读了真正的判决，只有帕尔姆[3]一人得到赦免，保留他原有官职调去军队。

亲爱的哥哥，刚才通知我说，今天或者明天我们就该出发。我请求同你见上一面，但回答我说这是不可能的；我只能给你写这一封信，你也尽快抓紧给我一个回音。我在担心，你大致知道了对我们的判决（死刑）。当把我们往谢苗诺夫校场押送时，我从车窗里看到无数的人群，很可能，这消息已经传到了你那里，而你正在为我痛苦。哥哥，现在你可以轻松些了。哥哥，我不灰心，也不绝望！生命不管在哪里总是生命，生命在我们自己身上，而不是在外部。在我身边将会有一些人，身处人们之间做人，而且永远是个人，不管身处何种逆境，不灰心，不绝望，——这就是生命之所在，是它的使命之所在。我认识到了这一点，这种思想已经深入我的血肉。真的！我那颗进行过创造、以最崇高的艺术为生命、已经认识到而且习惯于精神上的崇高需求的头颅，已被人家从我的双肩砍下。剩下来的是记忆，与一些由我创造出来但尚未加以体现的形象。它们一定会使我伤痕累累，真的！但我的心还在，我的血肉之躯还在，它同样能爱，能感受痛苦，能希望，能记忆，而这毕竟还是

---

1 A. H. 普列谢耶夫（1825—1893），俄国涅克拉索夫派诗人，因参与彼得拉舍夫斯基小组活动于 1849 年被流放。

2 C. Ф. 杜罗夫（1816—1869），俄国诗人，彼得拉舍夫斯基小组成员，1849 年被判服四年苦役，然后充军。

3 A. И. 帕尔姆（1823—1885），俄国作家，在自传体长篇小说《阿列克谢·斯洛博金》中他描绘了彼得拉舍夫斯基小组的活动情况。

生命！ On voit le soleil ！[1]

好，再见吧，哥哥！别为我悲伤！现在讲一讲物质方面该做的一些事情。一些书（《圣经》留在我这儿了）和几张手稿（一个剧本和一部长篇小说的提纲草稿，已经写完的中篇小说《儿童故事》[2]）被他们拿走了，想必以后会落到你手中。我把我的大衣和一身旧衣服也留下了，如果你差人来取东西的话，把它们都拿去。现在，哥哥，我面临的也许是在解差押送下的长途跋涉，需要钱。亲爱的哥哥，如果你收得到这封信，如果有可能多少弄到一些钱，请你马上送来。现在对我来说钱比空气更为重要（由于一种特殊的情况），你自己也再给我写几句话。还有，如果莫斯科的那笔钱有着落的话，你关心我一下，别把我忘了……好，就说这些！欠了一些债，但有什么办法呢？！

请代我吻你的妻子和孩子们。你要经常在他们面前提到我，让他们不把我忘掉。也许，有朝一日我们还会见面？哥哥，你要保重身体，爱护家庭，平平静静地过日子，要有远见。要关心你的孩子们的前途……要正正派派地生活。

我内心的精神生活从来还没有像现在这样丰富和健旺，从未像现在这样沸腾。但肉体是否能承受得了？我不知道。我是带病上路的，我患着瘰疬病。但碰碰运气吧！哥哥！在生活中我已饱尝甜酸苦辣，因此现在很少有什么能使我害怕的。走着瞧吧！一有可能我就把自己的情况告诉你。

向迈科夫一家人转达我的最后的告别问候，告诉他们：我感谢他们

1 法文：看见太阳！这是陀思妥耶夫斯基摘引自雨果《一个死囚的末日》中的一句话。原文是："苦役犯也走路，也运动，也看见太阳。"

2 即《小英雄》。

大家，他们一直关心着我的遭遇。你代我向叶夫根尼娅·彼得罗芙娜[1]说几句尽可能温暖些的话，说你的心让你说的话。我祝愿她非常幸福，我将永远怀着感激和尊敬的心情牢牢地记住她。代我握尼古拉·阿波隆诺维奇和阿波隆·迈科夫的手；然后再代我握大家的手。

你要找到亚诺夫斯基[2]，代我握他的手，代我谢谢他。最后代我握那些没有把我忘记的人的手。如果有人忘记了，那你就提醒他。代我亲吻科利亚弟弟。给安德烈弟弟写封信，把有关我的情况告诉他。请你给姨父和姨母写信，这是我以自己的名义请求你写的，代我问候他们。给妹妹们写信，我祝她们幸福！

也许，我们还会见面，哥哥。你要保重自己，看在上帝的分上，你一定要活到同我见面的那一天。兴许有朝一日我们将互相拥抱，在一起回忆我们昔日的、青年时的黄金时代，回忆我们的青春岁月和各种希望。这些希望我在此一瞬间把它们鲜血淋淋地从我心中挖出并加以埋葬。

难道我永远不能再执笔写作了？我想，四年后是有可能的。如果我能写出点什么，一定把写出的一切寄给你。我的上帝！有多少不久前由我体验出并塑造成的形象将埋没和消失在我的头脑之中，要不就将像一种毒液似的在血中泛滥！是啊，如果不能再写作，我必然要毁灭。宁可坐牢十五载，只要手能执笔。

常给我写信，写得详尽些，写得多些，精细些。在每封信中对家庭生活中的细节和琐事要多说几句，别忘了这一点，这将会赋予我以希望和生命。要是你知道在这单人囚室中你的信多么使我振奋，那该有多好啊！近来两个半月禁止通信往来，我十分难过。我有病，有时你不按时

---

1 批评家 В. Н. 迈科夫和诗人 АП. 迈科夫的母亲。

2 С. Д. 亚诺夫斯基（1815—1897），医生。

给我寄钱，我又为你痛苦：因为知道你自己也极其贫困。再一次亲吻几个孩子，他们的一张张可爱的小脸一直萦回在我脑际。唉！但愿他们能幸福！愿你也幸福，哥哥，愿你也幸福！

不过你别伤心，看在上帝的分上，别为我伤心！要知道，我没有灰心；要记住，我没有放弃希望。四年后境遇会轻松一些，那时我将成为一个列兵，——这可就不是囚犯了。你要考虑到，总有一天我会拥抱你。可不是嘛，今天我已临近死亡，怀着必死的念头度过了三刻钟，经历了生命的最后时刻，但我现在又一次活着！[1]

如果有人对我印象不好，如果我同什么人争吵过，如果我使谁产生过不愉快的印象，——请你告诉他们，让他们把它忘掉，当然，如果你有机会遇见他们的话。现在在我心灵中没有恼怒和愤恨，在生命的最后一瞬间我真想好好地爱以前的任何一个熟人，紧紧地拥抱他。这是一种快乐，今天我在临死前同我的亲人们告别时体验到了这种感情。在那一瞬间我想过，关于死刑的消息会使你痛不欲生。但现在你放心吧，我还活着，还将活下去，心中想着总有一天会拥抱你。现在我心中念念不忘的就是这一点。

你在做些什么？你今天想了些什么？关于我们的事你知道吗？今天多么冷啊！[2]

啊，但愿我的信快些到你手中。不然的话，我将会一连四个月左右得不到关于你的消息了。我看到几个纸袋，你用这几个纸袋在最近两个

1 陀思妥耶夫斯基在临刑时的感受以及在宣布赦免前的三刻钟的感想，在《白痴》中有所反映。梅什金公爵在一次谈话中（第 1 部，第 2 章），充满反对死刑的情绪。——俄编注

2 当时在彼得堡是零下二十一摄氏度。据彼得拉舍夫斯基小组的一位成员回忆临刑时的情况说，“我们都冻得发抖”。——俄编注

月里给我寄了钱，上面的地址是你亲笔写的，所以我很高兴，因为你身体健康。

只要一回顾往事，我就会想到，多少年华浪掷了，在迷惘中、在谬误中、在无所事事和不善生活中白白地流失了多少时光，我多么不珍惜时间，我有多少次违背了我的心灵和精神，——一回顾这些往事，我心里痛苦万分。生命是大自然的恩赐，生活是一种幸福，每一分钟都能成为毕生的幸福。Sijeuness savait！[1] 目前，在改变生活的时候，我将以新的样子再生。哥哥，我向你发誓，我决不会失望，我一定要保持我的精神和心灵的纯洁。我一定向更好的方面重新诞生，这就是我的全部希望和慰藉。

狱中生活已经差不多扼杀了我身上的肉体要求，不太纯洁的肉体要求，以前我不够保重自己。现在艰苦对我来说已不算什么了，所以你别害怕物质方面的困难会把我毁了，不可能有这种事情。唉，有一个健壮的身体就好了！

再见吧，再见，哥哥！我会给你写信的！你会收到我寄给你的关于我这次旅途情况的尽可能详细的汇报。但愿保持身体的健康，其他的一切到时候都会好的。

好，再见吧，再见，哥哥！紧紧地拥抱你，热烈地亲吻你。你要不心痛地记着我。请你别伤心，别为我伤心。下一封信中我一定告诉你有关我的生活情况。记住我对你说过的话：要计量好自己的生命，别浪费它，要安排好自己的命运，要关心孩子们。啊呀，什么时候能够、什么时候能够见到你就好啦！再见吧！现在我要和过去亲切的一切离开了，

1 法文：如果青年时代能懂事就好了！

痛苦地抛开它！痛苦地把自己一分为二，痛苦地把心撕成两半！再见吧！再见吧！我会再见到你的，我确信，我抱着希望！你别变心，要爱我，别让自己的记忆淡漠，关于你在爱我这一想法将会是我生活中的最佳部分。再见吧，再说一次再见！大家都再见吧！

你的弟弟费奥多尔·陀思妥耶夫斯基

在逮捕我时拿走了几本书，其中只有两本是禁书。你能否为自己弄到其余几本？我请求你，这些书中有一本是《瓦列里安·迈科夫文集》，是他的评论文集。这本书是叶夫根尼娅·彼得罗芙娜的，她把这本书当做她的珍贵物品赠给我。在逮捕我时，我请求过宪兵军官把这本书还给她，而且我还把她的地址告诉他。不知道这位宪兵军官是否已把书还她，请你打听一下！我不愿剥夺她的这一珍贵回忆。再见吧，再说一次再见。

你的费·陀思妥耶夫斯基

诗歌

不要温顺地走进那个良宵[1]

［英］狄兰·托马斯

海岸 译

不要温顺地走进那个良宵，
老年在日暮之时应当燃烧与咆哮；
怒斥，怒斥光明的消亡。

临终时明智的人虽然懂得黑暗逍遥，
因为他们的话语已迸不出丝毫电光，
却不要温顺地走进那个良宵。

善良的人翻腾最后一浪，高呼着辉煌，
他们脆弱的善行曾在绿色港湾里跳荡，
怒斥，怒斥光明的消亡。

狂暴的人曾抓住并诵唱飞翔的太阳，
虽然为时太晚，却明了途中的哀伤，

1 1951年5月为自己的父亲而作，同年11月发表于《博特奥斯克》。选自《狄兰·托马斯诗选》，海岸译，外语教学与研究出版社2014年版，第320—321页。

不要温顺地走进那个良宵。

肃穆的人，临近死亡，透过炫目的视野，
失明的双眸可以像流星一样欢欣闪耀，
怒斥，怒斥光明的消亡。

而您，我的父亲，在这悲哀之巅，
此刻我求您，用热泪诅咒我，祝福我。
不要温顺地走进那个良宵。
怒斥，怒斥光明的消亡。

我发现一只死狐狸[1]

[美] 玛丽 · 奥利弗
倪志娟 译

在沙砾路边
我发现了一只死狐狸，

1 玛丽 · 奥利弗:《在万物中醒来：玛丽 · 奥利弗诗选》，倪志娟译，贵州教育出版社 2024 年版，第 594—597 页。

它蜷缩在
一台

旧拖拉机的
铁轮里。
这辆拖拉机
在藤蔓中

停放了许多年。
我不知道
这只狐狸遭遇了什么——
它何时来到这里，

为何永远地
躺下了，
狭长的脸颊
搁在铁轮

生锈的边缘，
眺望着
田野，
以这种姿态死去——

我只知道：
它的姿态——
最后时刻
回望

这个世界——
让我想
歌唱
与狐狸有关的

温柔快乐之事。
但，实际是这样的——
我开始了，
我跨进

忍冬丛中，
躺下，
在冰冷的车轮中
蜷缩起长长的脊椎，

抚摸着死狐狸，
并眺望着

荒凉的田野
狐狸

消失了，
只有我
和这个世界
是我

正在离去。
那么，
我能歌唱什么？
哦，美丽的世界！

我只是躺在那里，
看着它。
然后天黑了。
白日逝去。

星星们走向前，
举着它们被命定的火焰——
那些炽热，坚硬的
夜晚的守门人。

第三十 命运

经典论述

命运对我们并无所谓利害：它只供给我们利害的材料和种子，任那比它强的灵魂随意改变和应用，因为灵魂才是自己的幸与不幸的唯一主宰。

——蒙台涅[1]

真实的命运比起这些暂时的忧郁使人更多地担受痛苦，但也给人以更多的机会走向伟大，更多的勇气走向永恒。

——里尔克[2]

1 周辅成主编:《西方著名伦理学家评传》，上海人民出版社 1987 年版，第 213 页。

2 ［奥地利］里尔克:《给一个青年诗人的十封信》，冯至译，生活 · 读书 · 新知三联书店 1994 年版，第 17 页。

故事

德黑兰的死神[1]

[奥地利]维克多·弗兰克[2]

赵可式　沈锦惠　译

我在奥斯维辛时，就曾暗自订下一个规则。这规则屡经考验，效果良好，后来大多数的难友都争相效尤。一切问话，我大都照实回答；但若问得不明确，我便缄口不答。问到年龄，我据实以告；问到职业，我答："医生"，却并不详细答复。在奥斯维辛的第一个上午，一个挺进队员来到操场，大伙儿必须按四十岁以上、四十岁以下、金属工、机工（以此类推）……分成不同的队伍。后来接受体检，有疝气的又另组一个新队。我那一队被赶到另一间土屋重新整队，经过再一次的分组和问话（关于年龄职业的），我被分到另一个小组，然后又被赶到另一间小屋，再重新组队。就这样一连循环了几次，把我搞得烦死了，尤其我后来发现自己竟处在一群言语不通的陌生人当中，心里真是闷闷不乐。不久，最后一次的分组总算结束；万没想到，我竟又回到最初所属的那一队！主事者根本没注意到我这段时间里换了几个房间，不过，我却明白在这几分钟之内，命运之神用了许多种不同的方式，放了我一马。

1　维克多·弗兰克:《活出意义来》，赵可式、沈锦惠译，生活·读书·新知三联书店 1991 年版，第 45—48 页。

2　维克多·弗兰克（1905—1997），奥地利心理学家。

病人转运往“休养营”的消息一经发布，我的名字（也就是说，我的号码）赫然在目——因为也需要几名医生。不过，没有人相信目的地的确是休养营。几个星期前，当局就曾筹备过同样的换营计划；当时，每个人也都以为那是要转运到煤气间。结果，当局一宣布愿值夜班（夜班人人避之犹恐不及）者可以除名，立刻有八十二名俘虏自动请缨。一刻钟后，换营计划取消了，那八十二名可怜虫，却仍然列名于夜班名册上。这表示他们中大多数人，在两星期之内都会撒手西归。

如今，转往休养营的计划再度拟定，然而这究竟只是想榨出病人体内最后一滴劳力（即使只是短短的两星期）的阴谋，或其实是要送入煤气间，或竟真的是前往休养营，没有人知道。当晚十点差一刻，对我已颇有好感的主任医官偷偷告诉我说：“我已经向营本部报备过了，十点钟以前，你还可以划掉名字。”

我告诉他说，这不是我处世的方式，我已经习惯于顺其自然了。“这样，我或许可以和我的朋友在一起。”我又说道。他的眼神流露着怜悯，仿佛他知道个中蹊跷似的。当下，他默默地握着我的双手，似乎是祝我平安——不是平安地活着，而是平安地蒙主恩召。我慢慢踱回我的住处，发觉有个好友正等着我。

“你真的要跟他们一起去吗？”他伤感地问着。

“对，我就要走了。”

他的眼眶涌出了泪水，我只好温言相慰。后来，我想到我该做一件事——立遗嘱。

“欧图，你听着，万一我没有回家和我太太见面，而且万一你见得到她，就告诉她说，我每天无时无刻不惦念着她，和她谈话。记住了吗？第二，我爱她远超过任何人。第三，我和她婚后厮守的日子，虽然太短，但在我心中，却比任何事——包括我们在这儿所受的一切折磨——还要有分量。”

欧图，如今你在哪里？你还活着吗？从那次最后一晤以来，你又碰上怎样的遭遇？你找到你太太了吗？你是不是还记得我不顾你伤心落泪，硬要你一一牢记的每句话？

翌晨，我随队起程了。这一次倒不是阴谋，我们并非走向煤气间，而的的确确是走向休养营。原先怜悯我的那些人，则留在那个不久大闹饥荒的旧营里，而其饥荒现象，远比我们的新营还要严重。那些人力图自救，无奈回天乏术。几个月后，我重获自由，遇到一个从旧营出来的朋友。他告诉我说，当时他因为是个营警，曾经调查死尸堆里遗失的一块人肉。结果发现那块肉正在锅里煮着，便把它没收了。同类相食的事件竟然发生，我那时离开正是时候啊！

这使我不由得想起一则德黑兰死神的故事：一个有财有势的波斯人有天和他的仆人在花园中散步，仆人大叫大嚷，说他刚刚碰上死神威胁要取他的命。他请求主人给他一匹健马，他好立刻起程，逃到德黑兰去，当晚就可以抵达。主人答允了，仆人于是纵身上马，放蹄急驰而去。主人才回到屋里，就碰上死神，便质问他：“你干嘛恐吓我的仆人？”死神答道：“我没有恐吓他呀！我只是奇怪他怎么还在这里而已。今天晚上，我打算在德黑兰跟他碰面哩！”

老妇人[1]

［俄］屠格涅夫

智量 译

我在宽阔的田野里行走，独自一人。

突然，我仿佛感到，有人在我背后轻轻地、小心翼翼地迈着步……有人踏着我的脚印在行走。

回头一望——我看见一个矮小的、驼背的老妇人，全身裹在灰色的破衣衫里。只有老妇人的脸从这堆褴褛中露出来：一张菜色的、布满皱纹的、尖鼻子的、瘪嘴没牙的脸。

我向她走去……她站住了。

“你是谁？你想要什么？你是乞丐吗？你在等人施舍吗？”

老妇人没有回答。我俯身看她，她的两只眼睛上蒙着一层半透明的白翳，或者是一层薄膜吧，就像有些鸟儿的眼睛一样：鸟儿就是用这层膜来挡住刺目的亮光的。

然而老妇人的那层膜却一动不动，也不让瞳孔张开来……我由此断定她是个瞎子。

“你想得到施舍吗？”我又问了一次，“你干吗跟在我后边？”然而，老妇人依旧沉默，只是稍稍蜷缩起身子。

我转过身去，走自己的路。

1 伊凡·屠格涅夫:《屠格涅夫散文诗》，智量译，花城出版社 2013 年版，第 9—11 页。

而我再次听见身后轻轻的，匀整的，仿佛是偷偷摸摸的脚步声。

“又是这个女人！”我想，“她干吗缠住我不放？”不过这时我又想：“或许，她因为眼瞎迷了路，现在是根据脚步声跟着我，好跟我一道走到有人烟的地方去。对，对，是这样。”

然而，一种奇异的不安渐渐地控制了我的思绪：我开始觉得，老妇人不只是跟在我身后走，而且是在决定着我的方向，她在催促我时而向右，时而向左，而我却在不由自主地服从着她。

但我还是继续向前走……只见前方，我正走着的道路上，有一个黑黑的、宽宽的东西……是一个什么窟窿呀……“坟墓！”我脑子里一闪，“她是要把我向那儿推去！”

我猛地向后一转……老妇人又出现在我的面前……然而，现在她看得见啦！她用一双又大、又凶、又恶的眼睛逼视着我……是一种猛禽的眼睛……我向她的脸，向她的眼睛逼近……又是原先那层朦胧不清的薄膜，那张瞎眼的迟钝的面孔……

“哎呀！”我想……“这个老妇人——是我的命运呀。这是人所无法逃脱的命运呀！”

“逃不脱！逃不脱！发什么疯呀？……应该试一试。”我转向一边，往另一个方向奔去。

我匆匆地走着……但是轻轻的脚步声依旧在我身后沙沙作响，离我很近，很近……而前方又是一个黑魆魆的大窟窿。

我又朝另一边转去……身后还是响着同样的沙沙声，前方还是同样可怕的一个黑斑点。

无论朝哪个方向，我都像一只被猎人追赶的兔子……全都一个样，一个样啊！

“停住！”我想，“我来骗她一骗！我哪儿也不去了！”于是我即刻往地上一坐。

老妇人站在我身后，离开两步远。我听不见她的声音，但我感觉到她是在那里。

这时我突然看见：那在远处隐隐出现的黑斑点浮动起来了，向我爬来了！

天哪！我回头一望……老妇人正两眼盯着我——歪着没牙齿的瘪嘴在讪笑……

“你逃不脱的！”

诗歌

我的眼睛瞧瞧这个尘世[1]

[印度]泰戈尔[2]

吴岩 译

我的眼睛瞧瞧这个尘世，
我看到了人类的庞大集合——
他们世世代代唱着歌
以不同途径满足生与死各种需要。

他们划船，他们播种，他们收获；
他们在田野和城市里工作。
皇家的伞[3]丧失了，
战争的嚎叫再也听不见了，

1 选自《在大海边》(译文丛刊·诗歌特辑)，吴岩等译，上海译文出版社 1983 年版，第 363 页。

2 泰戈尔（1861—1941），印度诗人、哲学家、小说家。

3 皇家的伞，比喻皇帝无上的权力。

胜利之柱忘掉了它自己的意义；
充血的眼睛，浸透鲜血的武器，
给自己蒙上了儿歌童谣的面纱。
然而他们工作，
在或远或近的一个个国家里工作。
哼着歌，唱着歌，
他们使世界上歌声回荡。

在欢乐里，在苦难里，
人生之歌日夜嘹亮，
帝国覆亡，化为废墟，
然而他们工作，工作。

1941年2月13日晨

第三十一 人生意义

经典论述

人生的意义不在于何以有生，而在自己怎样生活。你若情愿把这六尺之躯葬送在白昼做梦之上，那就是你这一生的意义。你若发愤振作起来，决心去寻求生命的意义，去创造自己的生命的意义，那么，你活一日便有一日的意义，作一事便添一事的意义，生命无穷，生命的意义也无穷了。

——胡适[1]

1 胡适:《答某君书》,《胡适文集》第 2 卷，人民文学出版社 1998 年版，第 120 页。

故事

我的病历[1]（节选）

[英]霍金[2]

杜欣欣　吴忠超　译

人们经常问我：运动神经细胞病对你有多大的影响？我的回答是，不很大。我尽量地过一个正常人的生活，不去想我的病况或者为这种病阻碍我实现的事情而懊丧，这样的事情不怎么多。

我被发现患了运动神经细胞病，这对我无疑是晴天霹雳。我在童年时动作一直不能自如。我对球类都不行，也许是因为这个原因，我不在乎体育运动。但是，我进牛津后情形似乎有所改变。我参与掌舵和划船。我虽然没有达到赛船的标准，但是达到了学院间比赛的水平。

但是在牛津上第三年时，我注意到自己变得更笨拙了，有一两回无缘无故地跌倒。直到第二年到剑桥后，我母亲才注意到并把我送到家庭医生那里去。他又把我介绍给一名专家，在我二十一岁生日后不久即入院检查。我住了两周医院，其间进行各式各样的检查。他们从我的手臂上取下肌肉样品，把电极插在我身上，把一些放射性不透明流体注入我的脊柱中，一面使床倾斜，一面用 X 光来观察这流体上上下下流动。

1　选自《霍金讲演录》，杜欣欣、吴忠超译，湖南科学技术出版社 2007 年版，第 15—19 页，有删节。

2　斯蒂芬·霍金（1942—2018），英国剑桥大学教授，理论物理学家。

做过了这一切以后，除了告诉我说这不是多发性硬化，并且是非典型的情形外，没有告诉我患了什么病。然而，我合计出，他们估计病情还会继续恶化，除了给我一些维生素外束手无策。我能看出他们预料维生素也无济于事。这种病况显然不很妙，所以我也就不想寻根究底。

意识到我得了一种不治之症并很可能在几年内要结束我的性命，对我真是致命打击。这种事情怎么会发生在我身上呢？为什么我要这样地夭折呢？然而，住院期间我目睹了在我对面床上一个我稍微认识的男孩死于肺炎。这是个令人伤心的场合。很清楚，有些人比我还更悲惨，我的病情至少没有使我觉得生病。每当我觉得自哀自怜，就会想到那个男孩。

不知什么灾难还在前头，也不知病情恶化的速率，我不知所措。医生让我回剑桥去继续我刚开始的在广义相对论和宇宙学方面的研究。但是，由于我的数学背景不够，所以进展缓慢，而且无论如何，我也许活不到完成博士论文。我感到十分倒霉，就去听瓦格纳的音乐，但是杂志上说我酗酒是过于夸张了。麻烦在于，一旦有一篇文章这么说，另外的文章就照抄，这样可以起到轰动效应。似乎在印刷物上出现多次的东西都必定是真的。

那时我老做噩梦。在我的病况诊断之前，我就已经对生活非常厌倦了，似乎没有任何值得做的事。我出院后不久，即做了一场自己被处死的梦。我突然意识到，如果我被赦免的话，我还能做许多有价值的事。另一场我做了好几次的梦是，我要牺牲自己的生命来拯救他人。毕竟，如果我就要死了，做点善事也是值得的。

但是，我没死。事实上，虽然我的将来总是笼罩在阴云之下，但我惊讶地发现，我现在比过去更加懂得享受生活。我在研究上取得了进展，我订婚并且结婚，我还从剑桥的凯尔斯学院得到一份研究奖金。

凯尔斯学院的研究奖金及时解决了我的生计问题。选择理论物理作为研究领域是我的好运气，因为这是我的病情不会成为很严重阻碍的少数领域之一。而且幸运的是，在我的残疾越来越严重的同时，我的科学声望越来越高。这意味着人们准备给我一系列职务，我只要做研究，不必讲课。

直到 1974 年我还能自己吃饭并且上下床。简设法帮助我并在没有外助的情形下带大两个孩子。然而此后的情形变得更困难，这样我们开始让我的一名研究生和我们同住。作为报酬是免费住宿和我对他研究的大量关注，他们帮助我起床和上床。1980 年我们变成一个小团体，其中私人护士早晚来照应一两个小时。这样子一直持续到 1985 年我得了肺炎为止。我必须采取穿气管手术，从此我便需要全天候护理。能够做到这样是受惠于好几种基金。

我的言语在手术前已经越来越不清楚，只有少数熟悉我的人能理解，但是我至少能够交流。我依靠对秘书口授来写论文，我通过一名翻译来作学术报告，他能更清楚地重复我的话。然而，穿气管手术一下子把我的讲话能力全部剥夺了。有一阵子我唯一的交流手段是，当有人在我面前指对拼写板上我所要的字母时，我就扬起眉毛，就这样把词汇拼写出来。这样的交流十分困难，更不用说写科学论文了。还好，加利福尼亚的一位名叫瓦特·沃尔托兹的电脑专家听说我的困境后，寄给我他写的一段叫作平等器的电脑程序。这就使我可以从屏幕上一系列的目录中选择词汇，只要我按手中的开关即可。这个程序也可以由头部或眼睛的动作来控制。当我积累够了我要说的，就可以把它送到语言合成器中去。

最初我只在台式计算机上跑平等器的程序，后来，剑桥调节通讯公司的大卫·梅森把一台很小的个人电脑以及语言合成器装在我的轮椅上。我用这个系统交流得比过去好得多，每分钟我可造出十五个词。我可以要么把写过的说出来，要么把它存在磁碟里。我可以把它打印出来，或者把它“召来”一句一句地说出来。我已经使用这个系统写了两部书和一些科学论文，我还进行了一系列的科学和普及的讲演，听众反应很好。我想，这要大大地归功于语言合成器的质量。一个人的声音很重要。如果你的声音含糊，人们很可能以为你有智能缺陷。就我所知，我的合成器是最好的，因为它会抑扬顿挫，并不像一台机器在讲话。唯一的问题是它使我说话带有美国口音。然而，现在我已经认同了它的声音，甚至如果有人要提供我英国口音，我也不想更换。否则的话，我会觉得自己变成了另外一个人。

我实际上在运动神经细胞病中度过了整个成年。但是它并未能够阻碍我有个非常温暖的家庭和成功的事业。我十分感谢从我的妻子、孩子以及大量的朋友和组织那里得到的帮助。很幸运的是，我的病况比通常情形恶化得更缓慢。这表明，一个人永远不要绝望。

诗歌

幸福的渴望[1]

[德] 歌德

杨武能 译

别告诉他人，只告诉智者，
因为众人会热讽冷嘲：
我要赞美那样的生灵，
它渴望在火焰中死掉。

在爱之夜的清凉里，
你被创造，你也创造，
当静静的烛火吐放光明，
你又被奇异的感觉袭扰。

你不愿继续被包裹
在那黑暗的阴影内，
新的渴望吸引着你
去完成高一级的交配。

1 选自《歌德抒情诗选萃》，杨武能译，四川人民出版社 2009 年版，第 135 页。

你全然不惧路途遥远，
翩翩飞来，如醉如痴。
渴求光明的飞蛾啊，
你终于被火焰吞噬。

什么时候你还不解
这“死与变”的道理，
你就只是个忧郁的过客，
在这黑暗的尘世。

第三十二 兴趣

经典论述

知之者不如好之者，好之者不如乐之者。

——《论语·雍也》

我觉得天下万事万物都有趣味，我只嫌二十四点钟不能扩充到四十八点，不够我享用。我一年到头不肯歇息。问我忙什么？忙的是我的趣味。我以为这便是人生最合理的生活，我常常想动员别人也学我这样生活。

——梁启超[1]

1 梁启超:《学问之趣味》，载周岚、常弘编:《饮冰室书话》，时代文艺出版社 1998 年版，第 496 页。

故事

嗜书魔[1]

[德]西格弗里德·伦茨[2]

林倩苇 译

我的祖父哈米卡·薛斯，他是个——我们说个大概——七十一岁的公子爷。那件事情发生的时候，他正在学阅读。事情是这样的：华利拉将军突然来偷袭我们的村庄，他带领着士兵从罗奇特诺沼泽出发，一路打架，又偷又抢地来到马祖里[3]，或者更确切地说，来到苏莱肯村，觊觎此地。他啊，见鬼了，越来越近，近到人们几乎可以闻得到他跟士兵们喝的那种劣质酒的味道。苏莱肯村的公鸡激动地四处乱跑，公牛扒着项圈，还有著名的苏莱肯羊也挤成了团。放眼望去，大家全跑来跑去，整个村子笼罩在各式各样的惶恐中——历史上这类事件不都如此？！

这时候啊，正如刚刚讲的，哈米卡·薛斯，我的祖父，正无师自通地在学看书。他已经读了这个和那个。"这个"就是一本马祖里的旧日历，里面附了许多圣诞节食谱；而"那个"就是多年前一位贩卖牲畜的商人遗忘在苏莱肯村的笔记。哈米卡·薛斯把这些读了又读，看了又看，

---

1 西格弗里德·伦茨：《我的小村如此多情》，林倩苇译，南京大学出版社 2010 年版，第 1—9 页。

2 西格弗里德·伦茨（1926—2014），德国作家。

3 马祖里（Masuren），位于今波兰北部，曾为德国领土。

每每有新发现时，更拍起手来，发出独特、低沉的欢呼声，总之，他无比狂热地迷上了阅读。没错，哈米卡·薛斯非常沉迷，迷到了异常忘我的地步。他只听令于一位统治者，马祖里都管这名统治者叫“杂汤给饥泰”（Zatang Zitai），意思就是“嗜书魔”，或讲得更明白点，“嗜书撒旦”。

苏莱肯村的所有人、所有动物都被吓得惊慌失措，只有哈米卡·薛斯，我的祖父，面对华利拉将军的威胁仍然无动于衷。就在他那巨大的食指滑过马祖里日历上的字里行间时，他的眼睛发亮，一字一字地念出声，手指还顺着字序移动，有如在临摹花环彩带，幸福地颤抖着。

正当他如此阅读的时候，一个瘦削的、明显受了惊吓的人进来了，这人名叫阿道夫·阿伯罗麦特，他这一生中唯一被人称道的，就只有那对粉红色的大耳朵。他带了一支特大号的猎枪，边挥动它边走到哈米卡·薛斯身旁，而且讲了以下这些话：

“哈米卡·薛斯，你最好先把你的研究搁一边去，否则，依这情势看来，那个华利拉很容易就可以拿你来进行他的研究。到时候，我想你的下场可能会比这本书更狼狈。”

哈米卡·薛斯，我的祖父，先是讶异地望着他的客人，接着生起气来。他已经被阅读迷得神魂颠倒，因此一时间还无法答话。但随后等回过神来时，他就站起身，一边按摩自己的脚趾，一边这么说：

“阿道夫·阿伯罗麦特，我觉得连你也好像不懂礼仪了。你怎么可以在我阅读的时候来打扰我！”

“还不是因为战争！”阿伯罗麦特说，“相信我，华利拉这个恶名昭彰的家伙一定是在沼泽里待得太无聊了。他正以最残暴的方式逼近这个村子。那个满身汗臭的酒鬼已经离我们相当近了，所以我们决定用我们的猎枪让他清醒过来。因此，哈米卡·薛斯，每支猎枪我们都需要，你的那支我们特别需要。”

“你这么说也没用，”哈米卡·薛斯说，“阿道夫·阿伯罗麦特啊，即使是战争，也不能拿来当作你无礼的借口。不过，这事情若真像你说得这么严重，那就把我的猎枪算进去吧，我会去的。”

于是哈米卡·薛斯亲吻他的书，把它放进一个隔火耐热的石壶里，接着拿起他的猎枪，并且背了一块巨大的熏肉在背上，然后他们两人走出房子。路上有几匹聪明的苏莱肯白马，无人骑乘，奔驰而过，它们惊恐地睁着大大的眼睛；狗儿哀鸣，鸽子们惊慌地拍翅飞往北方——历史上这类不幸的情景不都如此？！

这两名带着武器的先生停下来等着，直到马路变得空空荡荡，然后阿道夫·阿伯罗麦特说：“战斗地点嘛，哈米卡·薛斯，已经确定了。朋友啊，我们会驻守在一间狩猎屋里，那屋子以前为贡修尔贵族的贡许先生所拥有，离这里约十四里路，就在华利拉必经的路上。”

“我没异议。”我的祖父说。

于是他们出发前往，路上几乎一言不发，直到抵达这栋坚固的狩猎屋。他们把狩猎屋布置成防卫站，然后吸着烟草站岗。他们坐在一扇木窗前，借着厚厚的方形木板作掩护，观察这条华利拉必经的泥泞路。他们就这样坐着——我们说个大概——坐了八小时。这时，脑子里想着书的哈米卡·薛斯的脚趾开始冻得厉害，连按摩也没用，因此他站起来，四处张望，希望找个东西来生个小火。他四处推开东西，翻来翻去地查看，还顺便推落了一些东西。就在这番寻觅当中，他发现了——见鬼了——一本书，一本漂亮、轻便的小书。他的身体一阵哆嗦，内心发出极度喜悦的隆隆声。他匆匆地，有如犯了毒瘾般，把猎枪靠在一张椅子上，冲过去拿起书，读了起来。脚趾因冰冻造成的疼痛早就被他抛到九霄云外，在木窗前的阿道夫·阿伯罗麦特，以及来自沼泽的华利拉也被搁到一边去了。站岗放哨的哈米卡·薛斯早已不存在。

这时，您一定想象得到，危险正尽可能地摆出令人讨厌的姿态：它越来越靠近。它化为华利拉将军及其助手的身形，正逐渐接近。他们啊，可以说是很高兴，循着这条他们必经之路而来。这个华利拉，噢，老天哪，他看起来就像是从沼泽来的，连胡子也没刮。这个人嘛，声音低沉沙哑，当然也没有像每个忠厚老实的人一样表现出恐惧。他跟他那些背着猎枪、醉醺醺的护卫们一路走来，而且，哼，人人都想得到他做了什么事——他把自己当成了斯克区里平的行政首长，他就是这么做的。而且，他连靴子也没穿，不过就是脚底裹着破布一路走来罢了，这个华利拉！

阿道夫·阿伯罗麦特，在木窗旁值岗，看见这群沼泽来的恶棍走近，于是扣上猎枪的扳机。

“哈米卡·薛斯，”他叫着，“我已经瞄准那个撒旦了。”

而哈米卡·薛斯，大家想也知道，完全听不到他的叫喊。过了一会儿——在这期间华利拉可绝对没有留在原地不动——阿道夫·阿伯罗麦特又叫着：“哈米卡·薛斯，沼泽来的撒旦到了。”

“好，”哈米卡·薛斯，我的祖父说，“好，阿道夫·阿伯罗麦特，我马上到木窗那边去，然后一切就可以搞定。再让我看一小章就好。”

阿道夫·阿伯罗麦特把猎枪放到地上，躺到它的后面去，瞄准目标物，相当不耐烦地等着。他的不耐烦，讲得更明白些，其实是随着华利拉一步步接近而增强的激动不安。最后，几乎可以说在他的神经濒临崩溃之际，阿道夫·阿伯罗麦特跳起来，走向我的祖父，踢了他一脚——明理的人一定可以谅解——并大声说：“哈米卡·薛斯，那个撒旦华利拉已经到了。”

“所有一切，”我的祖父说，“一定都会及时搞定的。不过，拜托你，让我再看最后五页。”阿道夫·阿伯罗麦特见他一副不打算起身的样子，只好独自走回他的木窗前，守在他的猎枪后面，开始拼命地射击。这一开火所引起的骚动极大，大到马祖里人从没听闻过。虽然他连半个沼泽恶棍也没射中，不过倒是强逼着他们找掩护，这种情况使阿道夫·阿伯罗麦特变得更莽撞。他在木窗前露面，且竭尽全力开火。他射击了很久，直到突然感到一阵剧烈、灼热的疼痛为止。他无比吃惊地发现，他那对粉红色大耳朵的其中一只被子弹射穿了。

您想，这时他还能怎么办？他丢下猎枪，奔向哈米卡·薛斯，我的祖父。这次，阿道夫·阿伯罗麦特这么说：“哈米卡·薛斯，我受伤了。我在流血。假如你不来木窗这边的话，那个撒旦华利拉，相信我，十秒之内就会来到这里。到时候，就这情势来看，你恐怕就会被他做成油墨印刷品。”

哈米卡·薛斯，我的祖父，头也没抬地回答说：“一切都会搞定的，阿道夫·阿伯罗麦特。不过，拜托你，这章还有两页就结束了。”

阿道夫·阿伯罗麦特，一手按住受伤的耳朵，迅速观察四周，然后用力打开一扇窗，一跃跳到外面去，在森林的灌木丛中消失得无影无踪。

正如大家所料：接下来，哈米卡·薛斯几乎读不到几行字，门就被撬开。是谁进来了？当然是华利拉将军。如你我所料，他马上走到我祖父那边去，用沙哑的声音吼叫并得意地大笑，这就是他的老样子，然后他说：“你这只青蛙，快跳到我的手上来，我要把你吹得鼓鼓的。”这句话，毫无疑问，影射了他的出身和癖好。然而哈米卡·薛斯却回嘴说：“可以，不过我还有一页半才结束。”华利拉可生气了，他揍了我的祖父一拳，而且愤怒地说了如下的话：

“你这只老蜥蜴，我现在就要把你分成两半，而且是慢慢地分。”

“还只剩下一页，”哈米卡·薛斯说，“老天啊，连三十五行都不到，这个小篇章就结束了。”华利拉感到惊愕，几乎从酒醉中又清醒过来，向他的一个跛脚随从借了一支猎枪。他把枪管对着哈米卡·薛斯的脖子说：“你这根臭驴蹄草，我要用子弹把你射得粉碎。看好，这支猎枪已经扣上扳机了。”

“好好，马上好，”哈米卡·薛斯说，“还有十行，然后一切就搞定了。”

这时，知情的人一定能理解，华利拉和他那群无赖相当震惊，吓得扔下猎枪，赶忙逃回他们原本的地方去了，那个地方就是极其荒凉的罗奇特诺沼泽。

看见恶棍逃亡的阿道夫·阿伯罗麦特啊，无比惊愕，他悄悄地回来，手上拿着猎枪进门，走到这位忙着阅读的人身旁，默默地等着。哈米卡·薛斯读完最后一行之后，抬起头来，开心地笑着说：“阿道夫·阿伯罗麦特，你好像有事要跟我说，是吗？”

诗歌

诗歌[1]

[智利] 聂鲁达[2]

胡续冬 译

就是在那个年月……诗歌跑来找我。
我不知道，
我不知道它来自何方，来自冬天还是来自河流。
我不知道它是怎样以及何时到来的，
不，它们不是声音，
它们不是词语，也不是寂静，
但是，从一条街道上传来对我的召唤，
从夜晚的枝条上，
极其突然地从他人身上，

1 蔡天新主编:《现代诗 100 首 · 蓝卷》，生活 · 读书 · 新知三联书店 2005 年版，第 121—123 页。

2 聂鲁达（1904—1973），智利诗人，1971 年诺贝尔文学奖获得者。

在猛烈的火焰或返程的孤独之中，
它触到了我，而我
没有面孔。

我不知道该说些什么，
我的嘴无法命名事物，
我的眼睛顿失光明，
而某种东西，热病或是丢失的翅膀，
在我的灵魂里起身，
我找到了自己的方式
去破译那火焰
并写下了第一行懒散的诗，
懒散得没有筋骨，只是胡言乱语，
只是一个什么都不知道的人
的智慧，
突然间，我看见脱了壳的、敞开的
天堂，行星，颤动的森林，
镂空的阴影，箭矢组成的谜语，
火焰和花，
席卷一切的夜晚，万物。

而我，无限小的存在，

在布满星辰的巨大空虚之中、
在相似物和神秘的影像之中沉醉，
我感觉自己纯粹是深渊的一部分。
我随星辰的滚动而前行，
我的心从风中松绑而去。

第三十三 自我教育

经典论述

迷时师度，悟了自度。

——惠能[1]

真正的教育是自我教育。

——雅斯贝尔斯[2]

学问必须自己求得来者，方才切实有受用。

——梁漱溟[3]

1 （唐）惠能:《六祖坛经》。

2 ［德］雅斯贝尔斯:《雅斯贝尔斯哲学自传》，王立权译，上海译文出版社 1989 年版，第 118 页。

3 汪东林:《梁漱溟问答录》，湖北人民出版社 1988 年版，第 214 页。

故事

读者的功能[1]

[乌拉圭]爱德华多·加莱亚诺[2]

路燕萍 译

那是塞萨尔·巴列霍[3]逝世半个世纪的时候，有许多纪念活动。在西班牙，胡利奥·贝莱斯[4]组织了一系列的讲座、研讨会和作品出版，还举办了一个展览，展出了诗人、他的乡土、他的时代和他的人民的图片。

就在那几天里，胡利奥·贝莱斯认识了何塞·曼努埃尔·卡斯塔尼翁，于是所有的纪念活动都变得相形见绌。

何塞·曼努埃尔·卡斯塔尼翁是西班牙内战中的陆军上尉，他为佛朗哥而战，战斗中他失去了一只手，并获得几枚军功章。

战后不久的一个夜晚，上尉偶然发现了一本禁书。他斗胆读了一行诗，读了两行，之后就欲罢不能。卡斯塔尼翁上尉，胜军英雄，通宵达旦、如痴如醉地一读再读塞萨尔·巴列霍，战败者的诗人的诗。那天天亮之后，他提出退役，不再从佛朗哥政府那里拿一分钱。

后来，他被投进了监狱，之后他流亡了。

---

1 爱德华多·加莱亚诺:《拥抱之书》，路燕萍译，作家出版社 2013 年版，第 9 页。

2 爱德华多·加莱亚诺（1940— ），乌拉圭记者、作家。

3 塞萨尔·巴列霍（1892—1938），秘鲁诗人。

4 胡利奥·贝莱斯（1946—1992），西班牙诗人。

天才梦[1]

张爱玲

我是一个古怪的女孩，从小被目为天才，除了发展我的天才外别无生存的目标。然而，当童年的狂想逐渐褪色的时候，我发现我除了天才的梦之外一无所有——所有的只是天才的乖僻缺点。世人原谅瓦格涅的疏狂，可是他们不会原谅我。

加上一点美国式的宣传，也许我会被誉为神童。我三岁时能背诵唐诗。我还记得摇摇摆摆地立在一个满清遗老的藤椅前朗吟“商女不知亡国恨，隔江犹唱后庭花”，眼看着他的泪珠滚下来。七岁时我写了第一部小说，一个家庭悲剧。遇到笔划复杂的字，我常常跑去问厨子怎样写。第二部小说是关于一个失恋自杀的女郎。我母亲批评说：如果她要自杀，她决不会从上海乘火车到西湖去自溺。可是我因为西湖诗意的背景，终于固执地保存了这一点。

我仅有的课外读物是《西游记》与少量的童话，但我的思想并不为它们所束缚。八岁那年，我尝试过一篇类似《乌托邦》的小说，题名《快乐村》。快乐村人是一好战的高原民族，因克服苗人有功，蒙中国皇帝特许，免征赋税，并予自治权。所以快乐村是一个与外界隔绝的大家庭，自耕自织，保存着部落时代的活泼文化。

---

1 张爱玲:《流言》，北京十月文艺出版社 2009 年版，第 1—3 页。

我特地将半打练习簿缝在一起，预期一本洋洋大作，然而不久我就对这伟大的题材失去了兴趣。现在我仍旧保存着我所绘的插画多帧，介绍这种理想社会的服务，建筑，室内装修，包括图书馆，“演武厅”，巧格力店，屋顶花园。公共餐室是荷花池里一座凉亭。我不记得那里有没有电影院与社会主义——虽然缺少这两样文明产物，他们似乎也过得很好。

九岁时，我踌躇着不知道应当选择音乐或美术作我终身的事业。看了一张描写穷困的画家的影片后，我哭了一场，决定做一个钢琴家，在富丽堂皇的音乐厅里演奏。

对于色彩，音符，字眼，我极为敏感。当我弹奏钢琴时，我想像那八个音符有不同的个性，穿戴了鲜艳的衣帽携手舞蹈。我学写文章，爱用色彩浓厚，音韵铿锵的字眼，如“珠灰”，“黄昏”，“婉妙”，“splendour”，“melancholy”，因此常犯了堆砌的毛病。直到现在，我仍然爱看《聊斋志异》与俗气的巴黎时装报告，便是为了这种有吸引力的字眼。

在学校里我得到自由发展。我的自信心日益坚强，直到我十六岁时，我母亲从法国回来，将她暌隔多年的女儿研究了一下。

“我懊悔从前小心看护你的伤寒症，”她告诉我，“我宁愿看你死，不愿看你活着使你自己处处受痛苦。”

我发现我不会削苹果。经过艰苦的努力我才学会补袜子。我怕上理发店，怕见客，怕给裁缝试衣裳。许多人尝试教我织绒线，可是没有一个成功。在一间房里住了两年，问我电铃在那儿我还茫然。我天天乘黄包车上医院去打针，接连三个月，仍然不认识那条路。总而言之，在现实的社会里，我等于一个废物。

我母亲给我两年的时间学习适应环境。她教我煮饭；用肥皂粉洗衣；

练习行路的姿势；看人的眼色；点灯后记得拉上窗帘；照镜子研究面部神态；如果没有幽默天才，千万别说笑话。

在待人接物的常识方面，我显露惊人的愚笨。我的两年计划是一个失败的试验。除了使我的思想失去均衡外，我母亲的沉痛警告没有给我任何的影响。

生活的艺术，有一部分我不是不能领略。我懂得怎么看“七月巧云”，听苏格兰兵吹 bagpipe，享受微风中的藤椅，吃盐水花生，欣赏雨夜的霓虹灯，从双层公共汽车上伸出手摘树颠的绿叶。在没有人与人交接的场合，我充满了生命的欢悦。可是我一天不能克服这种咬啮性的小烦恼，生命是一袭华美的袍，爬满了蚤子[1]。

（原载一九四〇年八月上海《西风》第四十八期）

1 1978 年，张爱玲在《对现代中文的一点小意见》一文中写道：“末句‘虱子’误作‘蚤子’，承水晶先生来信指出，非常感谢。”载张爱玲：《华丽缘》，北京十月文艺出版社 2019 年版，第 187 页。

诗歌

雾中[1]

[德]黑塞[2]

钱春绮 译

在雾中散步真是奇妙！
一木一石都很孤独，
没一棵树看到别棵树，
棵棵都很孤独。

当我的生活明朗之时，
我在世上有许多友人；
如今由于大雾弥漫，
再也看不到任何人。

诚然，不认识黑暗的人，
决不能称为明智之士，
难摆脱的黑暗悄悄地
把他跟一切人隔离。

---

1 选自《黑塞抒情诗选》，钱春绮译，百花文艺出版社 1989 年版，第 70 页。
2 黑塞（1877—1962），德国小说家、诗人，1946 年诺贝尔文学奖获得者。

在雾中散步真是奇妙！
人生就孑然独处。
没有一个人了解别人，
人人都很孤独。

第三十四 读书

经典论述

自孔子圣人，其学必始于观书。

——苏轼[1]

惟书不问贵贱贫穷老少。观书一卷，则有一卷之益；观书一日，则有一日之益。

——陈眉公[2]

阅读——而不是别的，可以给我比一个人的生命更多的生命，因为它从生命的深处增加了生命，尽管并不能在岁限上延长它。

——阿巴斯·马哈茂德·阿卡德[3]

---

1 （宋）苏轼:《李氏山房藏书记》,《苏轼文集》第二册，中华书局1986年版，第359页。

2 （明）陈眉公:《小窗幽记》，中州古籍出版社 2005 年版，第 318 页。

3 ［埃及］阿巴斯·马哈茂德·阿卡德:《我为什么喜欢读书》，载冯至主编:《世界散文精华·澳非卷》，江苏文艺出版社 1994 年版，第 288 页。

故事

戴震难师[1]

（清）段玉裁

先生（戴震）是年乃能言，盖聪明蕴蓄者久矣。就傅读书，过目成诵，日数千言不肯休。授《大学章句》，至“右经一章”以下，问塾师：“此何以知为孔子之言而曾子述之？又何以知为曾子之意而门人记之？”师应之曰：“此朱文公所说。”即问：“朱文公何时人？”曰：“宋朝人。”“孔子、曾子何时人？”曰：“周朝人。”“周朝、宋朝相去几何时矣？”曰：“几二千年矣。”“然则朱文公何以知然？”师无以应，曰：“此非常儿也。”

编者注：

戴震（1724—1777），字东原，清代著名语言文字学家、经学家、哲学家、思想家。这段文字选自段玉裁编的《戴东原先生年谱》。文中“是年”是指雍正十年，这一年戴震十岁。“就傅”是拜师的意思。《大学章句》为朱熹所注，“右经一章”以下，朱熹注曰：“孔子之言而曾子述之。其传十章，则曾子之意而门人记之也。”戴震就是针对这段注文提出他的问题。

---

1 北图社古籍影印编辑室辑：《乾嘉名儒年谱》第五册，北京图书馆出版社 2006 年版，第 214—215 页。

花园余影[1]

[阿根廷]胡里奥·科塔萨尔

刘文荣 译

几天前，他开始读那本小说。因为有些紧急的事务性会谈，他把书搁下了，在坐火车回自己庄园的途中，他又打开了书，他不由得慢慢对那些情节、人物性格发生了兴趣。那天下午，他给庄园代理人写了一封授权信并和他讨论了庄园的共同所有权问题之后，便坐在静悄悄的、面对着种有橡树的花园的书房里，重新回到了书本上。他懒洋洋地倚在舒适的扶手椅里。椅子背朝着房门——只要他一想到这门，想到有可能会受人骚扰就使他恼怒——用左手来回地抚摸着椅子扶手上绿色天鹅绒装饰布，开始读最后的几章。他毫不费力就记起了人名，脑中浮现出人物，小说几乎一下子就迷住了他。他感受到一种简直是不同寻常的欢愉，因为他正在从缠绕心头的各种事务中一一解脱；同时，他又感到自己的头正舒坦地靠在绿色天鹅绒的高椅背上，意识到烟卷呆呆地被夹在自己伸出的手里，而越过窗门，那下午的微风正在花园的橡树底下跳舞。一字一行地，他被那男女主人公的困境窘态吸引了，情不自禁地陷入了幻景之中，他变成了那山间小屋里的最后一幕的目击者。那女的先来，神情

1 [美]布鲁克斯编著:《小说鉴赏》，主万等译，世界图书出版公司 2015 年版，第 306—307 页。

忧虑不安，接着，她的情人进来了，他脸上被树枝划了一道口子。她万分敬慕，想用亲吻去止住那血，但他却断然拒绝她的爱抚，在周围一片枯枝残叶和条条林中诡秘小路的庇护之中，他没有重演那套隐蔽的情欲冲动。那把短剑靠在他胸口变得温暖了，在胸膛里，自由的意志愤然涌起而又隐而不露。一段激动的、充满情欲的对话象一条条蛇似地从纸面上一溜而过，使人觉得这一切都像来自永恒的天意。就是那缠住情人身体的爱抚，表面上似乎想挽留他、制止他，它们却令人生厌地勾勒出那另一个人的必须去经受毁灭的身躯。什么也没有忘记：托词借口、意外的机遇、可能的错误。从此时起，每一瞬间都有其精心设计好的妙用。那不通人情的、对细节的再次检查突然中断，致使一只手可以抚摸一张脸颊。这时天色开始暗下来。

现在，两人没有相对而视，由于一心执意于那等待着他们的艰巨任务，他们在小屋门前分手了。她沿着伸向北的小径走去。他呢，站在相反方向的小路上，侧身望了好一会儿，望着她远去，她的头发松蓬蓬的，在风里吹拂，随后他也走了，屈着身体穿过树林和篱笆，在昏黄的尘雾里，他一直走，直到能辨认出那条通向大屋子的林荫道。料想狗是不会叫的，它们果真没有叫。庄园管家在这时分是不会在庄园里的，他果真不在。他走上门廊前的三级台阶，进了屋子。血管里的血在他的耳朵里突突的响着，那女人的话音传到了他的耳朵里。先经过一间蓝色的前厅，接着是大厅，再接着便是一条铺着地毯的长长的楼梯。楼梯顶端，两扇门。第一个房间空无一人，第二个房间也空无一人。接着，就是会客室的门，他手握刀子，看到那从大窗户里射出的灯光，那饰着绿色天鹅绒的扶手椅高背上露出的人头，那人正在阅读一本小说。

诗歌

夜读[1]

[美]华莱士·史蒂文斯[2]

张枣 译

彻夜我坐着读一本书，
我坐着，读着，仿佛置身在书的
庄严的纸页中。

这是秋天，星星坠落，
覆盖那些匍匐在月色中的
皱巴巴的形体。

我的夜读无灯陪伴，只有
一个声音在嘟囔："万物
回归冰冷，包括

那些麝香葡萄串，
甜瓜和光秃园圃里

1 选自《张枣译诗》，颜炼军编选，人民文学出版社 2015 年版，第 146—147 页。
2 华莱士·史蒂文斯（1879—1955），美国诗人。

红亮的梨。”

庄严的书页没有字迹，只有
焚烧的星星的痕迹
密布在霜天里。

第三十五 践行

经典论述

有其言，无其行，君子耻之。

——《礼记·杂记下》

身体没有灵魂是死的，信心没有行为也是死的。

——《雅各书 2：26》

未有知而不行者，知而不行只是未知。

——王阳明[1]

1 （明）王阳明:《传习录》，中州古籍出版社 2008 年版，第 29 页。

故事

三个问题[1]

[俄]列夫·托尔斯泰[2]

林楚平 译

有一次，某个国王忽然想到，如果他总是知道开始做一件事情的适当时间，如果他知道谁是他该听取意见的恰当的人，而谁又是他应该避开的人，尤其重要的是，如果他总是知道什么是他该做的最重要的事，那么他做起事来就会万无一失了。

他想到这个主意之后，就晓谕全国，要是有谁告诉他：何时是开始行动的合适时间，谁是最需要的人以及他如何才能知道什么是他要做的最重要的事，他就将重重地赏他。

国王面前来了许多博学之士，但是他们的答案却各不相同。

回答第一个问题，有的人说，为了知道采取每个行动的适当时机，一个人必须事先列出一张年月日的行事日程表来，然后严格照表行事。他们说，只有这样，凡事才能在适当的时候完成。有的人说，要事先确定采取每个行动的适当时机是不可能的，一个人不沉溺于无聊的娱乐，

1 列夫·托尔斯泰:《家庭的幸福》，林楚平译，浙江人民出版社 1983 年版，第 237—241 页。

2 列夫·托尔斯泰（1828—1910），俄国作家。

凡在进行的事总是事必躬亲，然后，就做那最需要做的事，这就行了。还有人说，国王对于正在进行的一切不管是怎样的经心在意，要靠一个人来正确判断何时是采取行动的适当时机，也还是不可能的，他应该建立一个贤人会议，他们将帮助他决定做每件事的适当时机。

可是这时候又有人说，有些事是等不到提到会议上去就得立刻决定的。为了做出这种决定，你就得事先知道将会发生什么情况，而这只有术士才能知道。因此，为了知道采取每个行动的适当时机，你得请教术士才成。

对于第二个问题。答案也是各式各样的。有人说，国王最需要的人是他的顾问；另一些人说是教士；还有些人说是医生；另有一些人则说，最需要的莫过于武士了。

对于第三个问题，即什么是最重要的事，有人回答说，世上最重要的事是科学；另一些人说是作战的技能；还有些人则说是宗教信仰。

所有的答案都互不相同，国王一个也不同意，也就不赏其中的任何人。但他仍然希望能找到问题的正确答案，所以决定去请教一位以其智慧而闻名遐迩的隐士。

隐士住在一片树林里，深居简出，除了普通老百姓以外，从不接待任何人。国王微服去拜访，在到达隐士的小庵之前就下了马，并且留下了扈从，只身前往。

在国王到来的时候，隐士正在他的庵前挖地。他见了国王，跟他打了个招呼，还是继续挖他的地。隐士又瘦又虚弱。他的铁锹每次下去挖起一点点土，就累得喘个不停。

国王走上前去对他说："我到你这儿来，圣明的隐士，是要请你回答三个问题：我如何才能知道在正确的时间做正确的事？谁是我最需要的人，我因此对他的话应该比对旁人的话予以更多的考虑？最后，什么是需要我首先关心的最重要的事？”

隐士静听国王说话，没有回答，然后只向手上吐口唾沫，重新挖起地来。

“你累了，”国王说，“让我来替你挖一会儿吧。”

“谢谢！”隐士说，把铁锹递给国王，在地上坐下来。

国王挖了两畦地，又停下来提出他那三个问题。隐士还是没有答话，只是站起来，伸手要拿那铁锹，并且说：

“现在你歇一歇吧——让我来挖会儿。”

但是国王不给他铁锹，还是继续挖地。一小时过去了，又过了一小时。太阳在树背后开始沉落，国王最后把铁锹插在地里，说：

“我到你这儿来，圣明的人，是为了给我的问题求得一个答案。要是你不能回答我的问题，你就直说好了，这样我也好回家去。”

“有什么人跑过来了，”隐士说，“我们瞧瞧，这是谁。”

国王转过身，看到一个长着一脸大胡子的人从林中跑出来。那人用手按住肚子，血正从手下面溢出来。当他到了国王那儿，就晕倒在地，声息微弱地呻吟着。国王和隐士解开那人的衣服，看见腹部有个很大的伤口。国王尽量把伤口洗净，用他的手帕和隐士的一条毛巾把它包扎起来。但是血还是不停地流出来，国王一次一次地把被血渗透的绷带解下来，洗净，再包扎起来。最后，血不再流了，那人缓过气来，要求给点水喝。国王给他拿来了清水。这时候，太阳已经落山，天气凉了。国王在隐士的帮助下把伤者扶到庵里，让他躺到床上去。这人静静地躺在床上，闭上眼睛。国王由于赶了路，又做了许多事，就在门槛上坐下来睡着了——他睡得那么酣沉，一个短短的夏夜就这样过去了。早晨醒来，过了好一会儿他才记起他这是在哪儿，那个躺在床上、用亮晶晶的眼睛盯着他看的那个大胡子陌生人又是谁。

“宽恕我吧！”大胡子看见国王醒了，正看着自己，就声音微弱地说。

“我都不认识你，有什么可宽恕的。”国王说。

“你不认识我，可我认识你。我就是那个誓死要亲自向你报仇的人，因为你处决了我的兄弟，又没收了我的财产。我得知你是单独来看望隐士，就决心要在你回家的路上把你杀死。但是白天过去了，你没有回去，所以我就从埋伏的地方出来找你，恰好碰上你的扈从，他们认出我，把我打伤了。我于是逃出来，但要不是你把我的伤口包扎好，我就会流血而死的。我想杀死你，而你却救了我的命。瞧吧，只要我活着，只要你也愿意，我将做你最忠实的奴隶，并且要我的孩子们也这样做。宽恕我吧！”

国王很高兴这么轻而易举地就跟他的敌人和解了，还交到了一个朋友。他不仅宽恕他，还说要派他的仆人和御医来看护他，又答应归还他的财产。

离开了伤者，国王又来到门廊那儿去找隐士。因为离开之前他还希望再一次为他提出的问题求得一个答案。这时候，隐士正跪在昨天翻了土的畦里播种。

国王对他说：“我最后一次请求你，圣明的人，回答我的问题吧。”

“你已经有了答案！”隐士说，他还屈着细腿蹲在地上，仰脸望着站在他面前的国王。

“什么答案？你这是什么意思？”国王问。

“你难道还不明白，”隐士说，“要不是你昨天可怜我衰弱无力替我挖地而不去走你的路，那个人就会袭击你，你也就会懊悔没有留在我这里了。所以最重要的时候就是你在挖地的时候；我是最重要的人；为我做好事是你最重要的事。之后，那人向我们跑来了，这时最重要的时候是你看护照顾他的时候，因为要不是你包扎好他的伤口，他就会来不及跟你和解就死了。所以他是最重要的人，你为他所做的事是你最重要的事。记住吧：只有一个时间是重要的，那就是现在！它之所以重要，就是因为它是我们唯一有所作为的时间。最重要的人是同你在一起的人，因为谁也不知道他以后究竟还会同别的什么人打交道。而最重要的事则是对他做好事，因为人生在世原就只为了这个唯一的目的！”

1903 年

诗歌

风的君王[1]

[叙利亚]阿多尼斯[2]

薛庆国 译

我的旗帜列成一队，相互没有纠缠，
我的歌声列成一队。
我正集合鲜花，动员松柏，
把天空铺展为华盖。
我爱，我生活，
我在词语里诞生，
在早晨的旌旗下召集蝴蝶，
培育果实；
我和雨滴
在云朵和它的摇铃里，在海洋过夜。
我向星辰下令，我停泊瞩望，
我让自己登基，
做风的君王。

1 阿多尼斯:《我的孤独是一座花园：阿多尼斯诗选》，薛庆国选译，译林出版社 2009 年版，第 20 页。

2 阿多尼斯（1930— ），叙利亚诗人。

第三十六 惜时

经典论述

子在川上，曰：“逝者如斯夫！不舍昼夜。”

——《论语·子罕》

时间就是性命。无端的空耗别人的时间，其实是无异于谋财害命的。

——鲁迅[1]

1 鲁迅：《门外文谈》，人民出版社 1974 年版，第 41 页。

故事

没时间[1]

[意大利]安伯托·艾柯[2]

殳俏　马淑艳　译

我打电话向牙医预约，他则告诉我在未来一周内他连一小时的空当都没有，于是我唯唯诺诺数声就怕真的打搅了他，因为他是个严肃的专业人才嘛。但是别人邀请我参加研讨会，或圆桌会谈，或要我编辑某大师的纪念专辑，或写篇论文，或加入专家组成的课题小组时，如果我说我没空，那是没人会相信的。他们会说："别这样嘛，教授，像您这样的人物总是有大把大把时间的啦！"显然人家从来不把我们人文学者当作严肃的专业人才——在别人眼里，我们是一批游手好闲的家伙。

我做了一些计算，也鼓励我所有的同行都自行计算一番，然后告诉我正确与否。一个非闰年的正常年有 8760 个小时，假设每天睡眠 8 小时，花 1 小时起床、刮胡子、穿衣服，半小时刷牙和上厕所，不超过 2 个小时的时间吃饭，我们就用掉了 4197.5 小时。另外花 2 个小时在市区乱窜，每年也要用 730 个小时。

每周教 3 门课，每门课 2 小时，还要抽一个下午给学生开小灶，那

1　安伯托·艾柯:《带着鲑鱼去旅行》，殳俏、马淑艳译，新星出版社 2009 年版，第 146—149 页。

2　安伯托·艾柯（1932—2016），意大利学者、作家。

就又用掉了 100 个小时。我花在大学里的时间——我将教学工作浓缩于 20 个星期里——是 220 个小时，外加 24 小时的考试、12 小时阅读论文、78 小时开系务会议和委员会议。平均每年读 5 篇论文，每篇平均 350 页，每页起码读两遍，一遍修订前，一遍修订后；以每页 3 分钟计，要花掉 175 个小时。较短的论文大部分都由助理代劳，但还是需要开 6 次会议，每次负责读 4 篇，平均每篇 30 页：阅读加上初步讨论，以每页 5 分钟计，这又要 60 个小时。还不包括我自己的研究，已经花了 569 个小时。

我编辑了一份叫 VS 的符号学杂志，每年出刊 3 次，共约 300 页。不算阅读稿件和退稿的时间，以每页 10 分钟计（评估、修订、校对），一共可以花掉 50 个小时。我又主编了两种与我本行有关的学术系列专著。一年 6 本书，总页数算它 1800 页；以每页 10 分钟计，又花去 300 个小时。我自己著作的翻译——论文、书、写给报章杂志的文章，研讨会上宣读的论文等，只考虑我可以进行核对的文种，我每年要读 1500 页，以每页 20 分钟计（阅读，对照原文，跟译者面对面或者通过电话、书信沟通），这又是 500 个小时。还有我自己的写作，即使不包括写书，光是论文、杂文、报告、授课笔记等，加起来轻轻松松就超过 300 页。如果再加上思考、做笔记、修订、发呆的时间，每页起码花 1 个小时——又是 300 个小时。我每周的杂志专栏，以最乐观的估计，要选题材、做笔记、参考几本书、打草稿、剪裁到适当长度、口述、寄走，每周又得花 3 个小时。乘以 52 周就是 156 个小时。最后还有我的邮件，虽然还有很多来信未回，但是我每周要奉献 3 个上午，从 9 点到 13 点，这就占掉了 624 个小时。

我还计算出来，光是去年，我只接受一成的邀约，并只参加跟我的专业训练有密切关系的研讨会，在会中提出我自己或我同事的研究成果，以及在若干无可回避的公开场合露面（例如学术典礼、政府相关部门规定要参加的会议），我竟然投入 372 个小时积极参与此类活动（浪费掉的时间不算在内）。又因为很多这类活动在国外举行，旅行要花费 323 个小时以上。我的算法是，从米兰到罗马，包括搭出租车前往机场、候机、飞机航程、再搭出租车进入罗马、在旅馆安顿、前往会场，一共是 4 小时。若出差到纽约，单程就要耗 12 个小时。

以上加起来，一共是 8121.5 个小时，从每年的 8760 个小时中减去，我就剩下 638.5 个小时，换言之，每天是 100 分钟，可用于做爱、吹牛、参加葬礼、看病、购物、运动、看戏。你看得出，我还没有算进阅读工作范围以外的读书时间（书籍、杂文、漫画）。假设我利用旅行的时间阅读，223 个小时，5 分钟读一页，我有可能读 3876 页，约相当于 300 页的书 13 本。还有吸烟又如何？每月就算 60 支吧，如果每支烟要花半分钟（找烟、点烟、熄烟），一共就是 182 个小时。太奢侈了。我必须戒烟。

诗歌

生命的驿车[1]

［俄］普希金[2]

查良铮 译

有时候，虽然它载着重担，
驿车却一路轻快地驰过；
那莽撞的车夫，白发的“时间”，
赶着车子，从没有溜下车座。

我们从清晨就坐在车里，
都高兴让速度冲昏了头，
因为我们蔑视懒散和安逸，
我们不断地喊着：快走！……

但在日午，那豪气已经跌落；
车子开始颠簸，我们越来越怕
走过陡坡或深深的沟壑，

1 选自《普希金抒情诗选集》（上），查良铮译，江苏人民出版社 1982 年版，第 501 页。

2 普希金（1799—1837），俄国诗人。

我们叫道：慢一点，傻瓜！

驿车急驰得和以前一样，
临近黄昏，我们才渐渐习惯，
我们瞌睡着来到歇夜的地方——
而“时间”继续把马赶向前面。

第三十七 警小

经典论述

尽小者大，慎微者著。

——班固[1]

祸患常积于忽微。

——欧阳修[2]

多么善良的人也不能忽视谨慎之道。

——亨利・菲尔丁[3]

1 选自《汉书・董仲舒传》。

2 （宋）欧阳修：《伶官传序》。

3 ［英］亨利・菲尔丁：《弃儿汤姆・琼斯的历史》（上），萧乾译，太白文艺出版社 2005 年版，第 123 页。

故事

百无一用[1]

[意大利]卡尔维诺

刘月樵 译

太阳已经升得很高了，斜照进街道，杂乱地照亮这条街，将屋顶的影子投射到对面房子的墙上，把装饰起来的橱窗照耀得十分炫目，阳光从料想不到的缝隙里射出来，打在拥挤的人行道上匆匆走过的行人的脸上。

在一个十字路口，我第一次看到那个浅色眼睛的男人，记不清他是停在那里还是往前走着：肯定的是，他离我越来越近，因此或者是我朝他走去，或者是他向我走来。他高大而消瘦，穿着一件浅色的雨衣，一把紧紧卷上的雨伞利落地挂在胳膊上。他的头上戴着一顶毛毡帽子，也是浅色的，帽檐儿又宽又圆；底下紧挨着的是眼睛，大大的、冷冷的、亮亮的，眼角带有奇怪的闪光。无法看出他的年龄，他剃着光头，人很瘦。他手里拿着一本书，一根手指夹在书里，好像是为了标记那个位置似的。

很快，我感觉到他的目光落在我身上，静止的目光打量着我，从头到脚，甚至不放过我的后背和内在。我立即把目光转向别处，但是每走

1 卡尔维诺:《在你说“喂”之前》，刘月樵译，译林出版社 2015 年版，第 25—30 页。

一步，我就扫视他一眼，而每一次我都看见他离我更近，并且望着我。最后，他停在了我的面前，几乎抿着的嘴唇，正要摆出一个微笑。这个男人从衣袋里抽出一根手指，慢慢地，用它向下指着我的双脚；这时他才讲话，用一种有点儿谦卑的、极低的声音。

“对不起，”他说道，“您一只鞋的鞋带开了。”

真的。鞋带的两端垂到了鞋的边缘，拖拉下来、被踩脏了。我的面颊微微地红了，嘴里嘟哝了一句“谢谢”，我俯下了身子。

在马路上停下来系鞋带是令人讨厌的，尤其是像我这样停在人行道的中间，不是把脚放在高处，而是跪在地上，还会被人碰到。浅色眼睛的男人低声告别后，就马上离开了。

然而命运却注定我又遇到他：还没有过去一刻钟的时间，我就又看见他站在我面前，望着一个橱窗。那时候，一种不可解释的冲动攫住了我，我想趁他正专心地看着橱窗的时候，转过身、退回去，或者说好一点儿，赶紧走过去，希望他没有注意到我。不，已经太晚了，这位陌生人转过身来，他看见了我，望着我，还想对我说些什么。我站在他面前，很害怕。陌生人讲话的声调更加谦卑了。

“您看，”他说，“它又松开了。”

我真想消失。我什么都没有回答，弯下腰，愤怒地努力系鞋带。我耳朵里嗡嗡响，觉得周围走过并且碰撞我的人，还是上一次就碰撞我、注意我的那些人，他们低声说着嘲讽的话。

不过，现在鞋带系紧了、结实了，走在路上，我既轻松又自信。这会儿，我甚至怀着一种无意识的自豪感，希望再次巧遇那个陌生人，好为自己恢复名誉。

不幸的是，刚刚沿着广场转了一圈，我竟发现自己离他只有几步之遥，又在那条人行道上，刚才催促我前进的自豪感突然之间被惊慌代替。

陌生人看着我，脸上流露出一种遗憾的表情，他向我靠近，轻轻摇着脑袋，像是为某个不受人控制的自然事实而惋惜。

往前迈步的时候，我担心地瞟了一眼那只让我内疚的鞋子；它还是系得又紧又结实。然而，让我沮丧的是，陌生人继续摇了一会儿脑袋，然后说道：

“现在，另外一只鞋的鞋带松开了。”

这时候，我的感受就像是在噩梦中，想把一切都抹掉，想醒过来。我显露出一副反抗的怪相，用牙齿咬住嘴唇，像是不让自己发出诅咒，我又开始在街上弯下腰，暴躁地使劲系鞋带。我站起来，眼睛下面的脸颊如火焰一般，低着脑袋走开了，只想要避开人们的目光。

但是那天的痛苦并没有结束：当我吃力地急急忙忙走在回家的路上时，我感觉到蝴蝶结一点儿一点儿地滑开，结扣则越来越松，鞋带正在渐渐散开。刚开始，我放慢了脚步，似乎只要小心谨慎一些，就可以维持那一团不稳定的平衡了。可是我离家还很远，而鞋带的两头则已经拖在地上，这边那边地甩来甩去。于是，我走得气喘吁吁，像是在逃开疯狂的恐惧：害怕再次遇到那个男人的无法逃避的目光。

那是一个密集的小城市，人来人往；在城里转悠时，在半个小时之内就可以三四次遇到同一张面孔。现在，我正如同在噩梦中一般在市里走着，内心撕扯着，为再次被看到鞋带松开而感到羞愧，又为再次被人看见俯下身子去系鞋带而感到耻辱。人们的目光似乎在我周围密集，仿佛林子里的树枝一般。我钻进了遇到的第一个门廊，躲了起来。

然而，在过道的深处，在半明半暗之中，我看见那个浅色眼睛的男人站在那里，双手搭在紧紧卷起的雨伞的伞柄上，似乎是在等我。

我起初惊讶得张大了嘴，随即大着胆子挤出笑容，我指着松开的鞋带，想阻止他说话。

这位陌生人点点头，露出他那忧伤的理解的表情。

“是啊，”他说，“两只鞋的鞋带都开了。”

没有什么地方比这门廊更安静而适合系鞋带了，而且这里有可以放脚的台阶，更加方便，虽然我后面的高处站着一个浅色眼睛的男人，他看着我，不放过我手指的每一个动作，而且我还感到他的目光落在我的手指中间，打乱我的动作。但是一而再、再而三，现在我不再感到任何痛苦；甚至我还吹起口哨，第无数次重复着该死的系鞋带动作，不过这一次系得更结实，我很放松。

如果那个男人保持沉默，不先轻轻地咳嗽几声，有点儿犹豫不决，接着以坚定的语调一口气说出下面的话，就没事了。他说道：

“对不起，您还是没有学会系鞋带。”

我满脸通红地转向他，仍然猫着腰。我舔舔嘴唇。

“您知道，”我说，“对于系鞋带，我真的不胜任。也许您不相信我的话。从孩童时代开始，我就从不愿意费力学会它。我总是不解鞋带就脱掉鞋子、穿上鞋子。我用穿靴器。对于鞋的结扣，我无能为力，我弄得乱七八糟。也许这难以置信。”

于是陌生人说了一句奇怪的话，最令人意想不到的话。

“那么，”他说道，“您的孩子，假如您有孩子的话，您怎么教他们系鞋带呢？”

然而最为奇怪的还是，我思考了一会儿，然后做出回答，似乎我以前想过这个问题，解答过了，还把答案记下来，等待着迟早会有某个人向我提出它一样。

“我的孩子们，”我说，“将从其他人那里学习怎样系鞋带。”

陌生人更为荒唐地反驳道：

“假如，比如说，发生了大洪水，整个人类都消失了，您是被选中者，您以及您的孩子们将延续人类。那时怎么办，您有没有想过？您将怎样教他们打结？因为否则的话，天晓得，在人类能够打结、重新把它发明出来之前，要过去多少个世纪！”

我再也理解不了了，无论是打结的事，还是他的这番话。

“但是，”我尝试着提出异议，“为什么恰恰我应该成为被选中者，正如您所说的那样，为什么恰恰是我这个连打结都不会的人呢？”

长着浅色眼睛的男人逆光站在门口：他的表情中有些可怕的天使一般的东西。

“为什么是我？”他说，“所有的人都这样回答我。所有人鞋上都有一个结，一件他们不善于做的事情；一份把他们与其他人连接在一起的无能为力。社会依赖现今人们之间的这种不对称：这是能力与无能的一种结合。可洪水呢？如果来了洪水，需要一条诺亚方舟呢？不是单单一个人就能完成要重新开始而需要做的那几件事。您看，您不会系鞋带，另一个人不会刨木头，又一个人还没有阅读过托尔斯泰，还有一个人不会播种，如此等等。我多年以来就在寻找，请相信我，很困难，困难极了；看来人们应该手挽着手，就像盲人和瘸子一样，尽管吵架拌嘴，却不能分开行走。这就是说，假设洪水来了，我们大家将一起死去。”

他这样说着，转身消失在街上。我再也没有见到过他，直到今天我还好奇，他是一个奇怪的疯子，还是一位天使，多年以来这位天使徒劳地在人间转来转去，为的是寻找另一个诺亚。

诗歌

消失的酒[1]

[法] 保尔 · 瓦雷里[2]

戴望舒 译

有一天，我在大海中
（我忘了在天的何方）
洒了一点美酒佳酿，
作奠祭虚无的清供……

美酒啊，谁愿你消亡？
我或许听了占士说？
或许顺我心的挂虑，
心想血液，手酹酒浆？

大海平素的清澄，
起了蔷薇色的烟尘，
又恢复了它的纯净……

1 选自《戴望舒诗全编》，浙江文艺出版社 1989 年版，第 594 页。
2 保尔 · 瓦雷里（1871—1945），法国诗人。

美酒的消失，波浪酩酊！……

我看见苦涩的风中

奔腾着最深的姿容……

第三十八 谦逊

经典论述

傲骨不可无，傲心不可有。无傲骨则近于鄙夫，有傲心则不得为君子。

——张潮[1]

一个真认识自己的人，就没法不谦虚。

——老舍[2]

1 （清）张潮:《幽梦影》，中州古籍出版社 2008 年版，第 176 页。

2 舒济、舒乙编:《老舍小说全集》第 6 卷，长江文艺出版社 1993 年版，第 233 页。

故事

扁鹊的哥哥们[1]

（魏文侯问于扁鹊）曰："子昆弟三人，其孰最善为医？"

扁鹊曰："长兄最善，中兄次之，扁鹊最为下。"

魏文侯曰："可得闻邪？"

扁鹊曰："长兄于病视神，未有形而除之，故名不出于家。中兄治病，其在毫毛，故名不出于闾[①]。若扁鹊者，镵[②]血脉，投毒药[③]，副[④]肌肤，间[⑤]而名出，闻于诸侯。"

编者注：

①闾：闾里，乡里。

②镵（chán）血脉：用针灸刺激血脉。

③投毒药：给人吃烈性的药物。

④副：剖开。

⑤间：顷刻。

1 选自《鹖冠子·世贤第十六》，中华书局 1985 年版。题目为编者所加。

诗歌

启示[1]

杭约赫[2]

我们常常迷失在自己的小世界里，
拾到一枚贝壳，捉到一个青虫，
都会引来一阵欣喜。好像
这世界已经属于自己，而自己却
被一团朦胧困守住，
翻过来，跳过去，在一只手掌心里。

有一天忽然醒来，
烧焦了自己的须发，
从水里的游鱼、天空的飞鸟
得到了启示。于是
涉过水、爬过山，
抛弃了心爱的镜子，
开始向自己的世界外去找寻世界。

---

1 王圣思编:《海上文学百家文库 杭约赫、陈敬容、唐祈、唐湜卷》，上海文艺出版社 2010 年版，第 12 页。

2 杭约赫（1917—1995），中国现代诗人。

路旁石缝里的一株小草，
悬崖下的一泓泉水，
还有那些蹦蹦跳跳的小动物，
都在告诉我们一段经历，
教我们怎样去磨炼自己，
从这个起点到另一个起点。

今天，我们不会再轻易去叹息——
一朵花的凋谢，月亮的残缺；
一粒星的陨落，一只蛋壳的破裂，
都给我们预示了将要来到的

一些忧患，都给我们指点了
面前的路。
因它们生命的变幻，
填平了多少崎岖和坎坷，
领我们到一个新的世界
——自己的世界外的世界。

第三十九 礼貌

经典论述

爱人者，人恒爱之；敬人者，人恒敬之。

——《孟子·离娄下》

凡待人，无贵贱贤愚，礼貌当如一。

——司马光[1]

礼仪不良有两种：第一种是忸怩羞怯；第二种是行为不检点和轻慢。要避免这两种情形，就只有好好地遵守下面这条规则，就是：不要看不起自己，也不要看不起别人。

——约翰·洛克[2]

1 （宋）司马光：《涑水记闻》卷十五。
2 ［英］约翰·洛克：《教育漫话》，傅任敢译，教育科学出版社1999年版，第118页。

故事

康德在弥留之际[1]（节选）

[德]卡尔·福尔伦德[2]

曹俊峰 译

到了1803年9月，他已经不能清晰地写下自己的姓名了。因此当必须在收据之类的文件上签字时，瓦西安斯基[3]可能获得了代为签署的全权，授权书应是康德自己签名的，而这一签名是年迈的哲学家留下的最后的手笔。他两眼视力很弱，已经找不到饭菜和汤勺了，要由忠实的助手把饭菜和餐具摆在他面前，或者放在他手里。不久之前还相当好的听力也趋于消失，而他的声音即使在近处也完全听不清楚。此外，他的表达也越来越模糊和难以理解，他也越来越不能听懂别人对他说的话。最令人稀奇的是他对他最后几年极其用心地研究过的专门学科的学术问题还保持一定的理解力，例如物理学、自然史、自然地理学和化学方面的问题。在最后的时刻他还能毫无障碍地背诵开普勒定律，在去世前六天还能在餐桌旁清楚地回答有关阿尔及利亚的柏柏尔人的生活方式的问题。除此之外，在他生存的最后两周里他做出了各种无意义的事

---

1 卡尔·福尔伦德:《康德传——康德的生平与事业》，曹俊峰译，天津教育出版社2015年版，第739—740页。

2 卡尔·福尔伦德（1860—1928），德国哲学史家。

3 瓦西安斯基，康德的学生和助手。

情，例如，他把衣服翻出来又装进去。对与他最亲近的人他有时也会认错：首先是他的妹妹，其次是瓦西安斯基，最后是他的仆人。从 1804 年 2 月 3 日起，他差不多完全停止进食。就在那一天，当他的医生、医学教授同时又是当时在任的大学校长埃尔斯诺（Elsner）来看望他时，他试图用各种各样不连贯的、只有当时刚好在场的瓦西安斯基能懂的词语来表达他的感激之情，感谢他在他（康德）面对多种“麻烦的邮件（mannigfachen Posten）”时所表现出来的“许多善意”。他不顾自己的衰弱，在医生就座之前不想坐下来。然后他就勉强地集中最后的力气，以真正显示出他的全部本性的话语说道：“我还没有失去对人性的情感。”

最后的八天其实只是一种慢性的死亡过程。在礼拜天，也就是 2 月 5 日，他还费力地与两个最亲密的人——瓦西安斯基和维吉兰蒂乌斯，一起坐到桌边，但什么也没有吃。当瓦西安斯基把他放到软垫上去时，他说出了他还记得的拉丁谚语：“现在一切都像作战一样处于最好的阵形之中，井然有序。”此后他变得更加虚弱和昏沉，“他昏昏沉沉，目光呆滞地坐着，一言不发”。只有当话题涉及科学对象时，他有时才有所表示，向别人暗示他还在这里。在上一年，他有几次表现得很粗暴，只要仆人做事令他不满意，还没弄清楚是怎么回事，他就想发火。现在他不再那样了，对每个人都心平气和。自从 2 月 7 日以后，他一直待在床上，除了在第二天中午有一次他白费力气地想找一只勺子喝汤。在星期四他的脸相显示出希波克拉底[1]所说的特征，从那以后他大部分时间都没有知觉。星期五上午他还认识瓦西安斯基，回报了他午间的问候，亲

---

1 希波克拉底，古希腊医学家，曾提出人体四种体液说。此处大概意指康德的体液已经失衡，病入膏肓。

切地抚摸他的脸颊。当这个忠实可靠的人在次日问他是否还认识自己时，他已经不能回答了，但他把苍白的嘴唇送过来想亲吻一下，这在他是很不寻常的举动。在最后一个夜里，也就是从 2 月 11 日到 12 日的夜里，这位朋友（瓦西安斯基）照旧守在他的卧榻旁，并经常递给他一勺由酒、水和砂糖混合而成的饮料，以便提神，直到最后他低声说："这是很好的（Es ist gut）。"这是从康德嘴里说出来的最后三个词。[1]

---

1 对这三个词历来有不同解释，其含义可能是"这种饮料很好"，可能是"我就要解脱了，这很好"，可能是"我一生过得不错"，也可能是"这个世界是好的"。——译者注

诗歌

礼貌

——为 1918 年的孩子而作[1]

[美] 毕肖普[2]

丁丽英 译

当我坐在驴车上时
我的祖父对我说：
“一定要记住
向你遇见的每个人打招呼。”

我们遇见一个走路的陌生人。
我祖父用鞭子碰了碰帽子。
“日安，先生。日安。多好的天气。”
我说并在位置上鞠了个躬。

接着我们又看见一个认识的男孩
他的肩上立着他的宠物——一只大乌鸦。

1 选自《伊丽莎白 · 毕肖普诗选》，丁丽英译，河北教育出版社 2002 年版，第 193—195 页。

2 毕肖普（1911—1979），美国女诗人。

"你长大可别忘记，总是要把每个人都捎上。"
我祖父说。于是威利
就爬上来和我们坐在一起，但乌鸦
却"哇"地叫了一声飞走了。我非常不安。
他怎么知道要去哪里？

但他一次只飞了一段路
从一个栅栏顶飞到下一个栅栏顶；
而威利吹响口哨他就应声。
"一只好鸟，"我祖父说，

"他受过很好的训练。瞧，每当
跟他说话他回答得多好。
不管人还是畜生，那就是良好的礼貌。
要知道你俩都应该这么做。"

当汽车驶过，
弄了我们一脸灰，
可我们依旧扯开大嗓门
高声喊道："日安！日安！天气真好！"

当我们来到胡斯特勒山，
他说驴子走累了，
我们就下地步行，
因为我们要养成良好的礼貌。

第四十 友谊

经典论述

独学而无友，则孤陋而寡闻。

——《礼记·学记》

不挟长，不挟贵，不挟兄弟而友。友也者，友其德也，不可以挟也。

——《孟子·万章下》

一死一生，乃知交情。一贫一富，乃知交态。一贵一贱，交情乃见。

——司马迁[1]

1 选自《史记·汲郑列传》。

故事

鉴赏家[1]

汪曾祺

全县第一个大画家是季匋民，第一个鉴赏家是叶三。

叶三是个卖果子的。他这个卖果子的和别的卖果子的不一样。不是开铺子的，不是摆摊的，也不是挑着担子走街串巷的。他专给大宅门送果子，也就是给二三十家送。这些人家他走得很熟，看门的和狗都认识他。到了一定的日子，他就来了。里面听到他敲门的声音，就知道：是叶三。挎着一个金丝篾篮，篮子上插一把小秤，他走进堂屋，扬声称呼主人。主人有时走出来跟他见见面，有时就隔着房门说话。“给您称——？”“——五斤。”什么果子，是看也不用看的，因为到了什么节令送什么果子都是一定的。叶三卖果子从不说价，买果子的人家也总不会亏待他。有的人家当时就给钱，大多数是到节下（端午、中秋、新年）再说。叶三把果子称好，放在八仙桌上，道一声“得罪”，就走了。他的果子不用挑，个个都是好的。他的果子的好处，第一是得四时之先，市上还没有见这种果子，他的篮子里就已经有了。第二是都很大，都均匀，很香，很甜，很好看。他的果子全都从他手里过过，有疤的、有虫眼的、挤筐、破皮、变色、过小的全都剔下来，贱价卖给别的果贩。他

---

1 选自陆建华主编:《汪曾祺文集·小说卷》（下部），江苏文艺出版社 1993 年版，第 360—367 页。

的果子都是原装，有些是直接到产地采办来的，都是“树熟”，——不是在米糠里闷熟了的。他经常出外，出去买果子比他卖果子的时间要多得多。他也很喜欢到处跑。四乡八镇，哪个园子里，什么人家，有一棵什么出名的好果树，他都知道，而且和园主打了多年交道，熟得像是亲家一样了。——别的卖果子的下不了这样的功夫，也不知道这些门道。到处走，能看很多好景致，知道各地乡风，可资谈助，对身体也好。他很少得病，就是因为路走得多。

立春前后，卖青萝卜。“棒打萝卜”，摔在地上就裂开了。杏子、桃子下来时卖鸡蛋大的香白杏，白得像一团雪，只嘴儿以下有一根红线的“一线红”蜜桃。再下来是樱桃，红的像珊瑚，白的像玛瑙。端午前后，枇杷。夏天卖瓜。七八月卖河鲜：鲜菱、鸡头、莲蓬、花下藕。卖马牙枣，卖葡萄。重阳近了，卖梨：河间府的鸭梨、莱阳的半斤酥，还有一种叫作“黄金坠子”的香气扑人个儿不大的甜梨。菊花开过了，卖金橘，卖蒂部起脐子的福州蜜橘。入冬以后，卖栗子、卖山药（粗如小儿臂）、卖百合（大如拳）、卖碧绿生鲜的檀香橄榄。

他还卖佛手、香橼。人家买去，配架装盘，书斋清供，闻香观赏。

不少深居简出的人，是看到叶三送来的果子，才想起现在是什么节令了的。

叶三卖了三十多年果子，他的两个儿子都成人了。他们都是学布店的，都出了师了。老二是三柜，老大已经升为二柜了。谁都认为老大将来是会升为头柜，并且会当管事的。他天生是一块好材料。他是店里头一把算盘，年终结总时总得由他坐在账房里哔哔剥剥打好几天。接待厂家的客人，研究进货（进货是个大学问，是一年的大计，下年多进哪路货，少进哪路货，哪些必须常备，哪些可以试销，关系全年的盈亏），都少不了他。老二也很能干，量布、撕布（撕布不用剪子开口，两手的两个指头夹着，借一点巧劲，嗤——的一声，布就撕到头了），干净利落。店伙的动作快慢，也是一个布店的招牌。顾客总愿意从手脚麻利的店伙手里买布。这是天分，也靠练习。有人就一辈子都是迟钝笨拙，改不过来。不管干哪一行，都是人比人，这是没有办法的事。弟兄俩都长得很神气，眉清目秀，不高不矮。布店的店伙穿得都很好，什么料子时新，他们就穿什么料子。他们的衣料当然是价廉物美的。他们买衣料是按进货价算的，不加利润；若是零头，还有折扣。这是布店的规矩，也是老板乐为之的，因为店伙穿得时髦，也是给店里装门面的事。有的顾客来买布，常常指着店伙的长衫或翻在外面的短衫的袖子："照你这样的，给我来一件。"

弟兄俩都已经成了家，老大已经有一个孩子，——叶三抱孙子了。

这年是叶三五十岁整生日，一家子商量怎么给老爷子做寿。老大老二都提出爹不要走宅门卖果子了，他们养得起他。

叶三有点生气了：

"嫌我给你们丢人？两位大布店的'先生'，有一个卖果子的老爹，不好看？"

儿子连忙解释：

"不是的。你老人家岁数大了，老在外面跑，风里雨里，水路旱路，做儿子的心里不安。"

"我跑惯了。我给这些人家送惯了果子。就为了季四太爷一个人，我也得卖果子。"

季四太爷就是季匋民。他大排行是老四，城里人都称之为四太爷。

"你们也不用给我做什么寿。你们要是有孝心，把四太爷送我的画拿出去裱了，再给我打一口寿材。"这里有这样一种风俗，早早就把寿材准备下了，为的讨个吉利：添福添寿。于是就都依了他。

叶三还是卖果子。

他真是为了季匋民一个人卖果子的。他给别人家送果子是为了挣钱，给季匋民送果子是为了爱他的画。

季匋民有一个脾气，一边画画，一边喝酒。喝酒不就菜，就水果。画两笔，凑着壶嘴喝一大口酒，左手拈一片水果，右手执笔接着画。画一张画要喝二斤花雕，吃半斤水果。

叶三搜罗到最好的水果，总是首先给季匋民送去。

季匋民每天一起来就走进他的小书房——画室。叶三不须通报，由一个小六角门进去，走过一条碎石铺成的冰花曲径，隔窗看见季匋民，就提着、捧着他的鲜果走进去。

“四太爷，枇杷，白沙的！”

“四太爷，东墩的西瓜，三白！——这种三白瓜有点梨花香味，别处没有！”

他给季匋民送果子，一来就是半天。他给季匋民磨墨、漂朱膘、研石青石绿、抻纸。季匋民画的时候，他站在旁边很入神地看，专心致意，连大气都不出。有时看到精彩处，就情不自禁地深深吸一口气，甚至小声地惊呼起来。凡是叶三吸气、惊呼的地方，也正是季匋民的得意之笔。季匋民从不当众作画，他画画有时是把书房门锁起来的。对叶三可例外，他很愿意有这样一个人在旁边看着，他认为叶三真懂，叶三的赞赏是出于肺腑，不是假充内行，也不是谄媚。

季匋民最讨厌听人谈画。他很少到亲戚家应酬。实在不得不去的，他也是到一到，喝半盏茶就道别，因为席间必有一些假名士高谈阔论。因为季匋民是大画家，这些名士就特别爱在他面前评书论画，借以卖弄自己高雅博学。这种议论全都是道听途说，似通不通。季匋民听了，实在难受。他还知道，他如果随声答音，应付几句，某一名士就会在别的应酬场所重贩他的高论，且说："兄弟此言，季匋民亦深为首肯。"

但是他对叶三另眼相看。

季匋民最佩服李复堂[1]。他认为扬州八怪里李复堂功力最深，大幅小品都好，有笔有墨，也奔放，也严谨，也浑厚，也秀润，而且不装模作样，没有江湖气。有一天叶三给他送来四开李复堂的册页，使季匋民大吃一惊：这四开册页是真的！季匋民问他是多少钱买的，叶三说没花钱。他到三垛贩果子，看见一家的柜橱的玻璃里镶了四幅画，——他在四太爷这里看过不少李复堂的画，能辨认，他用四张"苏州片"[2]跟那家换了。"苏州片"花花绿绿的，又是簇新的，那家还很高兴。

叶三只是从心里喜欢画，他从不瞎评论。季匋民画完了画，钉在壁上，自己负手远看，有时会问叶三：

"好不好？"

"好！"

"好在哪里？"

叶三大都能一句话说出好在何处。

季匋民画了一幅紫藤，问叶三。

叶三说："紫藤里有风。"

"唔！你怎么知道？"

---

1 李复堂，名鱓，字宗扬，复堂是他的号，又号懊道人。他是康熙年间的举人，当过滕县知县，因为得罪上级，功名和官都被革掉了，终年只做画师。他作画有时得向郑板桥去借纸，大概是相当穷困的。他本画工笔，是宫廷画家蒋廷锡的高足。后到扬州，改画写意，师法高其佩，受徐青藤、八大、石涛的影响，风度大变，自成一家。

2 仿旧的画，多为工笔花鸟，设色娇艳，旧时多为苏州画工所作，行销各地，故称"苏州片"。苏州片也有仿制得很好的，并不俗气。

“花是乱的。”

“对极了！”

季匋民提笔题了两句词：

深院悄无人，风拂紫藤花乱。

季匋民画了一张小品，老鼠上灯台。叶三说：“这是一只小老鼠。”

“何以见得？”

“老鼠把尾巴卷在灯台柱上。它很顽皮。”

“对！”

季匋民最爱画荷花。他画的都是墨荷。他佩服李复堂，但是画风和复堂不似。李画多凝重，季匋民飘逸。李画多用中锋，季匋民微用侧笔，——他写字写的是章草。李复堂有时水墨淋漓，粗头乱服，意在笔先；季匋民没有那样的恣悍，他的画是大写意，但总是笔意俱到，收拾得很干净，而且笔致疏朗，善于利用空白。他的墨荷参用了张大千，但更为舒展。他画的荷叶不勾筋，荷梗不点刺，且喜作长幅，荷梗甚长，一笔到底。

有一天，叶三送了一大把莲蓬来，季匋民一高兴，画了一幅墨荷，好些莲蓬。画完了，问叶三：“如何？”

叶三说：“四太爷，你这画不对。”

“不对？”

“‘红花莲子白花藕’。你画的是白荷花，莲蓬却这样大，莲子饱，墨色也深，这是红荷花的莲子。”

“是吗？我头一回听见！”

季匋民于是展开一张八尺生宣，画了一张红莲花，题了一首诗：

红花莲子白花藕，
果贩叶三是我师。
惭愧画家少见识，
为君破例著胭脂。

季匋民送了叶三很多画。——有时季匋民画了一张画，不满意，团掉了。叶三捡起来，过些日子送给季匋民看看，季匋民觉得也还不错，就略改改，加了题，又送给了叶三。季匋民送给叶三的画都是题了上款的。叶三也有个学名。他五行缺水，起名润生。季匋民给他起了个字，叫泽之。送给叶三的画上，常题“泽之三兄雅正”。有时迳题“画与叶三”。季匋民还向他解释：以排行称呼，是古人风气，不是看不起他。

有时季匋民给叶三画了画，说：“这张不题上款吧，你可以拿去卖钱，——有上款不好卖。”

叶三说：“题不题上款都行。不过您的画我不卖。”

“不卖？”

“一张也不卖！”

他把季匋民送他的画都放在他的棺材里。

十多年过去了。

季匋民死了。叶三已经不卖果子，但是他四季八节，还四处寻觅鲜果，到季匋民坟上供一供。

季匋民死后，他的画价大增。日本有人专门收藏他的画。大家知道叶三手里有很多季匋民的画，都是精品。很多人想买叶三的藏画。叶三说：

“不卖。”

有一天有一个外地人来拜望叶三，叶三看了他的名片，这人的姓很奇怪，姓“辻”，叫“辻听涛”。一问，是日本人。辻听涛说他是专程来看他收藏的季匋民的画的。

因为是远道来的，叶三只得把画拿出来。辻听涛非常虔诚，要了清水洗了手，焚了一炷香，还先对画轴拜了三拜，然后才展开。他一边看，一边不停地赞叹：

“喔！喔！真好！真是神品！”

辻听涛要买这些画，要多少钱都行。

叶三说：

“不卖。”

辻听涛只好怅然而去。

叶三死了。他的儿子遵照父亲的遗嘱，把季匋民的画和父亲一起装在棺材里，埋了。

一九八二年二月二十八日

诗歌

我一旦失去了幸福，又遭人白眼[1]

［英］莎士比亚[2]

屠岸　译

我一旦失去了幸福，又遭人白眼，
就独自哭泣，叹自己被人抛弃，
白白地用哭喊来麻烦聋耳的苍天，
又看看自己，只痛恨时运不济。
愿自己像人家那样：或前程远大，
或一表人才，或胜友如云广交谊，
想有这人的见识，那人的才华，
于自己平素最得意的，倒最不满意；
但在这几乎是自轻自贱的思绪里，
我偶尔想到了你呵，——我的心怀
顿时像破晓的云雀从阴郁的大地
冲上了天门，歌唱起赞美诗来：
　我怀着你的厚爱，如获至宝，
　教我不屑把处境跟帝王对调。

1　选自屠岸编译：《英国历代诗歌选》（上册），译林出版社 2007 年版，第 50 页。此诗为莎士比亚十四行诗第 29 首。

2　莎士比亚（1564—1616），英国剧作家、诗人。

第四十一 爱情

经典论述

只有人才把道德带进了两性关系。他一旦爱上了一个人，就承担了尊重这种亲昵的友谊，并且要把它看作最大的幸福而珍惜它的义务。当一个人体验到真正的爱情时，他就会表现出自我牺牲的精神和巨大的道德力量。

——瓦西列夫 [1]

恋爱的艺术，就它的最细腻最不着痕迹的表现而论，是一个男子和一个女子在人格方面发生最亲近的谐调的结果。

——蔼理士 [2]

1 [保加利亚] 瓦西列夫:《情爱论》，赵永穆等译，生活·读书·新知三联书店 1984 年版，第 33 页。

2 [英] 霭理士:《性心理学》，潘光旦译注，生活·读书·新知三联书店 1987 年版，第 455 页。

故事

雨伞[1]

[日]川端康成[2]

叶渭渠　译

春雨似雾，虽然不会濡湿，却会浸润人的肌肤。跑出门口的少女看见少年的伞，这才察觉：

“呀，下雨呐？”

少女正坐在店门前。少年撑开雨伞，与其说是为了挡雨，莫如说是为了掩藏自己走过少女面前时流露出来的羞涩。

但是，少年默默地将雨伞移过去给少女挡雨。少女只有一侧肩膀在雨伞下。尽管挨淋，少年却难以启齿说出“请过来”，然后让少女靠近过来。少女虽然也曾想过自己用一只手扶着伞把，但总是想从雨伞下溜走。

两个人走进了照相馆。少年的父亲是个官吏，即将调任远方。这是为他拍的临别赠相。

“二位请并排坐在这儿。”摄影师指着长椅子说。

少年无法同少女并肩而坐，就站在少女的背后。为了让两人的身体

1　川端康成:《掌小说全集》，叶渭渠译，中国社会科学出版社 1996 年版，第 378—379 页。

2　川端康成（1899—1972），日本作家，1968 年诺贝尔文学奖获得者。

在某一点上接合起来，他用扶着椅子的手指轻轻触摸少女的短外褂。这是他初次触及少女的身体。透过手指传导过来的微微的体温，使少年感受到一阵似是紧紧拥抱着赤身少女的温馨。

这一生中，每逢看到这张照片，也许就会想起她的体温来吧。

“再照一张好吗？二位肩并肩，把上半身照大些。”

少年只顾点点头。

“头发……”少年对少女小声地说。

少女猛然抬头望了望少年，脸颊倏地绯红，眼睛闪烁着光芒，充满了明朗的喜悦。像孩子般乖乖地碎步走到了化妆室。

方才少女看见少年经过门口，顾不及整理一下头发就飞跑出来，头发蓬乱得像是刚摘下游泳帽似的。少女一直为这乱发耿耿于怀，可是在男子面前连拢拢两鬓的短发修饰一下也觉着害羞。少年也觉得，如果对她说声“拢拢头发吧”都会羞辱少女的。

向化妆室走去的少女那股子快活劲儿，也感染了少年，喜悦之余，两个人理所当然地互相偎依坐在长椅子上。

刚要走出照相馆，少年寻找起雨伞来。忽然看见先走的少女已经手里拿着那把雨伞站在门口。少女发现少年望着自己，才意识到自己是拿着少年的雨伞走出来的，她不觉一惊。这种无意识的举止，难道不正是流露出她已经感觉到“那是他的东西”了吗？

少年难以启齿说出“让我拿雨伞吧”，少女则无法把雨伞交给少年。然而，此时此刻两个人与在前来照相馆的路上迥异，突然间变成了大人，带着夫妻般的心情踏上了归途。这仅仅是关于雨伞的一桩韵事……

诗歌

鱼化石[1]

卞之琳

（一条鱼或一个女子说：）
我要有你的怀抱的形状，
我往往溶化于水的线条。
你真像镜子一样地爱我呢。
你我都远了乃有了鱼化石。

一九三六

1 卞之琳：《十年诗草：1930—1939》，北京联合出版公司 2021 年版，第 66 页。

第四十二 两性

经典论述

性爱具有独占性，但同时也是通过爱一个人，进而爱全人类，爱一切生命。

——弗洛姆[1]

假使我们的文明教会了我们怎样让性感染力适当而微妙地流动，怎样保持性之火的纯洁和生机勃勃，让它以不同的力量和交流方式或闪烁、或发光、或熊熊燃烧，那么，也许我们就能——我们就都能——终生生活在爱中。

——劳伦斯[2]

1　[美]弗洛姆:《爱的艺术》，李健鸣译，商务印书馆 1987 年版，第 41 页。

2　[英]劳伦斯:《性与美》，载丛培香等选编:《外国散文百年精华》，人民文学出版社 2001 年版，第 62 页。

故事

俄耳甫斯和欧律狄刻[1]

［俄］尼·库恩

朱志顺　译

俄耳甫斯在冥国

伟大的歌手俄耳甫斯是河神俄阿格洛斯与缪斯女神卡利俄珀的儿子，他居住在遥远的色雷西亚。他的妻子是美丽的神女欧律狄刻。俄耳甫斯热爱妻子，可是他与妻子共同幸福生活的日子并不长。婚后不久的一天，美丽的欧律狄刻和活泼机灵的女伴们去绿色的山谷里采摘春天的鲜花。欧律狄刻不小心踩着了茂密草丛中的一条蛇，那蛇在俄耳甫斯妻子脚上咬了一口。欧律狄刻高声惨叫，倒在闻声赶来的女伴们的怀中。她脸色煞白，双目紧闭。毒蛇夺走了她的生命。欧律狄刻的女伴们又惊又怕，大声哭喊。俄耳甫斯远远听见哭声，匆匆跑向谷地，但是到那里他看到的只是温柔可爱的妻子冰冷的尸体。俄耳甫斯悲痛欲绝，他不甘心就此失去妻子。他为欧律狄刻之死哀哭了很久，整个大自然听到他悲痛的哭诉也随之悲哀动容。

最后俄耳甫斯决定去鬼魂所居的冥国，恳求冥国主宰哈得斯及其妻

1　尼·库恩:《希腊神话》，朱志顺译，上海译文出版社 2011 年版，第 181—184 页。

子佩耳塞福涅归还他的妻子。俄耳甫斯穿过泰那洛斯[1]一个深幽的洞穴，来到冥河斯堤克斯河岸边。

俄耳甫斯站在河岸上。可是怎样才能渡过冥河去对岸的哈得斯的冥国呢？他身边聚集着一群鬼魂，鬼魂的呻吟隐约可闻，就像深秋时节林中落叶的沙沙声。突然远处传来船桨击水的响声。这是为死者鬼魂摆渡的艄公卡戎划着船过来了。卡戎将船靠了岸。俄耳甫斯请求卡戎将他和死者鬼魂一起送到对岸，可是被严厉的艄公拒绝了。无论俄耳甫斯怎样央求，卡戎的答复始终是不行。

这时候，俄耳甫斯拨动金竖琴的琴弦，琴声犹如宽阔的波浪沿斯堤克斯河岸奔流而去。俄耳甫斯的琴声使卡戎迷醉了，艄公支起桨听歌手弹奏。俄耳甫斯弹着琴登上船，卡戎划船离岸，大船在冥河的黑水中向前驶去。卡戎将俄耳甫斯送到对岸。俄耳甫斯离船上岸，仍弹着金竖琴，走进鬼魂所居的冥国，走向哈得斯的宝座，他身边簇拥着许多听到琴声飞来的鬼魂。

俄耳甫斯弹着竖琴来到哈得斯的宝座跟前，朝哈得斯鞠了一躬。他猛地叩击琴弦唱了起来，他歌唱自己对欧律狄刻的爱情，歌唱他与妻子在阳光明媚的春日的幸福美好的生活。可是幸福的时日匆匆消逝，欧律狄刻已经逝世。俄耳甫斯又唱自己的不幸，爱情毁灭的痛苦，唱自己对亡人的思念。哈得斯的整个冥国都在倾听俄耳甫斯的歌声，大家都为他的歌声所陶醉。哈得斯垂首抵胸，在听俄耳甫斯歌唱。佩耳塞福涅头靠丈夫肩头也在凝神倾听，悲伤的泪水在她睫毛上颤动。迷人的歌声使坦塔罗斯忘却了饥渴的折磨。西叙福斯也停止了沉重、无效的劳动，坐在

---

1 位于伯罗奔尼撒南端，即今马塔潘角。

他正在推滚上山的那块巨石上，陷入深深的沉思。达那伊得斯姐妹陶醉于俄耳甫斯的歌声，将她们注水的无底桶也忘掉了。威严可怖的三首女神赫卡忒双手掩面，免得别人看到她眼中泪水涟涟。就连从来不知怜悯的命运三女神也被俄耳甫斯的歌声所打动，眼中也是泪光闪闪。可是金竖琴的声音越来越小，俄耳甫斯的歌声越来越低，最后就像隐隐约约的悲叹，终于消失了。

周围鸦雀无声，一片寂静。还是哈得斯打破了沉寂，他问俄耳甫斯为何来冥国，对他哈得斯有何要求。哈得斯像所有神祇一样凭斯堤克斯河水立下不可违背的誓言，一定满足这位杰出歌手的要求。这时俄耳甫斯对哈得斯说：

"强大的哈得斯啊，当我们凡人结束生命的时候，你把我们统统接纳进你的王国。可是我来此并非为了一睹冥国到处充斥的可怖景象，也不像赫拉克勒斯来此是为了牵走冥国卫士三头恶狗刻耳柏洛斯。我是来请求你放我的欧律狄刻回地上。请你让她复活，你看得出我为她的死多么痛苦！君王啊，你设身处地想一想，如果你的妻子佩耳塞福涅被夺走，你也会感到痛苦的。你放欧律狄刻走，她不是永远不回来。以后她还会回你的冥国。哈得斯啊，我们的夫妻生活很短暂。你就让欧律狄刻再体验体验生活的欢乐吧，因为她来你冥国的时候实在太年轻了！"

哈得斯沉吟了一阵，最后对俄耳甫斯说：

"好吧，俄耳甫斯，我把欧律狄刻还给你！你带她回阳间，带她去见阳光。但是你必须遵守一个条件：你跟着赫耳墨斯走在前面，赫耳墨斯领你走，欧律狄刻走在你后边。在冥国的路上你不能回头。切记！如果回头瞧一下，欧律狄刻立即就会离开你，并且永远留在我的冥国。"俄耳甫斯答应了哈得斯提出的一切条件。他急于起程回家。快捷如思维的赫耳墨斯领来欧律狄刻的灵魂。俄耳甫斯欣喜地望着欧律狄刻的灵魂，一心想拥抱她，但是赫耳墨斯拦住他，说：

“俄耳甫斯，你要拥抱的只是影子。快走，路途艰难得很呢。”

他们一行上路了。赫耳墨斯走在最前面，接着是俄耳甫斯，其后是欧律狄刻的灵魂。他们匆匆走出哈得斯的冥国。卡戎用船将他们送过斯堤克斯河。现在面前是通向地面的小径。路途艰难。小径陡立，乱石当道。四周一片昏黑。走在前面的赫耳墨斯的身影若隐若现。这时前方远远闪出一点亮光，那是出口。现在近处似乎也变得不那么黑暗了。要是俄耳甫斯转过身来，他应能看见欧律狄刻。她是否跟在他们后边呢？她会不会还留在鬼魂所居的黑暗的冥国呢？她可能落下了，因为路实在太难走！要是她掉在后边，她注定得在黑暗中永远徘徊。俄耳甫斯放慢脚步，侧耳细听。听不见任何声音。是啊，难道虚幻的影子会有脚步声？俄耳甫斯越来越为欧律狄刻担心了。现在他是走走停停。四周越来越明亮，现在俄耳甫斯应能看清妻子的影子了。他终于不顾一切，停下脚步，转身望去。他看见欧律狄刻的影子就在自己面前。俄耳甫斯朝她伸出双手，可是这当儿欧律狄刻的影子越离越远，最后隐没于黑暗之中。俄耳甫斯绝望至极，像石头似的呆立在那里。他不得不为欧律狄刻的再次死亡而痛苦，这样，妻子的再次死亡就得怪他自己了。

俄耳甫斯久久地呆立着，就像一尊没有生命的大理石雕像。最后他微微一动，挪了一步、两步，又朝斯堤克斯河边走去。他决定再去找哈得斯，再央求他归还欧律狄刻。但是老艄公卡戎不肯用他那快要腐朽的木船送俄耳甫斯过河，无论歌手怎么哀求，都触动不了卡戎的铁石心肠。悲愁的俄耳甫斯在斯堤克斯河边坐了七天七夜，他抛洒着悲伤的泪珠，不吃也不喝，只是一直抱怨冥界诸神。到了第八天他才决定离开斯堤克斯河边，回色雷西亚。

俄耳甫斯之死

欧律狄刻死后已经过去四年，俄耳甫斯对她依然一往情深。他不想与任何一位色雷西亚姑娘成亲。早春的一天，树枝上刚刚吐出一点新绿，伟大的歌手坐在一座不高的小丘上。他脚边摆着那把金竖琴。歌手拿起竖琴，轻轻地弹拨琴弦，开口唱了起来。自然界的一切马上都倾听他美妙的歌声。俄耳甫斯的歌声具有征服一切、吸引一切的巨大力量，使得各种猛兽着魔似的离开山林，聚集到他身旁。飞鸟也纷纷飞来听他歌唱。就连树木也离开原地围到他的身旁，橡树和杨树，挺拔的柏树和阔叶的梧桐，松树和杉树，统统围住他，听他歌唱，没有一根树枝，没有一片树叶抖动。整个大自然仿佛都沉醉在俄耳甫斯悦耳的歌声和动听的琴声中。突然远处传来响亮的欢呼声、铃鼓声和笑声。原来是喀孔涅斯妇女们在庆祝酒神巴克科斯欢乐的节日。过酒神节的妇女们走近前来，看见了俄耳甫斯，其中一人高声喊道：

“他就是仇恨女人的家伙！”

这个妇女举起酒神杖，掷向俄耳甫斯。但缠绕在酒神社的常春藤保护了歌手。另一个女人将一块石头砸向俄耳甫斯，可是石头被迷人的歌声征服，落在俄耳甫斯的脚边，好像在恳求宽恕。俄耳甫斯周围妇女们的喊声越来越响亮，歌声越来越嘹亮，铃鼓也轰响得愈加猛烈了。巴克科斯酒神节的喧闹盖过了歌手俄耳甫斯的歌声。妇女们像猛禽成群地朝他扑来，将他团团围住。酒神杖和石块犹如冰雹般朝歌手纷纷砸来。俄耳甫斯徒劳地苦苦哀求，树木和山岩都曾听见他的声音，可是这些疯狂的女人却毫不理会。鲜血淋淋的俄耳甫斯倒在地上，他的灵魂飞走了。狂暴的妇女们用沾满鲜血的手将他的身体撕碎。他的头颅和竖琴被抛进水流湍急的赫布洛斯河[1]。啊，奇迹出现了！竖琴随波漂流，琴弦却发出轻轻的铮铮声，似乎在悲叹歌手的死亡，河岸也在应声呜咽。整个大自然在为俄耳甫斯痛哭，树木花草在哀泣，飞禽走兽在哀泣，就连默不作声的山岩也在流泪。它们悲痛的泪水汇入大河，连河水也上涨了。河川山林神女和护树神女们披散头发，穿上黑色衣衫以示哀悼。赫布洛斯河水带着俄耳甫斯的头颅和竖琴越漂越远，一直漂进辽阔的大海，海浪又把竖琴冲到列斯博斯岛[2]的海岸边。从此岛上响起美妙动听的歌声。后来诸神把俄耳甫斯的金竖琴安置在天上的星系中间[3]。

俄耳甫斯的灵魂到了冥国，看到了他原先寻找欧律狄刻到过的地方。伟大的歌手终于和欧律狄刻团聚了，他爱怜地将妻子紧紧搂在怀中。他俩从此再也不分离。俄耳甫斯和欧律狄刻的灵魂在长满阿福花的黑暗的原野上游荡。现在俄耳甫斯可以毫无惧怕地转身查看欧律狄刻是否跟在他身后。

1 色雷西亚的河流，现为马里察河。
2 爱琴海岛屿，近小亚细亚海岸。
3 即天琴座，其中包括一等星织女一。

诗歌

春天（七）[1]

［奥地利］里尔克

何家炜 译

从亚当的肋骨里
人们抽出了夏娃；
而当她的生命结束，
她将到何处去死？

亚当可会是她的坟墓？
是否，当她疲乏了，
该在一个合拢的男人体内
为她安置一席之地？

1 选自《里尔克法文诗》，何家炜译，吉林出版集团有限责任公司 2007 年版，第 168 页。

第四十三 金钱

经典论述

据财不能以分人者，不足与友。

——《墨子·修身》

不要拿不义之财，因为不义之财等于惩罚。

——赫西俄德[1]

财富对我们既不好也不坏，它给我们的只是物质和种子。我的心灵要强过财富，可以按心灵的要求改变和利用财富，这才是我们处境快乐与不快乐的唯一原因与主导。

——蒙田[2]

1 ［古希腊］赫西俄德:《工作与时日　神谱》，张竹明、蒋平译，商务印书馆 1991 年版，第 11 页。

2 ［法］蒙田:《蒙田随笔集》第1卷，马振聘译，上海书店出版社2009年版，第56页。

故事

石币之岛[1]

[美] 弗里德曼[2]

安佳 译

1899 年到 1919 年，太平洋上密克罗尼西亚的加罗林群岛还是德国的殖民地。群岛的最西端是瓦普岛，或称为雅浦岛，当时，这个岛上的人口大约为 5000 到 6000 人。

1903 年，一位名叫威廉·亨利·福内斯（William Henry Furness Ⅲ）的美国人类学家到这个岛上住了几个月，后来他根据这个岛上居民的风俗和习惯，写了一本引人入胜的书。他肯定是对这些岛民所实行的货币体制印象深刻，所以他给自己的书起名叫《石币之岛》（*The Island of Stone Money*，1910），我也按照他的书名，给我的第一章起了这个名字。

> 因为该岛不出产金属，他们的资源就是石头，他们的劳动都耗费在搬动石头和磨制石头上了，石头就像文明社会里的所有物和铸币一样，是劳动的代表物。

---

1 弗里德曼:《货币的祸害——货币史片段》，安佳译，商务印书馆 2006 年版，第 7—11 页。选入本书时，对少数文字做了改译。

2 米尔顿·弗里德曼（1912—2006），美国经济学家，1976 年获诺贝尔经济学奖。

他们把自己的这种交换媒介称为费（Fei），费是由大而坚硬、厚重的石轮组成，石轮的直径从1码到12码不等，石轮的中央有一个孔，这个孔的大小随石轮直径大小的不同而不同，人们可以在孔中插入一根杆，这根杆要符合孔的大小，而且要结实，这样才能负得起石轮的重量，便利搬运。这些石头“硬币”（是在离这个岛400里远的另一个岛上找到的石灰岩石），最初是由一些敢于冒险的当地探险人，在这个岛上开采并打制，然后再用独木舟和木筏运回雅浦岛的……

这种石币的一个显著特点是：货币的主人并非必须持有实物才能维系自己对货币的拥有权。在做成一笔交易之后，如果这笔交易所涉及的费太大，大到无法便利地搬动石币的地步，石币的所有者会很乐意接受单纯的所有权认可，他们甚至都不愿意费累去做个标记来表明这种交换，石币仍然静静地躺在以前那位拥有者的地头。

我有一位值得信赖的朋友，名叫法图玛（Fatumak），他曾经肯定地告诉我，他们村子附近有一户人家，这家的财富是不容置疑的——也就是说，他家的财富得到了每个人的认可——然而，没有一个人甚至这家人自己，亲眼看见过或触摸过这笔财富。这笔财富是一块巨大的费，这块费的大小是通过传说而众所周知的，而这个传说已经传了两三代人了。从那时一直到现在，这笔财富一直躺在海底！很多年以前，这家人的一位先祖，在探险寻找费之后，获得了这块大得出奇并极具价值的石头。这块石头后来被搬到了木筏上，准备运回家来。木筏行到半途中的时候，海上起了风暴，为了拯救自己的生命，这群人砍断了木筏的缆绳，任其漂流，石头也因此沉入海底，从人们的视线中消失了。这些人回家后，所有的人都证明说，费的体积极其巨大，质地尤其优良，石币的丢失也不能怪罪于拥有者。于是从那时开始，所有的人都从心底里承认，石头落入海中只是一个意外事故，这事故太小，小得不值得一提，离岸几千码的海水影响不了石币的买卖价值，因为石头已经凿制成适当的形式了。因此，这块石头的购买力依然存在，就像在人们的视线中毫发无损地躺在拥有者的家里一样……

雅浦岛上没有带轮子的交通工具，因此，岛上没有可以行车的道路，但岛上一直有几条清晰可辨的道路连接着各个居住点。1898年，德国政府从西班牙人手中买下了加罗林群岛后，获得了这个群岛的所有权，当时，岛上的这些道路或公路的状况非常差，有几个地区的首领得到通知，让他们必须把道路修好，而且要维护好。但是，用大块的珊瑚胡乱铺就的道路对赤脚走路的当地人来说，非常适宜。所以，这个命令反复重申了多次，仍然没有人在意。最后，德国统治者决定向抗拒命令的地方首领征收罚金。但是，用什么形式来体现这笔罚金呢？——后来，德国人想出了一个巧妙的办法，他们派出了一个人，走遍了那些抗拒命令地区的每一家石屋（Failu）和公共聚会场所（Pabai），去收取罚金。到那儿之后，这个人只需在一批最有价值的费上用黑色画一个十字，表明这块石头已经被政府征收了。这个办法真的很神，那些愁苦的贫苦民众马上就修好了连接岛屿两端的道路，而且修得很齐整。现在，这些道路看起来就像公园里的车道一样。然后，当局派出了几位办事人员，擦掉了画在石头上的十字。一眨眼的工夫，罚金抵消了，幸福的“石屋们”又重新获得了他们的资本所有权，并尽情享受着自己的财富。（第93页、第96—100页）

跟我一样，普通读者对此事的反应一定是：“这些人真傻，怎么这么莫名其妙？”然而，在我们尖刻地批评这些天真的雅浦岛民之前，我们可以思考一下美国历史上的一个事件。对于这件事，岛上的居民们可能也会做出与我们相同的反应。1932—1933 年，法兰西银行害怕美国不再盯住金本位，不再按一盎司黄金兑换 20.67 美元的传统价格兑换黄金。于是，法兰西银行要求美国联邦储备银行将它存在美国的大部分美元资产，转换成黄金。为了避免将黄金装船从海上运走，法兰西银行要求联邦储备银行把黄金存到法兰西银行的会计账簿上。作为一种回应，联邦储备银行的官员来到了金库，将与那笔资产等量的金锭放入了另外几个抽屉中，并且在这几个抽屉上贴了标签或是做了记号，以表明这个抽屉里的东西是法国的财产。这样，这些抽屉就像德国人在石头上做标记一样，也有可能“用黑色笔画一个十字”来标记。

后来的结果是，财经报纸用头条报道了这件关于“黄金的损失”以及对美国金融体系的威胁等等诸如此类的消息。美国的黄金储备开始减少，法国的黄金储备则在增加。市场认为美元走软，法郎走强。这种因法国向美国兑换黄金而造成的所谓黄金流失，是最终导致 1933 年银行业恐慌的众多因素之一。

联邦储备银行的看法，即由于在自己地下室里的抽屉上做了一些标记，美元就处于一个疲软的货币地位，与雅浦岛民的看法，即由于别人在他们的石币上做了一些记号，他们就变得比以前穷了，不是异曲同工吗？或者说，在法兰西银行的看法与雅浦家族的信念之间，即由于 3000 多英里以外的一个地下室里数个抽屉上的标记，法国的货币地位即增强了，与由于数百英里以外的水底下的一块石头，雅浦的某个家族就富裕了的看法之间，有什么真正的区别吗？就此而言，有多少人会对我们认为现存的构成自己财富的大多数东西，具有实实在在的确切的把握？我们所拥有的多数似乎是财富的东西都是记录在银行的账簿上，财产要由一张称为股票的纸来确定。

雅浦岛民将他们在遥远的岛屿上开采出来、经过打制并运回自己居住岛屿的石头，视为自己财富的具体表现形式。一百多年以来，文明社会则把从海底深处开采出来，花大力气进行冶炼，再经过长距离的转运，再次埋进精心设计的地下金库中的金块，视为自己财富的具体表现形式。

这两个例证（我们还可以另外举出一大堆例证）所阐明的是，既定的无可置疑的信念，一些重要的现象或错觉或“神话”，是如何导致货币事件的。我们自己的货币，即伴随我们长大的货币，以及管理货币的体制，在我们看来，显得那么“真实”而且“合理”。但是其他国家的货币，就算是单位购买力很高的货币，我们也常常将其视为一张纸，或不值钱的金属而已。

打赌[1]

[俄罗斯]契诃夫

汝龙 译

一

那是秋天的一个黑夜。有个老银行家在书房里从这个墙角走到那个墙角，回忆十五年前秋天一个傍晚他举办过的一个晚会。晚会上有许多聪明人，谈了不少有趣的话。除了别的话题以外，他们还谈到死刑。客人们当中有不少学者和新闻记者，大多数都对死刑采取否定的态度。他们认为这种惩罚已经过时，对基督教国家不相宜，而且不合乎道德。按照他们有些人的意见，死刑应当一概改为无期徒刑。

“我不同意你们的意见，”做主人的银行家说，“我既没尝试过死刑，也没领略过无期徒刑，不过如果可以臆断来判断，那么依我看来，死刑比无期徒刑更合乎道德，也更人道。死刑把人一下子处死，无期徒刑却慢慢地磨死一个人。究竟是哪个刽子手比较人道些？是在几分钟当中杀死您的那一个呢，还是在许多年当中汲尽您的生命的那一个？”

“两种刑罚都同样不道德，”有个客人说，“因为它们有一个共同的目标，夺去人的生命。国家比不得上帝。国家没有权利夺去它即使有心

---

1 选自《契诃夫文集》(全十六卷)，汝龙译，人民文学出版社 2020 年版，第 387—394 页。

也无法恢复原状的东西。”

客人当中有个二十五岁左右的青年人，是法学家。别人问起他的意见，他说：

“死刑也罢，无期徒刑也罢，同样是不道德的，不过如果有人要我在死刑和无期徒刑当中任选一种，那么当然，我会选择第二种。活着总比不活好。”

热闹的争论开始了。银行家当时还比较年轻，心浮气躁，一时性起，用拳头捶一下桌子，对年轻的法学家说：

“这话不实在！我敢打两百万的赌：您在囚室里连五年也坐不住。”

“如果这话是认真说的，”法学家回答他说，“那么我敢打赌：我不是坐五年，而是坐十五年。”

“十五年？好吧！”银行家叫道，“诸位先生，我下两百万的赌注！”

“行！您下两百万赌注，我拿我的自由做赌注！”法学家说。

这个荒唐而毫无意义的打赌就此成立了！银行家当时到底有几百万家财，连他自己也不清楚，因而不免志得意满，满不在乎，打了这个赌感到很高兴。吃晚饭的时候，他取笑法学家说：

“趁时机还不迟，年轻人，醒悟过来吧。两百万在我不算一回事，可是您却有失去您一生中三四年最好岁月的危险。我说三四年，那是因为您不会坐得比这再久的。还有一点不要忘记，不幸的人，那就是自愿监禁比强制监禁难熬得多。既然您随时都有权利出去享受自由，那么这种想法就会毒害您在囚室里的全部生活。我怜惜您！”

现在银行家从这个墙角走到那个墙角，回想这些事，就问自己：

“何必打这种赌呢？那个法学家失去十五年的生活，我丢掉两百万，这有什么好处呢？难道这能向人们证明死刑比无期徒刑坏些或者好些？不能，不能。这是胡闹，毫无意义。在我这方面，这是吃饱肚子的人的任性，在他那方面呢，纯粹是贪财罢了。……”

随后他又想起在上述那个晚会后发生的事。双方决定，法学家得搬到银行家花园中一个小屋里去住，在最严格的监督下度完他的监禁岁月。他们约定，这十五年当中他得放弃跨出小屋门槛、看见活人、听见人声、收到信件和报纸的权利。有些事是准许做的：他可以有一件乐器，可以看书，可以写信，可以喝酒，可以吸烟。按照商妥的条件，他跟外界通消息只能通过一个特地为这个目的造的小窗，而且不准开口说话。凡是他所需要的东西，例如书籍、乐谱、酒，等等，他可以写个条子，要多少就给多少，不过只能从窗口递进递出。他们的契约包括种种项目和细节，规定这种监禁必须做到严格的隔离，责成法学家务必要坐满整整十五年，从一八七〇年十一月十四日晚间十二点钟起到一八八五年十一月十四日晚间十二点钟止。法学家只要有稍稍违反条约的举动，即使在规定期限之前早两分钟走出屋子，那就解除了银行家付给他两百万的义务。

监禁的头一年，凭法学家写出来的短短的字条判断，他又寂寞又烦闷，非常痛苦。从他的小屋里昼夜不断地传出钢琴声！他不要酒和烟。他写道，酒激起欲望，而欲望是囚徒的头号敌人；况且，再也没有比喝着美酒却什么人也看不见更乏味的了。烟损害他房间里的空气。头一年送到法学家那儿去的书多半是内容轻松的：恋爱情节错综复杂的长篇小说、犯罪小说、幻想小说、喜剧，等等。

第二年，小屋里的音乐声沉寂了，法学家在字条上只要古典作品了。到第五年，音乐声又响起来，囚徒要求送酒去。在小窗口外面监视他的人说，整整那一年，他光是吃饭喝酒，躺在床上，常打哈欠，愤愤地自言自语。他不看书。有时候，他夜间坐着写东西，写得很久，第二天早晨却又把写出来的东西统统撕得粉碎。他们不止一次听见他哭。

第六年的下半年，囚徒热心地着手研究外语、哲学、历史。他贪婪地研究这些学问，弄得银行家几乎来不及订购他所要的书。四年内经他的要求买来的书将近六百册。在这段入迷的时期，银行家还接到囚徒这样一封信："我亲爱的狱官！我用六种语言写这封信。请您把它们送给那些精通这些语言的人过目。让他们读一读。如果他们没有发现什么错误，那么我请求您吩咐人在花园里放一枪。这声枪响告诉我，我的努力没有白费。各国历代的天才说不同的语言，然而他们大家心里燃着同一种火焰。啊，但愿您知道，如今在我能够了解他们的时候，我的灵魂体验到什么样的幸福，真是人间少有啊！"囚徒的愿望照办了。银行家吩咐人在花园里放了两枪。

后来，十年以后，法学家坐在桌子旁边一动也不动，只读《福音书》。银行家觉得奇怪，心想一个在四年当中读过六百本深奥著作的人却用近一年的工夫去读一本容易理解的而且并不算厚的书。他看完《福音书》，接着就读宗教史和神学。

在监禁的最后两年，囚徒不加任何选择，读了非常多的书。他时而钻研自然科学，时而要拜伦或者莎士比亚的作品。他往往写字条要求给他同时送去化学书、医学教科书、长篇小说、哲学或者神学的论著。他看书就像在海洋里游泳，四周是一条破船的许多碎片，他想救自己的命，一会儿贪婪地抓住这块碎片，一会儿抓住那块！

二

老银行家回忆着这一切，想道：

"明天十二点钟他就要得到自由了。按照契约，我就得付给他两百万。如果我付出去，那就全完了，我彻底破产了。……”

十五年前他究竟有几百万财产连他自己也算不清，可是现在他不敢问自己到底是资产多还是债务多了。证券交易所里的狂热赌博、富于冒险性的投机生意、就是到老年也还是无法克制的偏激性格，渐渐使他的事业走上了下坡路。这个无所畏惧和刚愎自用的骄傲富翁如今变成一个平常的银行家，证券的一涨一落都能使他发抖了。

“该死的打赌！”老人嘟哝着，绝望地抱住头，“为什么这个人没有死掉呢？他还只有四十岁。他现在拿走我的最后一笔钱，就会去结婚，享受生活，到交易所去赌博，我呢，却像乞丐似的带着嫉妒的心情瞧着，天天听他说那一套话：‘多亏您，我的生活才得到幸福，让我来帮您忙吧！’不，这太过分了！要解救破产和出丑，唯一的办法就是叫这个人死掉！”

时钟敲了三下。银行家仔细听了一下：家里的人都睡了，只能听见受冻的树木在窗外发出的飒飒声。他极力不弄出一点响声，从保险柜里拿出十五年来没开过的那个房门的钥匙，穿上大衣，走出房外。

花园里又黑又冷。天在下雨。潮湿而刺骨的风哀号着，刮过整个花园，不容那些树木安静。银行家尖起眼睛，可是既看不见土地，也看不见白色雕像，也看不见那个小屋，也看不见那些树木。他走近小屋所在的地方，叫了两次看守人。没有人应声。显然，看守人因为天气坏而溜走，到厨房或者花房里睡觉去了。

“如果我有足够的勇气实现我的意图，”老人暗想，“那么嫌疑首先落在看守人身上。”

他摸黑走上台阶，摸到门，走进小屋的前堂，然后摸索着走进一个不大的过道，划亮火柴。这儿一个人也没有。有一张床，不知是什么人的，然而上面没有放被褥，墙角上放着一个乌黑的铁火炉。囚徒房门上的封条是完整的。

等到火柴熄掉，老人就兴奋得发抖，往小窗口里面看一眼。

囚徒的房间里点着一支蜡烛，射出昏暗的光。他本人坐在桌子那儿。老人只看得见他的后背、头发、胳膊。桌子上，两把圈椅上，桌子旁边的地毯上，都放着翻开的书。

五分钟过去了，囚徒却一动也没动。十五年的监禁教会他静坐不动了。银行家用手指头敲窗子，囚徒却没有任何反应。于是银行家小心地撕掉门上的封条，把钥匙塞进锁眼里。生锈的锁发出粗嘎的声响，房门嘎吱一声开了。银行家料着马上可以听见惊讶的叫声和脚步声，然而大约过了三分钟，门里却跟先前那样安静。他决定走进房间去。

靠近桌子，坐着一个人，一动也不动，没有普通人的样子了。这是蒙着一层皮的骷髅，生着女人样的长鬈发，留着乱蓬蓬的胡子。他脸色发黄，类似泥土的颜色，脸的两边凹进去，后背狭长，两条胳膊又细又瘦，支着他那头发蓬松的脑袋，看上去简直吓人。他的头发里已经夹着银丝。瞧着他那张苍老消瘦的脸，谁也不会相信他只有四十岁。他睡着了。……桌子上，在他垂下的脑袋前面，铺开一张纸，上面写着些细小的字。

"可怜的人啊！"银行家想，"他在睡觉，而且多半梦见了那两百万！我只要抓住这个半死的人，把他扔到床上，用枕头略微闷他一下，那么事后，就连最仔细的检验也不会发现横死的迹象。不过我先来看看他写了些什么。……"

银行家从桌子上拿过那张纸来，读到下面这些话：

"明天十二点钟我就要得到自由，有权利跟人们来往了。不过，在我离开这个房间、看见太阳以前，我认为有必要对您说几句话。我带着清白的良心，面对瞧见我的上帝，对您声明：我藐视自由，藐视生命，藐视健康，藐视你们书里称之为人间幸福的一切。

“十五年来我专心研究人间的生活。不错，我没看见人间，没看见人，然而在你们的书里我喝到过芬芳的葡萄酒，唱过歌，在树林里追逐过鹿群和野猪，爱过女人。……由你们那些天才诗人的魔力创造出来的像白云那么轻盈的美女，夜间常来找我，对我小声讲述美妙的神话，使我陶醉得头脑发昏。在你们的书里我攀登过厄尔布鲁士山和勃朗峰的顶巅，在那儿见过早晨太阳怎样升上来，傍晚怎样给天空、海洋、山顶抹上一层带紫红的金色。我在那儿见过电光在我头顶上空劈开乌云，闪闪发亮。我见过绿色的树林、原野、河流、湖泊、城市，听过塞壬的歌唱和牧笛的吹奏，摸过美丽的魔鬼的翅膀，他们原是飞到我这儿来谈论上帝的。……在你们的书里，我跳进无底的深渊，创造奇迹，行凶杀人，烧毁城市，宣扬新宗教，征服整个王国。……

“你们的书给予我智慧。凡是历代不知疲倦的人类思想创造出来的东西，都压缩成一小块，藏在我的颅骨里了。我知道我比你们一切人都聪明。

“我藐视你们那些书，藐视各种人间的幸福和智慧。一切都渺不足道，昙花一现，虚无缥缈，不足凭信，有如海市蜃楼。尽管你们骄傲，聪明，美丽，可是死亡会把你们从地面上抹掉，就跟地板底下的耗子一样。你们的后代、你们的历史、你们的不朽天才，都会同地球一起冻结或者烧毁。

“你们失去理智，走上岔路。你们把谎话当作真理，把丑看成美。如果由于某种情况，苹果树和橙子树上没长出果实，却忽然长出蛤蟆和蜥蜴，或者玫瑰花发出冒汗的马的气味，你们就会觉得奇怪。我对你们这些情愿拿天堂去换人间的人也同样感到奇怪。我不想了解你们。

“为了用行动对你们表明我藐视你们借以生活的一切，我不要那两百万了。当初我想望它如同想望天堂一样，如今我却藐视它。为了剥夺自己得到这笔钱的权利，我要在规定期限前五小时走出这个地方，从而破坏契约。……”

银行家读完这些话，把纸放在桌子上，吻了一下这个怪人的头，流下眼泪，走出这个小屋。在这以前，无论什么时候，哪怕是在交易所里大输一场以后，他也没有像现在这样藐视过自己。他回到家里，在床上躺下，可是激动和眼泪久久没让他睡着。……

第二天早晨，脸色惨白的看守人跑来，通报他说，他们看见住在小屋里的人爬出窗口，钻进花园，往大门走去，随后就下落不明了。银行家立刻带领仆人赶到小屋，证实囚徒确实逃走了。为了避免引起多余的流言蜚语，他从桌上拿走那张申明放弃权利的纸，转身回屋，把它锁在保险柜里。

诗歌

采果集（27）[1]

［印度］泰戈尔

汤永宽 译

萨纳丹在恒河边正数着念珠祈祷，一个衣衫褴褛的婆罗门来到他的面前说："救救我，我好苦啊！"

"我只有一只施舍碗了，"萨纳丹说。"我已经把我的东西都给光了。"

"可是大自在神托梦给我，"婆罗门说，"教我前来求你。"

萨纳丹忽然想起他曾在河堤边卵石堆里捡到一块无价的宝石，当时他想，有人也许需要它，便把它藏在沙里。

他给婆罗门指出了地点，婆罗门惊异地挖出了那块宝石。

婆罗门坐在地上，独自沉思，直到夕阳沉落在树林后面，放牛倌都赶着牛群回家了。

于是他站起来，缓步走到萨纳丹面前说道："大师，有一种财富足以藐视世间一切财富，请给我一丁点儿那样的财富。"

说罢，他把那块珍贵的宝石扔进了河里。

1 泰戈尔:《采果集》，汤永宽译，上海译文出版社 1989 年版，第 28—29 页。

第四十四 挫折

经典论述

三折肱，知为良医。

——左丘明[1]

对惩罚之地的最恰当的态度，是把它看成锤炼之地。

——史铁生[2]

1 选自《左传·定公十三年》。

2 史铁生:《灵魂的事》，天津教育出版社 2010 年版，第 175 页。

故事

最后一名[1]

[法]马塞尔·埃梅[2]

李玉民 译

从前，有一名自行车运动员，名叫马尔丹，他每次参加比赛，总是最后一名到达，被其他运动员远远甩在后边，受到观众纷纷的嘲笑。他身穿一件浅蓝色运动衫，左胸前绣着一小朵长春花。只见他伏在车把上，牙齿紧紧咬住手帕，使劲蹬车的神气，不亚于第一名。在最艰难的爬坡中，他的情绪无比高涨，眼睛射出炽热的光芒。看到他那闪亮的眼神、奋力鼓起来的肌肉，人人都说：

“嘿！瞧马尔丹的样子，看来他的竞技状态蛮高嘛。好极啦，他这次到达图尔城（或者波尔多城、奥尔良城、敦刻尔克城），准能名列前茅。”

然而，这次同从前一样，马尔丹还是最后一名。他一直希望能够得个好名次。他手头确实有点拮据，家里有妻子儿女要养活，而最后一名的收入是不多的。尽管他生活不顺心，可是从来没有人听到他抱怨过命运不公道。他到达图尔的时候（或者马赛、瑟堡），看热闹的人都哈哈大笑，奚落他说：

1 选自《埃梅短篇小说选》，李玉民译，人民文学出版社 2004 年版，第 76—84 页。

2 马塞尔·埃梅（1902—1967），法国小说家。

“喂！马尔丹！你是倒数第一名呀！”

马尔丹听到这样的玩笑后，从来不发脾气；他若是向人群瞥一眼，也总是含着淡淡的微笑，好像对人们说：“对，是我，马尔丹，我是最后一名，下一次会赶上去的。”车赛结束之后，他的比赛伙伴问他：

“怎么样，你对结果满意吗？这次挺顺利吧？”

“哦，还不错！”马尔丹回答说，“还算满意吧。”

他没听出来别人是在嘲笑他，也跟着别人笑。看着别人在朋友们的簇拥下，在一片恭贺声中走开，他甚至没有一点嫉妒的念头。最后，只剩下他孤零零一个人，因为，从来没有任何人在终点接他。他的妻子儿女住在乡下，村子位于巴黎通往奥尔良的公路旁。他赛车路过那里时，一闪而过，只能远远地望一望亲人。凡是有理想的人，生活自然与众不同，这是可以理解的。马尔丹爱他的妻子，也爱他的孩子们。然而，他是自行车运动员，比赛时中途不能停下来。他赚到点钱，就给家里寄去。他也经常想家，不过，比赛时不想（他正忙着呢），而是到了晚上休息、在他按摩因长途蹬车而疲惫的双腿时才思念家人。

睡觉之前，马尔丹总是做祷告，向天主汇报他一天的赛程，根本不想会不会惹烦了天主。他以为天主会关心自行车比赛，按说这种想法也对头。天主如果不熟稔各行各业，就不可能理解要具有一颗坦荡的心灵有多难。

“天主啊，”马尔丹祷告说，“还是讲讲今天的车赛吧。不知道是什么原因，结果总是老样子。说起来，我这辆车很好，是挑不出毛病来的。有一天，我心里琢磨，会不会脚蹬子里掉进了什么东西。于是，我不慌不忙，就像我同您聊天这样，把车子的零件一件一件拆开，结果一看，脚蹬子里没有一粒沙子，别的机件也一样。谁若是来对我说这辆车不好，我会回答说是好车，是名牌的。既然车没问题，那又是怎么回事呢？当然啦，人与人不同：体力、意志、智慧都不能相比。至于人嘛，天主啊，这正是您管的事情。我就是这样想的，因此毫无怨言。我非常清楚，在比赛中，总得有人是最后一名，这没有什么见不得人的。不，我不是发牢骚，不过说说而已。”

祷告完了，他合上眼睛，一觉睡到大天亮，没有做一个梦，醒来喜笑颜开，说道：“今天，我可要头一个到达。”

他想象自己荣获第一的情景：一名少女跑来向他献花，他把赢得的钱寄给妻子，想到得意处，便美滋滋地笑起来。他还仿佛看到报纸的报道：“在波利尼——斯特拉斯堡的分程赛中，马尔丹夺魁；经过反复争夺，他在这次短距离比赛中获胜。”他想第一想得入了迷，连名列第二都会感到难受，更不用说最后一名了。而其实呢，他已经不知不觉爱上了这最后的名次。

晚上到达斯特拉斯堡时，马尔丹还是往常的名次，观众哗然，纷纷嘲笑他。他有点莫名其妙，可是到了第二天，他进入下一程比赛时，照样充满必胜的信心。每天早晨，每次比赛出发时，这种伟大的奇迹都要在他充满希望的头脑中重演一遍。

巴黎到马赛的自行车比赛的前一天，在首都的赛手中间盛传，马尔丹要一鸣惊人，五十三名记者马上跑去采访他。

“问我对戏剧的看法吗？”马尔丹答道。“记得有一天，我经过卡尔松，偶然去市剧院观看《浮士德》演出，真替玛格丽特难过。我要说，倘使浮士德懂得一辆好自行车的意义，他就不会贻误青春，也不会起邪念，糟蹋了那个姑娘，那个姑娘也就肯定能找到丈夫了。这就是我的看法。你们现在问我，第一个到达马赛的将是谁。我可以直言不讳地告诉你们，这场车赛夺魁的将是我。”

记者散去之后，马尔丹收到一封香气扑鼻的书信，是一个叫莉莉雅娜的女人寄来的，信中邀请他去喝茶。莉莉雅娜是个放荡的女人，道德败坏，生活堕落，这类女人多得成灾。马尔丹先去赛车场，骑几圈试试车。出了赛车场，他直奔莉莉雅娜的住所，一点戒心也没有。他只拎一只小手提箱，里边装着他的运动服。

他向莉莉雅娜介绍自行车赛的情况，比赛中采取什么策略最高，如何保养自行车和自己的身体。这个荡妇故意提出些问题来挑逗他：

“马尔丹先生，怎么样按摩呢？”

说着，她把腿伸过去。马尔丹坦然地抓住这个堕落女人的腿，一点儿也没有动心，就像抓住一名运动员的腿似的，平静地解释说：

“就这样按摩，慢慢往上推。给女人按摩可不容易，对不对，因为她们的肌肉太松软。”

“如果发生车祸受了伤，您怎么抱我呢？”

她还提了一些别的问题；不过，那个女人说的话，不便全在这里重复。马尔丹老老实实地一一回答，丝毫没有觉察出她居心不良。她很想知道手提箱里装的是什么，马尔丹毫不迟疑，把自己的运动衫、运动裤、运动鞋拿出来给她看。

“哦！马尔丹先生，”莉莉雅娜说，“我真想看看您穿上运动衣是什么样子，我从来没有近看过。”

“既然您有这个兴趣，”马尔丹回答说，“我很乐意穿给您看。对不起，我到隔壁房间去一下。”

等他回来一瞧，发现莉莉雅娜穿得比他还要少，那情景就不便描述了。然而，马尔丹连头也没有低一低，他严肃地瞅着这个无耻的女人，频频点头说道：

“看得出来，您也想当自行车运动员。这事儿，我可要坦率地同您谈谈。依我看呀，自行车运动不适合女人。要论腿力，您可能会赶上我，这一点我并不怀疑。但是，女人有乳房，骑车跑二三百公里，这是非常沉重的负担，太太。还没有把孩子的问题算上呢，这也是一条原因。”

这番话又明智，又天真，莉莉雅娜听了深受感动，她终于明白美德有多么可爱。她一生罪孽很多，这时幡然悔悟，开始憎恨自己，流着甜蜜的眼泪说：

“我真是个疯女人，不过，从现在开始，我绝不再干了。”

“其实也没什么不好，”马尔丹说，“您现在看到了我穿运动服的样子；我再回避一下，到隔壁去穿好衣裳。您趁这工夫也把衣裳穿好，以后就不会再想当运动员了。”

两人各自穿好衣裳。多亏了马尔丹，可怜的女人恢复了名誉和对生活的乐趣，从此于心无愧了。马尔丹也带着她的祝福离开了。各家晚报登出了马尔丹的照片，他既不兴奋，也不骄傲，他用不着这种鼓噪就信心十足。次日一早从巴黎出发，马尔丹就落到最后，并且一直保持到底。他进阿尔勒城的时候，听说他的对手们已经到达终点马赛，但是，他仍然全力以赴。对其他赛手来说，比赛尽管已经结束，可是马尔丹心里并不气馁，还希望名列第一。各报记者这才明白上了当，非常恼火，都骂他是牛皮大王，建议他去参加“同龄驴子赛”[1]（这是文字游戏，不看体育报的人是不懂的），马尔丹对此毫不介意，依然信心十足。而且，莉莉雅娜也弃旧图新，在忠诚街开了一个乳品店，字号为“好车店”，卖的鸡蛋比各处都便宜一个苏[2]。

随着年龄与经验的增长，马尔丹竞争的劲头也越来越大，他参加赛

1　法国有同龄马赛，以便选出各种年龄的最好的马，由此引出这句戏言。

2　苏，法国旧辅币，20 苏合 1 法郎。

车的次数跟日历中的圣徒节一样多。他不知休息，一场自行车赛刚刚结束，又立刻报名参加另外一场。他的两鬓渐白，背也驼了，成了自行车运动这行的元老。但是，他并没有意识到这种变化，甚至连自己的年龄也好像忘记了。他还同过去一样，总是最后一个到达，可是眼睛却比从前瞪大了两三倍。他在祷告时说：

“天主啊，我不明白，我真不知道这是怎么回事……”

夏季有一天，他参加巴黎到奥尔良的自行车赛，正使劲爬一个他熟悉的山坡，忽然发现车带是瘪的。他到路边换车带的工夫，有两个妇女走过来，其中一个怀抱着刚生下几个月的小孩，向他打听说：

“请问，有一个叫马尔丹的自行车运动员，您认识吗？”他心不在焉地答道：

“我就是马尔丹，最后一名就是我。下一次比赛会赶上去的。”

“我是你的妻子，马尔丹。”

他抬起头，可是手还在不停地校正车带，一边充满感情地说：

“我真高兴……看来孩子们也见大了。”他看了看妻子怀里的婴儿，以为是他的孩子，就补充了这么一句。

他妻子有点尴尬，赶紧指了指一同来的年轻妇女说：

“马尔丹，她是你的女儿，个头儿长得赶上你了，她已经结婚了；你的几个儿子也都成了家……”

“我真高兴，没想到孩子们都长这么大了，时间过得可真快……你怀里抱的，是我的外孙吗？……”

年轻妇女扭过头去，还是她的母亲回答说：

“不是，马尔丹，这不是她的儿子。是我的……我看你一直不回来……”

马尔丹一句话没讲，又接着安装他的车带，然后开始打气。他直起腰来的时候，看到妻子簌簌流泪，便喃喃地说：

“干自行车运动员这行，你知道是怎么回事，由不得自己呀……我经常想念你，当然啦，这跟在你身边还不一样……”

孩子哇哇哭起来，怎么哄好像也哄不好。马尔丹一时慌了神儿，只好拿起打气筒，对着孩子的鼻孔打气，一边还娇声娇气地说：

“你，你，你……”

婴儿破涕为笑。马尔丹亲了亲孩子，同家人告别。

“我耽误了五分钟，但是我并不后悔，何况我不用费劲就能赶上去。这次比赛，第一我稳拿了。”

他蹬车继续爬坡，两个女人目送他很长时间。只见他站立在车蹬上，身体的重量忽而偏向左边，忽而偏向右边。

“瞧他多吃力，”他妻子低声说，“从前，他爬什么山坡，只需用腿蹬车就能上去，身子根本不用离座位，那时到现在才不过十五年。”

马尔丹快到坡顶时，速度越来越慢，看上去好像要随时停下来。车子终于升到地平线，他打了一秒钟飞轮，只见他那身淡蓝色运动服同夏空融为一色。

马尔丹比谁都熟悉法国的各条公路，成千上万的里程碑，对他全是一副副熟悉的面孔，这几乎令人难以相信。很久以来，他已经是推着自行车上坡，这还累得上气不接下气，可是他总是相信他的福星高照。

“下坡时我就会赶上。”他喃喃自语说。

到达中途站时已经是晚上了，有时第二天才到，他仍然奇怪自己不是第一名。

“我的天呀，不知道是怎么回事儿……”

他的脸瘦成了皮包骨，上面布满深深的皱纹，颜色就像秋天的土路；头发也全白了，然而，他那双老花眼却闪烁着青春的光芒。蓝运动服在他枯干弯曲的躯干上飘动，本色已经褪完，好像染上了一层烟尘色。没有钱乘坐火车，他并不懊恼。等他赶到巴荣纳城，三天前自行车赛就结束了，人们已把这事忘得一干二净。他马上又跨上车到鲁贝城去，参加另一次刚刚开始的车赛。他走遍整个法国，上坡时步行，平地上骑车，下坡打飞轮时打盹，这样日夜不停。

“我这是在训练。”他常常这样说。

他到达鲁贝才听说，运动员出发已有一个星期。他点了点头，重新跨上车子，嘴里咕哝说：

“真遗憾，这次要是参加上了我准赢。没关系，从格勒诺布尔到马赛的那段比赛，我照样去参加，我正想熟悉一下阿尔卑斯山口的道路。”

可是，等他赶到格勒诺布尔，已经太晚了。此后，他无论到南特，到巴黎，到佩皮尼昂，到布雷斯特，到瑟堡，总是为时太晚。

“可惜，实在可惜，”他声音细微而颤抖地说，“不过，我会赶上去的。”

他不慌不忙地离开普罗旺斯，又奔向布列塔尼，或者赶往阿图瓦，去鲁西荣，或又转向汝拉山脉，去旺代地区。他一路上不时眨眨眼睛，冲着路碑说：

“我这是训练呢。”

马尔丹已经老迈不堪，双目几乎失明。但是，有他的那些里程碑朋友们，甚至每隔百米一块的小路碑的指引，他知道该向左拐还是向右拐。他的自行车也已旧得不行，车牌子老得无人知晓，连历史学家都从来没有听说过。车架子上的漆皮全部剥落，斑斑铁锈又都盖满了泥尘。车轮的辐条几乎全部断掉，但是，马尔丹的身体没什么分量，有五六根就能经得住。

“天哪，”他常常说，“我的车子倒蛮好，这方面我没什么可抱怨的。”

自行车带没了，轮辋着地，他照样骑，骑起来哗啦哗啦乱响。孩子们见了，一边扔石块打他，一边叫喊：

“打疯子呀！卖废铁呀！送疯人院去！”

“我会赶上去的。”马尔丹听不清，就这样答道。

多年来，他想报名参加车赛，可是总赶不上趟。有一次，本周内要在巴黎开始法国全程自行车赛；他离开纳尔博赶去参加，然而赶到那里已经是第二天了；当他听说运动员昨天才出发，心里非常高兴。

“今天晚上我会赶上他们的，”他说道，“第二阶段我就能夺魁。”

马尔丹骑着自行车出马约城门的当儿，被一辆卡车撞倒在马路上，自行车也散了架。他爬起来，双手紧紧握住车把，临死还说：

“我会赶上去的。”

诗歌

不屈[1]

[英] W. E. 亨利[2]

屠岸 译

冲破我头上的黑夜，不管它
　在两极之间漆黑如幽冥，
我感谢无论哪一位神祇，
　为了赐我以不屈的灵魂。

陷入了残酷命运的掌握，
　我决不退缩或大声哭嚷。
受到了机缘的沉重打击，
　我的头流血了，却依然高昂。

在这怒火和泪水后面，
　只有恐怖的阴影显威，
可是年复一年的威胁
　必将发现我永远无畏。

1 选自屠岸编译:《英国历代诗歌选》(下册)，译林出版社 2007 年版，第 255 页。
2 W. E. 亨利(1849—1903)，英国诗人。

不管天堂门如何狭窄，
　天条上有多少惩罚规定，
我是我自己命运的主宰，
　我是我自己灵魂的首领。

第四十五 勇气

经典论述

仁者必有勇，勇者不必有仁。

——《论语·宪问》

匹夫见辱，拔剑而起，挺身而斗，此不足为勇也。天下有大勇者，卒然临之而不惊，无故加之而不怒。此其所挟持者甚大，而其志甚远也。

——苏轼[1]

乐意超越自己的那种生命，就是善的生命，而善的生命就是勇敢的生命。

——保罗·蒂利希[2]

1 （宋）苏轼:《留侯论》。

2 ［美］保罗·蒂利希:《存在的勇气》，成穷、王作虹译，贵州人民出版社 1998 年版，第 29—30 页。

故事

这样的战士[1]

鲁迅

要有这样的一种战士——

已不是蒙昧如非洲土人而背着雪亮的毛瑟枪的；也并不疲惫如中国绿营兵而却佩着盒子炮[2]。他毫无乞灵于牛皮和废铁的甲胄；他只有自己，但拿着蛮人所用的，脱手一掷的投枪。

他走进无物之阵，所遇见的都对他一式点头。他知道这点头就是敌人的武器，是杀人不见血的武器，许多战士都在此灭亡，正如炮弹一般，使猛士无所用其力。

那些头上有各种旗帜，绣出各样好名称：慈善家，学者，文士，长者，青年，雅人，君子……头下有各样外套，绣出各式好花样：学问，道德，国粹，民意，逻辑，公义，东方文明……

但他举起了投枪。

他们都同声立了誓来讲说，他们的心都在胸膛的中央，和别的偏心

---

1 本文最初发表于 1925 年 12 月 21 日《语丝》周刊第五十八期。

2 毛瑟枪指德国机械师毛瑟（Mauser）弟兄在 19 世纪七十年代设计制造的一种单发步枪，是当时比较先进的武器。绿营兵，一作绿旗兵。清朝兵制：除正黄、正白、正红、正蓝、镶黄、镶白、镶红、镶蓝等“八旗兵”（以满族人为主）外，又另募汉人编成军队，旗帜采用绿色，叫作绿旗兵。清代中叶以后，绿营兵渐趋衰败，终被裁废。盒子炮，即驳壳枪，连发手枪的一种，枪体大，外有特制的木盒，故名。

的人类两样。他们都在胸前放着护心镜[1]，就为自己也深信心在胸膛中央的事作证。

但他举起了投枪。

他微笑，偏侧一掷，却正中了他们的心窝。

一切都颓然倒地；——然而只有一件外套，其中无物。无物之物已经脱走，得了胜利，因为他这时成了戕害慈善家等类的罪人。

但他举起了投枪。

他在无物之阵中大踏步走，再见一式的点头，各种的旗帜，各样的外套……

但他举起了投枪。

他终于在无物之阵中老衰，寿终。他终于不是战士，但无物之物则是胜者。

在这样的境地里，谁也不闻战叫：太平。

太平……

但他举起了投枪！

一九二五年十二月十四日

---

1 护心镜，古代战衣胸前部位镶嵌的金属圆片，用以保护胸膛。

诗歌

爱与死[1]

昌耀

是的，在善恶的角力中，
爱的繁衍与生殖
比死亡的戕残更古老、
　　　　更勇武百倍。

我，就是这样一部行动的情书。

我不理解遗忘，
也不习惯麻木。
我不时展示状如兰花的五指
朝向空阔弹去——
触痛了的是回声。

然而，
只是为了再听一次失道者

1 选自《昌耀的诗》，人民文学出版社 1998 年版，第 22—23 页。本诗为昌耀长诗《慈航》的第一节。

败北的消息，
我才拨弄这支
命题古老的琴曲？
　在善恶的角力中，
　爱的繁衍与生殖
　比死亡的戕残更古老、
　　　　更勇武百倍。

幽默

第四十六

经典论述

幽默不是一种心情，而是一种看待世界的方式。

——维特根斯坦[1]

幽默一定和明达及合理的精神联系在一起，再加上一些会辨别矛盾、愚笨和坏逻辑的微妙力量，使之成为人类智能的最高形式。

——林语堂[2]

再没有比懂得幽默更困难的事了。

——米兰·昆德拉[3]

1 ［芬兰］冯·赖特、海基·尼曼编:《维特根斯坦笔记》，许志强译，复旦大学出版社 2008 年版，第 132 页。

2 林语堂:《生活的艺术》，华艺出版社 2001 年版，第 83 页。

3 ［法］米兰·昆德拉:《被背叛的遗嘱》，余中先译，上海译文出版社 2003 年版，第 7 页。

故事

天气预报：雨伞处处[1]

[以色列]埃弗雷姆·基翁[2]

吴远恒　夏平　译

我国的气候安排得十分有序，甚至可以说，简直是一项规划的典范。一连九个月的夏天，悠长的日照，纤云皆无，两个过渡性的月份，只有一个雨月，就连这个月大部分也是做做样子而已。所以，难怪雨伞还没有深入当地居民的意识。就我个人而言，因为我原来是欧洲人，有时出门会带把伞。可是从来没有带回来过。

也许都是这种混杂性的冬天惹的祸。因为你无法判明它是拖了很久之后终于开始了呢，还是已经结束了。乌云密集，西伯利亚吹来的寒风在街上呼啸——可是 15 分钟之后阳光普照，鸟声啁啾，再过两分钟，半片天又变得阴暗起来，局部下起了阵雨。在这种神经兮兮的天气中，最保险的就是不带雨伞就别出门。这至少是当我准备出门去迈可的车库取车的时候，我那小巧的太太的看法。

“把我的伞带上吧，”太太说，“千万别弄丢啦！”

1　埃弗雷姆·基翁：《现在可以说了：犹太智者基翁幽默文选》，吴远恒、夏平译，文汇出版社 2004 年版，第 13—18 页。

2　埃弗雷姆·基翁（1924—2005），以色列作家、编剧、导演。

每次我带着一把伞出门，她总要像一只鹦鹉似的重复着这句提醒的话。这实在有点儿滑稽。她把我当什么人了——小孩吗？

“请问，我亲爱的，”我用一种简洁的讽刺口吻问她，“我什么时候丢过雨伞？”

“前天就丢了一把，”太太说，“求你别把我的伞也丢了！”

她对我在前天把我的伞忘在什么地方这件事幸灾乐祸。这个小女人，真是个揭人伤疤的大师。她抓住我不得不带着她的伞去迈可的车库的机会大做文章。她这是不给我面子，可不是嘛，因为她的伞明摆着是女人们用的：伞是蓝色的，伞身纤细，伞柄顶端不是一个把手，而是一个用大理石什么的做的狗头。我用两个指头捏住这把讨厌的怪伞，出门跨进倾盆大雨里。不用说，当我走下公共汽车，天气已经变得完全如同夏季。天空晴朗，树木开着花，大自然在苏醒，而我拿着一把女人用的伞走在迪曾果夫大街上。自然，汽车还不能取，迈可说还得把车调节好。我在回家的路上，顺道去了银行，取了一点现金，接着在加利福尼亚咖啡馆坐了一会儿，和一些朋友谈论戏剧批评的危机问题。然后，我匆匆赶回家去. 因为已经差不多 1 点 45 分了。

太太站在门口的台阶上，问道：“伞在哪儿？”

伞在哪儿？我已经彻底把伞忘了。可是我忘在哪儿？在哪儿呢？快想呀，老兄，最要紧的是保持头脑冷静。

“我把它扔在加利福尼亚咖啡馆了。”我忽然想起，“毫无疑问，因为我清楚地记得我把伞夹在两膝之间，好让他们看不见它。对了，我去拿，亲爱的，等两分钟……”

我快步直接向公共汽车站奔去，虽然这时又开始下雨了。我坐在公共汽车里，想着那些英国人，他们每走一步路都要带上雨伞，雨停了也不会遗失，正因为如此，这个整洁的有条不紊的种族建立了一个到现在才刚刚解体的帝国。我在沉浸于这种国际问题的思考的当儿，抵达了我的目的地。直到最后一分钟我才惊醒过来，赶快跳起来，一把抓住雨伞，开始朝车门挤去。

“喂，这是我的伞！”

叫喊的是一直坐在我旁边的一位非常胖的女人。我心不在焉地拿了她的伞。这种事情常常会发生。这把伞一直就放在我的手边，所以我弄错了。这又有什么呢？那位胖女人大叫大嚷，骂我是扒手，还叫我别的诨名儿。我向她解释我才不需要她的破伞，我自己有好几把伞战略性地分布在全城呢。反正一句话，我很快下了车，拼命逃走了。在加利福尼亚咖啡馆，我立刻找到了我太太的伞，或者说这把伞变成的垃圾。他们把它扔在一个墙角，踩在脚下，脏得惨不忍睹，真是一帮野蛮人。当我捡起这把破伞时，我的心脏一刹那停止了跳动。我太太会怎么说呢？在这个国家里，近来人生变得无比艰难了。

“哎，你瞧，”我回到家里强颜欢笑地向太太宣布，“我找到啦！”

“你找到什么？”

“你的伞呀。”

“这是我的伞吗？”

看来，在此期间，人家从银行把我太太的蓝伞送回来了。当然啦，我现在想起来了，我把它忘在银行里了。当然它是在银行里。那么，这把可怕的黑伞是谁的……谁的……

电话铃响了。

“我是加利福尼亚咖啡馆的服务员，”服务员说，带着点局促不安的声调，“这儿的人说你刚刚来过，拿走了我的伞。这可不好。我3点下班，外面在下雨。”

“实在对不起，”我回答，尴尬极了，“我立刻还给你！”

我太太有点儿紧张不安。

“把我的伞带上吧，”太太说，“可千万别弄丢啦！”

“我干吗要你的伞？我带着服务员的伞呢。”

“那你回来呢，傻瓜！”

亲爱的读者，你是否有过这样的经历：挟着两把伞走在炎热的地中海阳光照射着的街道上。一把是黑色的降落伞，另一把的顶端有一个狗头？我好像觉得排队等公共汽车的每一个人都在怜悯地望着我，他们的眼睛在说：“娘娘腔！”当我开始打喷嚏，可以潜身进入附近的一家药房去买阿司匹林时才感到如释重负。“天不再开始下雨我就不回到街上去。”我发誓，但是我的肚子突然开始咕噜噜地叫了，因为我还没有吃午饭，这是在提醒我。我来到街角的快餐店，要了半份炸豆丸，在公共汽车上狼吞虎咽地吃下了肚。服务员在加利福尼亚咖啡馆门口等着我。他看上去有点失望。

“喂，”他说，“我的伞呢？”

这就是他问我的问题，他的伞在哪儿。我怎么知道你的伞在哪儿，干吗问我？而我太太的伞在哪儿，你这混蛋！我几乎要朝他扑过去。该死的，究竟怎么回事，全世界所有的伞都从我的手上丢失了吗？

“干吗这么性急？”我跳到服务员面前，“我不是来这儿了吗？你马上就可以拿到你的伞！”

我冒着一阵倾盆大雨奔回去找公共汽车。真的太扫兴啦。我太太的伞，算了，我丢了就丢了，可是服务员的伞……

我上气不接下气地冲进药房。

“我……几分钟之前……留在……这儿……”

“有的，”药剂师说，“是这把吗？”

我一把抓住雨伞冲到街道上。直到今天我都没法发誓这把伞是我的。不错，它看上去像是我太太的，可是我有疑问。首先，它的颜色是绿莹莹的，很短，伞的顶端是闪闪发光的乌木，嵌着一块小牌子：“给我的妹妹丽亚·皮克拉博士。”我恐怕这不是我太太的名字。可是我总得有什么东西还给服务员，对吗?

这就叫适者生存，亲爱的朋友，今天是我，明天轮到你，这是没有办法的。如果你不当心，还没有等到你说出“低压锋面”这个词你就会手中无伞。据说中央汽车站每天都在分发新捡到的雨伞。你去那儿对他们说：“我在94路上丢了我的伞。”94路是公共汽车的线路。“是这把吗？”一位职员问道。“这是把破伞，”你回答说，“给我看一把新一点儿的。”

“嗨，先生！”卖炸豆丸的老板在笑嘻嘻地招呼我到他的快餐店里去。你知道吗?像兄弟姐妹一样靠在他的柜台旁的，是两把犟头倔脑的雨伞——一把是加利福尼亚咖啡馆那个家伙的，另一把是我太太的。

三把。总共是三把。

我排在等候公共汽车的队伍里，眼睛牢牢地盯着地上。挂在我强壮的右臂上摇晃的，是三把雨伞，一把黑的，一把蓝的，还有一把是绿的。至少得下点雨嘛！可是没有，天气实在是非常晴朗，正吹着一阵轻柔的西南风。我把这三把伞扎成一捆，好让它们看上去有点像商品，似乎我是一名推销员，或修理工，或是正在向嗜好博览会走去的一位收藏家，可是你骗不了犹太人。在公共汽车站一带晃悠的几个流鼻涕的小鬼对我指指点点，互相之间嘁嘁嚓嚓，夹着原始的笑声。这算是些什么样的娃娃呢?

在公共汽车上，我在车厢后部远远地找了个位置坐下，希望我那三件组合别让人注意到。谢天谢地没有人说闲话，人家已经对我习惯了。慢慢地——慢慢地我抬起头来观望，看到了面对着我……面对着我……

面对着我的是……

我的上帝!

是那个胖女人。那个胖女人正好坐在我的对面。她目光呆滞地瞪着我的伞看了好久，讥讽地说：“忙了一天了吧，唔？”

她没有废话，直截了当地向她的邻座解释她是怎样在中午把我活捉的。“他偷了伞就逃走了。二十年前，这个国家里没有这号人。年纪轻轻的，身体健康，衣服笔挺，居然偷雨伞，这就是他谋生的方式，真可耻。”人们向我投来斜视的目光。“警察，”有人提议，“咱们叫警察！”这群人可把我吓坏了，我不喜欢在公众场合露面。车一到下一站我就跳了起来，用肘部推开人群朝车门挤去，一下子跳进了外面的一场瓢泼暴雨中。当我从人行道上爬起来，我哀求地朝着天上伸出了我的双手。

我的双手？

天哪……在5路车上……三把……雨伞……

这些伞正在走向永恒的路上。

我闭着眼站在暴雨中，活像当今的李尔王，一动也不动。雨水灌进了我的领子，一直流到我的鞋底，涤洗着我有罪的灵魂。我站在那儿，没有任何退路。让洪水冲过来吧。让全世界毁灭吧。我将不离开这里，直到春天来临。

诗歌

天梯[1]

［罗马尼亚］索雷斯库[2]

高兴　译

天花板上
悬挂着一缕蛛丝，
恰好在我床的上方。

每天，我都在观察
蛛丝如何垂得越来越低。
有人给我送来
天梯了——我说。
是从空中为我抛下的。

尽管我瘦得要命，
只是昔日之我的幽灵，
但我想我的身躯
对于这纤细的梯子来说

1　汪剑钊主编:《最新外国优秀诗歌》，春风文艺出版社 2002 年版，第 140—141 页。
2　索雷斯库（1936—1996），罗马尼亚诗人、剧作家。

依然太沉。

——灵魂啊，你走在前面吧，

慢慢的！慢慢的！

修订版后记

本书自 2016 年出版以来，受到了众多读者的欢迎，也得到了许多同道和朋友的有益反馈。读者在流动，时间在推移，而书里编选的优秀作品依然散发着新鲜的魅力。此番再版，编者在各方建议的基础上，调整、优化了部分内容，并对已发现的错漏作了更正。希望这本小书的新版更接近编者初衷，得到更多读者喜爱，也企盼方家不吝指正。

2024 年深秋于杭州九溪

敬告作者

《人之初：现代蒙学四十六课》收入了一批古今中外品质上乘，且适合青少年阅读的优秀作品。由于涉及作者人数较多，作品时间跨度较大，尽管我们经多方努力，多数作品已获得授权许可，但仍有部分作者、译者未能联系上。敬请作者、译者或著作权人予以谅解，并与我们联系著作权使用事宜，我们将及时奉寄样书并支付稿酬。

联 系 人：陈卓

联系电话：(020) 85716911

广东人民出版社

2025 年 7 月

图书在版编目（CIP）数据

人之初：现代蒙学四十六课 / 王尚文，郭初阳，颜炼军编选．-- 修订版．-- 广州：广东人民出版社，2025. 9. -- ISBN 978-7-218-18496-8

I. C49

中国国家版本馆 CIP 数据核字第 202573JW16 号

RENZHI CHU: XIANDAI MENGXUE SISHILIU KE

人之初：现代蒙学四十六课

王尚文　郭初阳　颜炼军　编选

出 版 人：肖风华

策划编辑：陈　卓
责任编辑：钱飞遥　陈　卓
营销编辑：邓煜儿
执行编辑：吴瑶瑶
封面设计：周伟伟
责任技编：吴彦斌

出版发行：广东人民出版社
地　　址：广州市越秀区大沙头四马路 10 号（邮政编码：510199）
电　　话：（020）85716809（总编室）
传　　真：（020）83289585
网　　址：https://www.gdpph.com
印　　刷：北京雅图新世纪印刷科技有限公司
开　　本：890 毫米 × 1240 毫米　1/32
印　　张：12.25　　字　　数：330 千
版　　次：2025 年 9 月第 1 版
印　　次：2025 年 9 月第 1 次印刷
定　　价：69.00 元

售书热线：（020）87717307